建设工程法规及相关知识考点精析

吴伟巍 编著

东南大学出版社
·南京·

内容提要

本书是在作者近 10 年面授班讲义的基础上，根据最新版教材进一步整理和完善而成。主要分成四大部分：考点分布及解析、考点精要、典型考题、参考答案。考点分布揭示了近几年考试的分值分布，便于考生把握重点；考点精要是本书的重点部分，对考点准确把握，全面覆盖，讲解清晰易懂，重点标注突出；典型考题是进行巩固练习，题目都有答案，难题还附有说明解释。最后附有 2014 年和 2015 年考试真题和两套 2016 年模拟试题及参考答案。总之，本书用最小的篇幅，帮助考生在最短的时间内获得最好的复习效果。

图书在版编目(CIP)数据

建设工程法规及相关知识考点精析/吴伟巍编著.
—南京:东南大学出版社,2015.1(2016.4 重印)
(全国一级建造师执业资格考试十日通)
ISBN 978－7－5641－5446－2

Ⅰ.①建⋯　Ⅱ.①吴⋯　Ⅲ.①建筑法—中国—建筑师—资格考试—自学参考资料　Ⅳ.①D922.297

中国版本图书馆 CIP 数据核字(2014)第 311658 号

书　　名：建设工程法规及相关知识考点精析
编　　著：吴伟巍
出版发行：东南大学出版社
社　　址：南京市四牌楼 2 号　　邮　编：210096
网　　址：http://www.seupress.com
出 版 人：江建中
印　　刷：南京玉河印刷厂
开　　本：787 mm×1 092 mm　1/16　印张：14.75　字数：356千
版　　次：2016 年 4 月第 2 次修订印刷
书　　号：ISBN 978-7-5641-5446-2
定　　价：33.00 元
经　　销：全国各地新华书店
发行热线：025-83790519　83791830

* 版权所有,侵权必究
* 凡购买东大版图书如有印装质量问题,请直接与营销部联系(电话或传真:025-83791830)

前　言

随着一级注册建造师考试制度的不断发展和变革,考生们都面临着备考时间短、复习抓不住重点等共性问题。因此,考生们都希望能有一本合适的参考教材,在能够覆盖大部分考点的同时,又让读者尽可能地减少复习时间。同时,随着一级注册建造师队伍的不断壮大,考试难度也在逐年加大。尤其是《建设工程法规及相关知识》这门课程,理解性考点的比重也是逐年增加。仅仅寄希望于死记硬背,已经很难再通过考试。为了帮助广大考生在有限的备考时间里,最大限度地把握住重要考点,进而顺利且相对轻松地通过这门考试,本书应运而生。

十年磨一剑。本书是在作者近10年面授班讲义的基础上,按照最新版本的教材,经过进一步的整理和完善才出版的。使用该讲义的历年面授班都取得了非常好的培训效果,已经经过众多培训机构、集团公司近4万名考生的使用和验证。

2016年版教材对部分修订的法条进行了修改,本书也进行了对应修改。其中对考点影响较大的包括:(1)施工企业资格制度;(2)施工现场环境保护制度;(3)安全生产法律制度;(4)民事诉讼制度;(5)行政诉讼制度。

本书的特点如下:

1. 全面覆盖重点。本书的目标是帮助考生尽量脱离考试用书内容繁多的表述。重点考点部分,本书覆盖近95%;非重点考点,本书覆盖近80%。总体上覆盖近90%的考点,有助于考生明确重点考点,把书看薄。

2. 重要考点突出。需要重点理解和记忆的地方,全部使用下划线及阴影标出,有助于考生迅速把握重要考点,有的放矢。

3. 关键考点解析。针对部分容易混淆,以及干扰项较多的考点,进行了详细解析。有助于考生快速理解,节省时间。

4. 记忆技巧总结。针对部分难记忆的考点,一方面从逻辑上总结记忆技巧,一方面通过图表尝试帮助记忆,帮助考生减少死记硬背的情况,快速记忆。

5. 典型考题凝练。每个章节后,都配有适量的、大部分基于历年真题的典型考题,帮助考生进一步理解和培养做题能力。此外,最后还有2套精心准备的模拟题和2014年真题及解析,供考生最后检验复习效果。有助于考生明确考试特征,准确答题。

本书结构是"考点及解析+案例要点+典型例题"。使用本书需要注意的事项如下:

1. 在时间允许的情况下,教材最好能够通读1~2遍,保证知识体系的完整性。在此基础上,再结合本书使用,效果最佳。此外,对于一些分值分布很少的繁琐考点,本书中直接引用考试指定用书的对应编号。在最后备考时,时间允许的情况下,可以根据编号查漏补缺。

2. 指定考试用书中的案例普遍较长,而且大多数是考点的重复和解释。因此,讲义中将案例中的要点进行了浓缩。本书中没有提到的案例,其内容基本都是考点的简单重复,在时间有限的情况下,可以不看。

3. 书中内容做了小范围逻辑上的调整。目的只有一个,将相关、相近的内容归并到一起,方便考生理解和记忆。

4. 相关法律责任进行了大范围的删减。《建筑法》《招标投标法》、安全和质量等方面有相对很大篇幅的、针对法律责任的一些条款,诸如罚款、吊销资质证书等处罚细则。这些内容过于繁多,而且近几年考试分值较少,一般不超过3分。本书略去了其中大部分,列出了一些重要的、考得相对较多的部分。这个部分平时不需要看,考试前几天记得翻一翻,查漏补缺。

最后,作者承诺本书每售出1本,将捐赠2角钱至"轩辕嘉雪爱心之家",用于经济欠发达地区的学校创建"希望书屋"。"轩辕嘉雪爱心之家"是在共青团桂林市委注册成立的非营利组织,致力于为经济欠发达地区的学校创建"希望书屋",为孩子们提供更多、更好、更公平的学习和阅读机会。截至2016年4月,"轩辕嘉雪"已创建"希望书屋"59个。作者呼吁各位有识之士一起来关注经济欠发达地区儿童的读书问题,圆自己一个梦想,给孩子一个希望。

因作者水平有限,错误在所难免,希望大家批评指正。此外,在本书写作过程中,参考了考试指定教材以及大量的其他参考书和网络资料,无法一一标出,再次对相关作者致以歉意并表示感谢。

东南大学土木工程学院　吴伟巍
2016年4月

目 录

1Z301000 建设工程基本法律知识 ……………………………………………… 1
 1Z301010 建设工程法律体系 ………………………………………………… 1
 1Z301020 建设工程法人制度 ………………………………………………… 4
 1Z301030 建设工程代理制度 ………………………………………………… 6
 1Z301040 建设工程物权制度 ………………………………………………… 9
 1Z301050 建设工程债权制度 ………………………………………………… 12
 1Z301060 建设工程知识产权制度 …………………………………………… 13
 1Z301070 建设工程担保制度 ………………………………………………… 17
 1Z301080 建设工程保险制度 ………………………………………………… 21
 1Z301090 建设工程法律责任制度 …………………………………………… 23

1Z302000 施工许可法律制度 ……………………………………………………… 26
 1Z302010 建设工程施工许可制度 …………………………………………… 26
 1Z302020 施工企业从业资格制度 …………………………………………… 30
 1Z302030 建造师注册执业制度 ……………………………………………… 36

1Z303000 建设工程发承包法律制度 …………………………………………… 40
 1Z303010 建设工程招标投标制度 …………………………………………… 40
 1Z303020 建设工程承包制度 ………………………………………………… 52
 1Z303030 建筑市场信用体系建设 …………………………………………… 57

1Z304000 建设工程合同和劳动合同法律制度 ………………………………… 60
 1Z304010 建设工程合同制度 ………………………………………………… 60
 1Z304020 劳动合同及劳动关系制度 ………………………………………… 75
 1Z304030 相关合同制度 ……………………………………………………… 85

1Z305000 建设工程施工环境保护、节约能源和文物保护法律制度 ………… 93
 1Z305010 施工现场环境保护制度 …………………………………………… 93

1Z305020	施工节约能源制度	97
1Z305030	施工文物保护制度	98

1Z306000 建设工程安全生产法律制度 ································· 101
  1Z306010 施工安全生产许可证制度 ································· 101
  1Z306020 施工安全生产责任和安全生产教育培训制度 ··············· 104
  1Z306030 施工现场安全防护制度 ····································· 109
  1Z306040 施工安全事故的应急救援与调查处理 ····················· 115
  1Z306050 建设单位和相关单位的建设工程安全责任制度 ············ 118

1Z307000 建设工程质量法律制度 ····································· 124
  1Z307010 工程建设标准 ·· 124
  1Z307020 施工单位的质量责任和义务 ································ 127
  1Z307030 建设单位及相关单位的质量责任和义务 ··················· 130
  1Z307040 建设工程竣工验收制度 ····································· 135
  1Z307050 建设工程质量保修制度 ····································· 140

1Z308000 解决建设工程纠纷法律制度 ······························· 143
  1Z308010 建设工程纠纷主要种类和法律解决途径 ··················· 143
  1Z308040 和解、调解和争议评审 ····································· 143
  1Z308020 民事诉讼制度 ·· 147
  1Z308030 仲裁制度 ··· 157
  1Z308050 行政复议和行政诉讼制度 ··································· 161

2016年一级建造师"建设工程法规及相关知识"科目模拟试题（一）（附参考答案） ········ 165

2016年一级建造师"建设工程法规及相关知识"科目模拟试题（二）（附参考答案） ········ 181

2015年一级建造师"建设工程法规及相关知识"科目考试真题（附参考答案） ············ 195

2014年一级建造师"建设工程法规及相关知识"科目考试真题（附参考答案） ············ 210

1Z301000 建设工程基本法律知识

考点分布及解析

知识点		2015年		2014年		2013年		2012年		2011年	
		单项选择题	多项选择题	单项选择题	多项选择题	单项选择题	多项选择题	单项选择题	多项选择题	单项选择题	多项选择题
建设工程基本法律知识	建设工程法律体系	2		2		2			2	1	
	建设工程法人制度		2	2		1					2
	建设工程代理制度	2		1	2	1	2	1	2	3	
	建设工程物权制度	2		2		2	1	4	2	2	2
	建设工程债权制度		2	1	2	1	2	2		1	2
	建设工程知识产权制度	2	2		2			2		1	
	建设工程担保制度	2		3	2	1	2	1	2	5	2
	建设工程保险制度		2	2		1		2			
	建设工程法律责任制度	1	2	1	2	1		2		1	

此章最近两年的考试分值在 17～18 分。其中相对更加重要的部分是"1Z301030 建设工程代理制度"(3～4 分)、"1Z301040 建设工程物权制度"(4～6 分)和"1Z301070 建设工程担保制度"(3～7 分)。

1Z301010 建设工程法律体系

考点精要

一、法律体系的基本框架

1. 宪法及宪法相关法:"组织"法、选举法、国籍法、自治法;
2. 民法商法:合同法、物权法、公司法、招标投标法;
3. 行政法:"行政"法、环境影响评价法、城市房地产管理法、城乡规划法、建筑法;
4. 经济法:统计法、土地管理法、标准化法、节约能源法等;
5. 社会法:"劳动"法、"安全"法;
6. 刑法;
7. 诉讼(民事诉讼法、刑事诉讼法)与非诉讼程序法(仲裁法)。

【此处,重点关注两个考点:合同法属于民法商法;建筑法属于行政法。】

二、法的形式

(一) 在我国,习惯法、宗教法、判例不是法的形式。

(二) 法的形式有7类:

1. 宪法:我国最高的法律形式,也是建设法规的最高形式。

2. 法律:全国人民代表大会(基本法律)、全国人民代表大会常务委员会(一般法律)制定的。由国家主席签署主席令予以公布。只能制定法律的包括:

(1) 国家主权;(2) 各级人民代表大会、人民政府、人民法院和人民检察院的产生、组织和职权;(3) 民族区域、特别行政区、基层群众自治制度;(4) 犯罪和刑罚;(5) 对公民政治权利的剥夺、限制人身自由的强制措施和处罚;(6) 对非国有财产的征收;(7) 民事基本制度;(8) 基本经济制度以及财政、税收、海关、金融和外贸的基本制度;(9) 诉讼和仲裁制度。

3. 行政法规:国务院制定【特征:"条例",如《建设工程质量管理条例》、《建设工程勘察设计管理条例》】。由总理签署国务院令公布。

4. 地方性法规:省、自治区、直辖市的人民代表大会及其常委会制定【特征:"地名+条例",如内蒙古×××条例》】。

(1) 在不与宪法、法律、行政法规和本省、自治区的地方性法规相抵触的情况下,较大的市(省、自治区的人民政府所在地的市;经济特区所在地的市;经国务院批准的较大的市)也可以制定地方性法规,报省、自治区的人民代表大会常务委员会批准后实施。

(2) 自治区的自治条例和单行条例,报全国人民代表大会常务委员会批准后生效;自治州、自治县的自治条例和单行条例,报省、自治区、直辖市的人民代表大会常务委员会批准后实施。

5. 部门规章:国务院各部、委制定的法律规范性文件【特征:"规定"、"办法"】。由部门首长签署命令予以公布。

6. 地方规章:省、自治区、直辖市和较大的市的人民政府制定(特征:"地名+规定"、"地名+办法")。由省长或自治区主席或市长签署命令予以公布。

7. 国际条约:也是法的形式,除条约外还包括公约、协定、议定书、宪章、盟约、换文和联合宣言等。

三、法的效力层级

(一) 宪法至上

(二) 上位法优于下位法

1. 由高到低:宪法、法律、行政法规;

2. 地方性法规,高于本级和下级地方政府规章;

3. 省、自治区制定的规章,高于本行政区域内较大的市制定的规章;

4. 自治条例和单行条例作变通规定的,在本自治地方适用自治条例和单行条例的规定。经济特区法规作变通规定的,在本经济特区适用经济特区法规的规定。

5. 部门规章之间、部门规章与地方政府规章之间具有同等效力。

(三) 特别法优于一般法:当一般规定与特别规定不一致时,优先适用特别规定。

(四) 新法优于旧法:新法和旧法对同一事项有不同规定时,新法效力优于旧法。

(五) 需要由有关机关裁决适用的特殊情况

1. 法律之间对同一事项的新的一般规定与旧的特别规定不一致时,不能确定如何适用时,由全国人民代表大会常务委员会裁决。

2. 行政法规之间的类似问题,由国务院裁决。

3. 地方性法规、规章之间不一致时:

(1) 同一机关制定的新的一般规定与旧的特别规定不一致时,由制定机关裁决。

(2) 地方性法规与部门规章之间对同一事项的规定不一致时,由国务院提出意见,认为适用地方性法规的,应当决定在该地方适用地方性法规;认为适用部门规章的,应当提请全国人民代表大会常务委员会裁决。【要点:国务院是"提出意见",而不是"裁决"。】

(3) 部门规章之间、部门规章与地方政府规章之间就同一事项规定不一致时,由国务院裁决。

4. 法规与法律规定不一致时,不能确定如何适用的,由全国人民代表大会常务委员会裁决。

(六) 备案和审查:行政法规、地方性法规、自治条例和单行条例、规章应当在公布后的30天内,依照《立法法》的有关规定报有关机关备案。

四、建设法律、行政法规和相关法律的关系

1. 建设行政监督管理是行政法律关系的重要组成部分。
2. 建设民事商事关系是民事商事关系的重要组成部分。特点:
(1) 权利和义务关系;(2) 平等主体之间的关系;(3) 主要是财产关系(人身关系较少);(4) 保障措施是补偿性和财产性【惩罚性和非财产责任不是主要的民事商事责任形式】。
3. 建设社会关系是社会关系的重要组成部分。

【1Z301013 案例要点】

1. 行政法律关系:建设单位与审计局之间建立了行政法律关系。
2. 民事法律关系:承包单位和建设单位之间建立了民事法律关系。
3. 审计是国家对建设单位的一种行政监督,不影响建设单位与承建单位的合同效力。建设工程承包合同案件应以当事人的约定作为法院判决的依据。只有在合同明确约定以审计结论作为结算依据或者合同约定不明确、合同无效的情况下,才能将审计结论作为判决的依据。

典型考题

【例1】《建设工程安全生产管理条例》属于(   )。
　　A. 法律　　　　B. 行政法规　　　C. 地方性法规　　　D. 行政规章

【例2】《北京市招标投标条例》属于(   )。
　　A. 法律　　　　B. 行政法规　　　C. 地方性法规　　　D. 地方政府规章

【例3】地方政府规章由(   )制定。
　　A. 全国人大
　　B. 省、自治区、直辖市的人民代表大会及其常委会制定

C. 国务院各部、委

D. 省、自治区、直辖市的人民政府制定

【例4】同一机关制定的新的一般规定与旧的特别规定不一致时,由( )裁决。

A. 国务院

B. 制定机关

C. 全国人民代表大会常务委员会

D. 该机关所在的省、自治区、直辖市的人民政府

【例5】以下效力最高的是( )。

A. 法律　　　　　　　　　　　B. 行政法规

C. 地方性法规　　　　　　　　D. 地方政府规章

【例6】下列关于工程建设审计结论的说法中,错误的是( )。

A. 当事人可以约定以审计结论作为合同的结算依据

B. 审计结论与合同价款不一致并不必然影响合同效力

C. 审计结论任何时候都不能作为合同案件的判决依据

D. 合同约定不明或约定无效时,审计结论可以作为判决依据

【例7】按照上位法与下位法的法律地位与效力,下列说法中错误的是( )。

A. 《建筑法》高于《建设工程质量管理条例》

B. 《建设工程质量管理条例》高于《注册建造师管理规定》

C. 《建设工程安全生产管理条例》高于《建设工程施工现场管理规定》

D. 《北京市建筑市场管理条例》高于《河北省建筑市场管理条例》

参考答案

1. B;
2. C【要点:"条例"是行政法规的特征】;
3. D; 4. B; 5. A; 6. C; 7. D。

1Z301020 建设工程法人制度

考点精要

一、法人

指具有民事权利能力和民事行为能力,依法独立享有民事权利和承担民事义务的组织。

1. 法人应当具备四个条件:

(1) 依法成立(必须经过法定程序);(2) 有必要的财产或者经费;(3) 有自己的名称、组织机构和场所;(4) 能够独立承担民事责任。

2. 法人的法定代表人是自然人。法人以它的主要办事机构所在地为住所。

3. 法人的分类:企业法人和非企业法人(行政法人、事业法人、社团法人)。

（1）企业法人依法经工商行政管理机关核准登记后取得法人资格；

（2）有独立经费的机关从成立之日起，具有法人资格；

（3）具有法人资格的事业单位、社会团体，依法不需要办理法人资格的，从成立之日起，具有法人资格；依法需要办理法人登记的，经核准登记，取得法人资格。

【要点：事业单位、社会团体法人资格的获取分两种情况。】

4. 建设单位一般应当具有法人资格，但也可能是没有法人资格的其他组织。

二、企业法人与项目经理部的法律关系

1. 项目经理部不具备法人资格。项目经理是受企业法人的委派，对建设工程施工项目全面负责的项目管理者，是施工企业内部的岗位职务。

2. 项目经理部行为的法律后果由企业法人承担。如：项目经理部没有按照合同约定完成施工任务，则应当由施工企业承担违约责任；项目经理签字的材料款，如果不按时支付，材料供应商应当以施工企业为被告提起诉讼。【要点：要深刻理解"违约"，有合同才有违约责任；换句话说，必须是某个合同的主体，才存在违约责任，之后的很多考点都和这条有关。】

☞ 典型考题

【例1】如果施工单位项目经理由于工作失误导致采购的材料不能按期到货，施工合同没有按期完成，则建设单位可以要求（　　）承担责任。

A. 施工单位　　　　　　　　B. 项目经理部
C. 材料供应商　　　　　　　D. 项目经理

【例2】某施工合同约定由施工单位负责采购材料，合同履行过程中，由于材料供应商违约而没有按期供货，导致施工没有按期完成。此时应当由（　　）违约责任。

A. 建设单位直接向材料供应商追究
B. 建设单位向施工单位追究责任，施工单位向材料供应商追究
C. 建设单位向施工单位追究责任，施工单位向项目经理追究
D. 建设单位不追究施工单位的责任，施工单位应向材料供应商追究

【例3】下列关于法人的表述中，正确的是（　　）。

A. 法人分为企业法人和事业法人
B. 无独立经费的机关法人从成立时起即具有法人资格
C. 企业法人经工商行政管理机关核准登记后取得法人资格
D. 企业法人分立、合并，应当向登记机关办理登记并公告
E. 企业法人分立、合并，其权利和义务由变更后的法人享有和承担

☞ 参考答案

1. A； 2. B； 3. CDE。

1Z301030 建设工程代理制度

☞ 考点精要

一、代理的概念和特征

代理是代理人于代理权限范围内,以被代理人的名义与第三人实施法律行为(请朋友吃饭、聚会等不产生权利义务关系的就不是代理),而行为后果由该被代理人承担的法律制度。

二、代理的种类

委托代理、法定代理和指定代理。

1. 委托代理:委托代理是代理人根据被代理人授权而进行的代理。如:招标代理、材料设备采购、诉讼代理等【其他:工程监理合同;项目经理作为施工企业的代理人;总监理工程师作为监理单位的代理人】。

2. 法定代理:法定代理是根据法律的直接规定而产生的代理。如"无民事行为能力人、限制民事行为能力人的监护人是他们的法定代理人"。

3. 指定代理:指定代理是根据人民法院或者有关机关的指定而产生的代理。

三、代理行为的设立

1. 不得委托代理的建设工程合同【依照法律规定或按照双方当事人约定,应当由本人实施的民事法律行为,不得代理】:建设工程承包活动不得委托代理。

(1)禁止承包单位将其承包的全部建筑工程转包给他人,禁止承包单位将其承包的全部建筑工程肢解以后以分包的名义分别转包给他人。

(2)施工总承包的,建筑工程主体结构的施工必须由总承包单位自行完成。

2. 须取得法定资格方可从事的建设工程代理行为

(1)一般的代理行为,对其资格并无法定的严格要求。即使是诉讼代理人(也属于委托代理),也不要求必须由具有律师资格的人担任。律师、基层法律服务工作者,当事人的近亲属或工作人员,当事人所在社区、单位以及有关社会团体推荐的公民,都可以被委托。

(2)但某些建设工程代理行为必须由具有法定资格的组织方可实施。如招标代理机构,必须满足下列条件:营业场所和相应资金;相应专业力量;技术、经济等方面的专家库。招标代理机构的资格由有关建设行政主管部门认定。

3. 民事法律行为的委托代理

(1)可以用书面形式,也可以用口头形式。但法律规定用书面形式的,应当用书面形式。

(2)书面委托代理的授权委托书应当载明代理人的姓名或名称、代理事项、权限和期间,并由委托人签名或盖章。委托书授权不明的,被代理人应当向第三人承担民事责任,代理人负连带责任。

四、代理行为的终止

1. 委托代理的终止

(1)代理期间届满或者代理事务完成;

(2) 被代理人取消委托或者代理人辞去委托;
(3) 代理人死亡;
(4) 代理人丧失民事行为能力;
(5) 作为被代理人或者代理人的法人资格终止。
【注意:被代理人死亡不是委托代理终止的原因。】

2. 法定代理或指定代理的终止
(1) 被代理人取得或者恢复民事行为能力;
(2) 被代理人或者代理人死亡;
(3) 代理人丧失民事行为能力;
(4) 指定代理的人民法院或者指定单位取消指定;
(5) 由其他原因引起的被代理人和代理人之间的监护关系消灭。
【注意:以上只有两项是共同的,即代理人死亡、代理人丧失民事行为能力。】

五、代理人与被代理人的法律责任

(一) 代理人在代理权限内以被代理人的名义实施代理行为,被代理人对代理人的代理行为承担民事责任。

(二) 转托他人代理(也称为复代理):委托代理人为被代理人的利益需要转托他人代理的,应当事先取得被代理人的同意。事先没有取得被代理人同意的,应当在事后及时告诉被代理人,如果被代理人不同意,由代理人对自己所转托的人的行为负民事责任。但在紧急情况下,为了保护被代理人的利益而转托他人代理的除外。

(三) 无权代理和表见代理

1. 无权代理:
(1) 没有代理权、超越代理权或者代理权终止后的行为,只有经过被代理人的追认,被代理人才承担民事责任。未经追认的行为,由行为人承担民事责任。
(2) 本人知道他人以本人名义实施民事行为而不作否认表示的,视为同意,责任由被代理人承担。

2. 表见代理:代理人虽无代理权,但由于行为人的某些行为,造成了足以使善意第三人相信其有代理权的表象,而与善意第三人进行的、由本人(被代理人)承担法律后果的代理行为【例如:保险员被开除】。除了一般无权代理的条件,还需具备:
(1) 存在足以使相对人相信行为人具有代理权的事实或理由;
(2) 本人存在过失【表达了足以使第三人相信其有授权的意思表示】;
(3) 相对人为善意【如果明知行为人无代理权仍与之实施民事行为则不构成表见代理】。

(四) 不当或违法行为应承担的民事责任

1. 委托书授权不明:被代理人应当向第三人承担民事责任,代理人负连带责任。
2. 代理人不履行职责:给被代理人造成损害的,应当承担民事责任。代理人和第三人串通,损害被代理人的利益的,由代理人和第三人负连带责任。
3. 第三人故意行为:第三人知道行为人没有代理权、超越代理权或者代理权已终止还与行为人实施民事行为给他人造成损害的,由第三人和行为人负连带责任。

4. <u>违法代理行为</u>:代理人知道被委托代理的事项违法仍然进行代理活动的,或者被代理人知道代理人的代理行为违法不表示反对的,由<u>被代理人和代理人负连带责任</u>。

【1Z301033 案例要点】

1. 概况:王某是乙公司的项目经理,但他向丙租赁公司出具了盖有甲公司合同专用章的空白合同书、空白介绍信,使<u>丙租赁站相信其有权代表甲公司租赁</u>。
2. 构成<u>表见代理</u>,由<u>被表见代理人</u>承担,即由甲公司对租赁费用承担给付义务。对于甲自己的损失,可以追究王某的侵权责任。

【1Z301023 案例要点】

1. 概况:设计院承担设计、采购、施工的工程总承包,甲是设计院在现场的项目管理班子成员。分包方和总包方设计院就甲签字的工程量产生争议。
2. 虽然甲没有经授权的签字权,但设计院曾经认可甲签字付款的情形。所以,分包方完全有理由相信,甲是有代理权的,因此,构成<u>表见代理</u>,应当由<u>设计院承担付款责任</u>。

☞ 典型考题

【例1】下列关于代理的叙述,(　　)是不正确的。
　　A. 无权代理行为的后果由被代理人决定是否有效
　　B. 无权代理在被代理人追认前相对人可以撤销
　　C. 无权代理的法律后果由被代理人承担
　　D. 代理人只能在代理权限内实施代理行为

【例2】按照《合同法》的规定,(　　)属于委托代理合同。
　　A. 某地铁公司与设计院订立的建设工程勘察合同
　　B. 某政府机关与建筑工程公司订立的建设工程施工合同
　　C. 某房地产开发公司与工程咨询公司订立的监理合同
　　D. 某宾馆与电器公司订立的客房维修空调合同

【例3】甲公司授权其业务员张某购买一批建材,甲公司向张某签发了授权委托书,但委托书中并没有明确授权委托期限。后不久甲公司与张某解除了劳务关系,张某怀恨在心,恶意与乙公司签订合同购买一批建材,给乙公司造成了经济损失,其法律后果应该由(　　)。
　　A. 张某自行承担　　　　　　B. 甲公司自行承担责任
　　C. 乙公司自行承担责任　　　D. 甲公司与张某向乙公司承担连带责任

【例4】在代理关系中,委托代理关系终止的条件包括(　　)。
　　A. 被代理人的法人终止　　　B. 被代理人取得民事行为能力
　　C. 被代理人死亡　　　　　　D. 代理事项完成
　　E. 代理期限届满

【例5】下列各项中,既属于委托代理的终止事项,也属于法定代理或者指定代理的终止事项的有( )。
A. 代理期间届满或代理事项完成 B. 代理人死亡
C. 被代理人死亡 D. 代理人丧失民事行为能力
E. 被代理人取得或回复民事行为能力

【例6】下列关于复代理的表述中,正确的有( )。
A. 复代理就是转委托 B. 复代理基于本代理而产生
C. 复代理人由本代理人选择 D. 复代理人由被代理人选择
E. 本代理人转委托一般须经被代理人同意

☞ 参考答案

1. C； 2. C；
3. D【注意该题和1Z301033案例的区别；有授权委托书的一般考点是授权不明,否则为无权代理】；
4. ADE； 5. BD； 6. ABCE。

1Z301040 建设工程物权制度

☞ 考点精要

一、物权的特征和种类

(一) 特征：支配权(直接支配,无须他人意思)、绝对权(对抗一切不特定的人)、财产权(财产收益的权利)、排他性(一物一权)。

(二) 种类：

1. 所有权：所有权人对自己的不动产或者动产,依法享有的占有、使用、收益和处分的权利。

(1) 占有：实际掌握、控制；
(2) 使用：实际利用和运用；
(3) 收益：收取由原物产生出来的新增经济价值的权能；本身是一种独立的权能,使用权不能包括收益权；
(4) 处分：依法对财产进行处置；决定着物的归属；是所有权内容的核心。

2. 用益物权：当事人对他人的不动产或者动产,依法享有的占有、使用和收益的权利。包括土地承包经营权、建设用地使用权、宅基地使用权、地役权。还包括国家所有或集体所有的自然资源。

3. 担保物权：担保物权人在债务人不履行到期债务等情况下,依法享有的就担保财产优先受偿的权利。

二、土地所有权

国家或农民集体依法对归其所有的土地所享有的具有支配性和绝对性的权利。

1. 我国实行土地的社会主义公有制。
2. 全民所有，即国家所有土地的所有权由国务院代表国家行使。
3. 农民集体所有土地由本集体经济组织的成员承包经营，从事种植业、林业、畜牧业、渔业。
    (1) 耕地承包经营期限为30年；
    (2) 发包方和承包方应当订立承包合同，约定双方的权利和义务；
    (3) 承包的农民有保护和按照承包合同约定的用途合理利用土地的义务；
    (4) 在土地承包经营期限内，对个别承包经营者之间承包的土地进行适当调整的，必须经村民会议2/3以上成员或者2/3以上村民代表的同意，并报乡（镇）人民政府和县级人民政府农业行政主管部门批准。
4. 国家实行土地用途管制制度。
    (1) 土地利用总体规划中，按用途分为农用地、建设用地和未利用地。
    (2) 严格限制农用地转为建设用地，控制建设用地总量，对耕地实行特殊保护。
5. 城市市区的土地归国家所有。农村和城市郊区的土地，除法律规定属于国家所有的以外，属于农民集体所有。宅基地和自留地、自留山，属于农民集体所有。

三、建设用地使用权

因建造建筑物、构筑物及其附属设施而使用国家所有的土地的权利。
1. 只能存在于国家所有的土地上，不包括集体所有的农村土地。
2. 可以在土地的地表、地上或者地下分别设立。
3. 建设用地使用权人依法对国家所有的土地享有占有、使用和收益的权利，有权利用该土地建造建筑物、构筑物及其附属设施。【属于：用益物权。】
4. 设立建设用地使用权，可以采取出让或者划拨方法。工业、商业、旅游等经营性用地以及同一土地有两个以上意向用地者的，应当采取招标、拍卖等公开竞价方式出让。国家严格限制以划拨方式设立建设用地使用权。
5. 建设用地使用权自登记时设立。
6. 建设用地使用权人有权转让、互换、出资、赠与或者抵押。要符合以下规定：
    (1) 以书面形式订立相应的合同；使用期限由当事人约定，但不得超过建设用地使用权的剩余期限。
    (2) 向登记机构申请变更登记。
    (3) 附着于该土地上的建筑物、构筑物及其附属设施一并处分。
7. 住宅建设用地使用权期间届满的，自动续期。
8. 建设用地使用权消灭的，出让人应当及时办理注销登记。

四、地役权

是指为使用自己不动产的便利或提高其效益而按照合同约定利用他人不动产的权利。他人的不动产为供役地，自己的不动产为需役地【例如：导水地役权，即利用管道或沟渠经过供役地把水导入需役地的权利】。
1. 地役权是按照当事人的约定设立的用益物权。

2. 应当采用书面形式订立地役权合同。合同一般包括:当事人的姓名或者名称和住所;供役地和需役地的位置;利用目的和方法;利用期限;费用及其支付方式;解决争议的方法。地役权自地役权合同生效时设立。当事人要求登记的,可以登记。

3. 土地上已设立土地承包经营权、建设用地使用权、宅基地使用权等权利的,未经用益物权人同意,土地所有权人不得设立地役权。

4. 地役权的变动:(地役权一般不得单独转让)

(1) 需役地以及需役地上的土地承包经营权、建设用地使用权、宅基地使用权部分转让时,转让部分涉及地役权的,受让人同时享有地役权。

(2) 供役地以及供役地上的土地承包经营权、建设用地使用权、宅基地使用权部分转让时,转让部分涉及地役权的,地役权对受让人具有约束力。

五、物权的设立、变更、转让、消灭和保护

1. 不动产

(1) 不动产物权的设立、变更、转让和消灭,经依法登记,发生效力;

(2) 不动产登记与合同效力的关系:合同自合同成立时生效;未办理物权登记的,不影响合同效力。

2. 动产

(1) 自交付时发生效力,法律另有规定的除外;

(2) 船、航空器、机动车等,未经登记,不得对抗善意第三人。

3. 物权的保护

(1) 物权受到侵害的,权利人可以通过和解、调解、仲裁、诉讼等途径解决。

(2) 因物权的归属和内容发生争议的,可以请求确认权力;被无权占有人占有不动产或者动产的,可请求返还原物;妨害行使物权的,可以请求排除妨害或消除危险;造成不动产或者动产损毁的,可以请求修理、重做、更换或恢复原状;侵害物权,造成权利人损害的,权力人可以请求损害赔偿。

(3) 侵害物权,除承担民事责任外,违反行政管理规定的,依法承担行政责任;构成犯罪的,依法追究刑事责任。

【1Z301043 案例要点】

1. 概况:建设用地使用权出让合同成立,但没有完成土地使用权登记。
2. 该合同生效。但建设用地使用权尚未设立。

☞ 典型考题

【例1】根据《物权法》规定,一般情况下动产物权的转让,自( )起发生效力。

A. 买卖合同生效 B. 转移登记
C. 交付   D. 买方占有

【例2】下列关于地役权的表述中,正确的是( )。

A. 地役权可以单独转让
B. 地役权自合同签订时设立
C. 地役权是按照当事人的约定设立的用益物权
D. 当事人可以采用口头形式订立地役权合同

【例3】国有建设用地使用权的用益物权,可以采取(　　)方式设立。
A. 出租　　　B. 出让　　　C. 划拨　　　D. 抵押
E. 转让

【例4】下列权利中,属于用益物权的是(　　)。
A. 地役权　　　　　　　　B. 留置权
C. 土地承包经营权　　　　D. 宅基地使用权
E. 建设用地使用权

参考答案

1. C；2. C；3. BC；4. ACDE。

1Z301050 建设工程债权制度

考点精要

一、债的概念和内容
1. 按照合同的约定或者依照法律的规定,在当事人之间产生的特定的权利和义务关系。
2. 债权与物权不同,物权是绝对权(对抗一切不确定的人),而债权是相对权(表现在主体、内容、责任方面)。

二、债的发生依据
1. 合同:债发生的最主要、最普遍的依据。
2. 侵权:没有法律依据,侵害他人的财产权利或人身权利。
 (1) 建筑物、构筑物或其他设施倒塌造成他人损害的,由建设单位与施工单位承担连带赔偿责任。建设单位、施工单位赔偿后,有其他责任人的,有权向其他责任人追偿。
 (2) 因其他责任人的原因,建筑物、构筑物或其他设施倒塌造成他人损害的,由其他责任人承担侵权责任。
3. 不当得利:没有法律和合同上的根据,有损他人利益而自身取得利益的行为。
4. 无因管理:管理人员和服务人员没有法定或者约定的义务,自觉为他人管理事务或提供服务。

三、施工单位中常见的债的种类
施工合同债、买卖合同债、侵权之债。

【1Z301053 案例要点】

1. 施工单位与 A 材料供应商订立材料买卖合同,但施工单位误将应支付给 A 材料供应商的货款支付给了 B 材料供应商。
2. B 材料供应商应该返还材料款给施工单位,属于不当得利之债。
3. A 材料供应商应该向施工单位主张权利,而不能直接向 B 材料供应商主张权利。

☞ 典型考题

【例1】引起债权债务关系发生的最主要、最普遍的根据是( )。
　　　A. 合同　　　　B. 扶养　　　　C. 不当得利　　　　D. 无因管理

【例2】没有法定或者约定义务,为避免他人利益受损失进行管理或者服务而发生的债称为( )之债。
　　　A. 合同　　　　B. 侵权　　　　C. 不当得利　　　　D. 无因管理

【例3】甲建筑设备生产企业将乙施工单位订购的价值 10 万元的某设备错发给了丙施工单位,几天后,甲索回该设备并交付给乙,乙因丙曾使用过该设备造成部分磨损而要求甲减少价款 1 万元。下列关于本案中债的性质的说法,正确的有( )。
　　　A. 甲错发设备给丙属于无因管理之债
　　　B. 丙向甲返还设备属于不当得利之债
　　　C. 乙向甲支付设备款属于合同之债
　　　D. 甲向乙少收 1 万元货款属于侵权之债
　　　E. 丙擅自使用该设备对乙应承担侵权之债

☞ 参考答案

1. A; 2. D;
3. BC【要点:D 属于合同之债;E 中丙是对甲侵权,而不是对乙侵权】。

1Z301060 建设工程知识产权制度

☞ 考点精要

一、知识产权的特征和基本类型

1. 我国的知识产权包括著作权、专利权、商标专用权、发现权、发明权以及其他科技成果权。
2. 包括:著作权(包括邻接权)和工业产权(主要包括专利权和商标权)。
3. 我国知识产权的主体:著作权(版权)、专利权、商标专用权、发现权、发明权以及其他科技成果权。前三类是主体。
4. 知识产权的法律特征:

(1) 具有人身权【如文章署名权】和财产权【如获得稿费报酬】的双重属性。
(2) 专有性:绝对的排他性,他人不得侵犯。
(3) 地域性:只有在特定国家或地区的地域范围内有效。但对于有形财产则不存在这个问题。
(4) 时间性:法律规定的期限内有效。

二、专利权
　　1. 发明:对产品、方法或者其改进所提出的新的技术方案。是专利权保护的最主要对象。具备以下条件:
　　(1) 必须是一种能够解决特定技术问题作出的创造性构思;(2) 必须是具体的技术方案;(3) 必须是利用自然规律的结果。
　　2. 实用新型:对产品的形状、构造或者其结合所提出的适于使用的新的技术方案。
　　3. 外观设计:对产品的形状、图案或者其结合以及色彩与形状、图案的结合所作出的富有美感并适用于工业应用的新设计。
　　4. 授予专利权的条件:
　　(1) 发明和实用新型:新颖性、创造性和实用性。
　　(2) 外观设计:新颖性、富有美感、适于工业应用。【共有的一项:新颖性】
　　(3) 申请专利的发明创造在申请日前6个月内,有下列情形之一的,不丧失新颖性:在中国政府主办或者承认的国际展览会上首次展出的;在规定的学术会议或者技术会议上首次发表的;他人未经申请人同意而泄露其内容的。
　　5. 发明专利权的期限是20年,实用新型和外观设计专利权的期限是10年,均自申请日起计算。国务院专利行政主管部门收到专利申请书之日为申请日。如果申请文件是邮寄的,以寄出的邮戳日为申请日。
　　6. 申请专利应提交的文件:请求书、说明书及其摘要、权利要求书。
　　7. 专利审批制度:(1) 初步审查和公布申请:发明专利,自申请日起满18个月;(2) 实质审查:发明专利,自申请日起满3年内;(3) 专利权的授予:自公告之日起生效。

三、商标权
　　1. 商标分为商品商标和服务商标。
　　2. 商标专用权是指商标所有人对注册商标所享有的具体权利。同其他知识产权不同,商标专用权的内容只包括财产权,商标设计者的人身权受著作权法保护。包括使用权和禁止权。
　　3. 商标注册申请人可以通过一份申请就多个类别的商品申请注册同一商标。提交《商标注册申请书》1份、商标图样5份、黑白墨稿1份。注册商标需要改变其标志的,应当重新提出注册申请;需要变更注册人名义、地址或者其他注册事项的,应当提出变更申请。
　　4. 申请中的异议程序:对初步审定的商标,自公告之日起3个月内,任何人均可以提出异议。
　　5. 注册商标的有效期为10年,自核准注册之日起计算。注册商标可以无数次提出续展申请,其理论上的有效期是无限的。应当在有效期满前12个月内申请续展注册;在此期间未能提出申请的,给予6个月的宽展期。每次续展注册有效期为10年。

四、著作权

1. 建设工程活动中常见的著作权作品:
(1) 文字作品:如投标文件、工作报告、招标文件。
(2) 建筑作品。
(3) 图形作品:工程设计图、产品设计图、地图、示意图等。
2. 单位作品:由法人或其他组织主持,代表法人或其他组织意志创作,并由法人或其他组织承担责任的作品,法人或其他组织视为作者。如招标文件、投标文件。著作权完全归单位所有。
3. 职务作品:公民为完成法人或其他组织工作任务所创作的作品是职务作品。
(1) 与单位作品的区别:单位作品的作者是单位,职务作品的作者是公民个人。
(2) 一般情况下,职务作品的著作权由作者享有,但法人或者其他组织有权在业务范围内优先使用。作品完成2年内,未经单位同意,作者不得许可第三人以与单位使用的相同方式使用该作品。
(3) 有下列情形之一的,作者享有署名权,著作权的其他权利由法人或者其他组织享有,法人或者其他组织可以给予作者奖励:主要利用法人或者其他组织的物质技术条件制作,并由法人或者其他组织承担责任的工程设计图、产品设计图、地图、计算机软件等职务作品;法律、行政法规规定或合同约定著作权由法人或者其他组织享有的职务作品。
4. 委托作品:如,勘察设计文件是勘察设计单位接受建设单位委托创作的委托作品。
(1) 委托作品著作权的归属由委托人和受托人通过合同约定;
(2) 合同未明确约定或者没有订立合同的,著作权属于受托人。

五、计算机软件的法律保护

1. 软件著作权属于软件开发者。
2. 由两个以上的自然人、法人合作开发的软件,其著作权由开发者签订书面合同约定。
3. 受他人委托开发的软件,其著作权的归属由委托者与受委托者签订书面协议约定;如无书面协议或者在协议中未作明确约定,其著作权属于受托人。
4. 由国家机关下达任务开发的软件,著作权的归属由项目任务书或者合同规定;如项目任务书或者合同中未作明确规定,软件著作权属于接受任务的法人或其他组织享有。
5. 自然人在法人或其他组织任职期间所开发的软件,有下列情形之一的,该软件著作权由该法人或其他组织享有:
(1) 针对本职工作中明确指定的开发目标所开发的软件;
(2) 从事本职工作活动所预见的结果或者自然的结果;
(3) 主要使用了法人或者其他组织的物质技术条件制作,并由法人或者其他组织承担责任的软件。
6. 为了学习、研究软件内含的设计思想和原理,通过安装、显示、传输或者存储软件等方式使用软件的,可以不经软件著作权人许可,不向其支付报酬。
7. 保护期限,(自然人终身及其死亡后、法人的软件首次发表后)50年,即第50年的12月31日。

六、建设工程知识产权的保护

民法保护（主要的）、行政法保护、刑法保护。

【1Z301064 案例要点】

1. 建设单位委托设计进行一个建设工程项目的设计，合同中没有约定工程设计图纸的归属。设计院委派张某等完成了这一设计任务。

2. 设计图纸对设计院和建设单位而言，属于委托作品，建设单位是委托人，设计院是受托人。如果双方没有约定，著作权属于受托人，即设计院。因此，如果建设单位要再次使用该设计图纸，应该经过设计院的同意。

3. 张某等设计人员只享有署名权，著作权的其他权利由法人或其他组织享有（职务作品）。

☞ 典型考题

【例1】专利权的客体不包括( )。
    A. 发明　　　　　B. 技术进步　　　　C. 实用新型　　　　D. 外观设计

【例2】专利权的期限从( )起计算。
    A. 批准之日　　　　　　　　　　　B. 备案之日
    C. 核准注册之日　　　　　　　　　D. 申请之日

【例3】商标权的有效期是从( )起计算。
    A. 设计完成之日　　　　　　　　　B. 备案之日
    C. 核准注册之日　　　　　　　　　D. 申请之日

【例4】下列关于著作权主体的说法中，正确的有( )。
    A. 招标文件属于单位作品，著作权完全归单位所有
    B. 单位作品的作者是单位，职务作品的作者是公民个人
    C. 一般情况下，职务作品的著作权由作者享有
    D. 在职务作品完成2年内，未经单位许可，职务作品的作者可以许可第三人以相同方式使用该作品
    E. 委托作品的著作权属于委托人

【例5】下列关于注册商标的说法中，正确的有( )。
    A. 注册商标的有效期为10年　　　　B. 应当在有效期满后6个月提出续展申请
    C. 每次续展注册的有效期是10年　　D. 注册商标不能转让
    E. 有效期自提出申请之日起计算

☞ 参考答案

1. B；2. D；3. C；4. ABC；5. AC。

1Z301070 建设工程担保制度

☞ **考点精要**

一、担保合同是主合同的从合同，主合同无效，担保合同无效

二、保证

是指保证人和债权人约定，当债务人不履行债务时，保证人按照约定履行债务或者承担责任的行为。

1. 保证人与债权人应当以书面形式订立保证合同。保证合同的内容：被担保的主债权种类、数额；债务人履行债务的期限；保证的方式；保证担保的范围；保证的期间；双方认为需要约定的其他事项。

2. 保证方式：一般保证和连带保证

（1）一般保证：指债权人和保证人约定，首先由债务人清偿债务，当债务人不能清偿债务时，才由保证人代为清偿债务的保证方式。

（2）连带责任保证：连带责任保证是指当事人在保证合同中约定保证人与债务人对债务承担连带责任的保证方式。

（3）当事人对保证方式没有约定或者约定不明确的，按照连带责任保证承担保证责任。

3. 不能做保证人的组织

（1）国家机关不得为保证人，但经国务院批准为使用外国政府或者国际经济组织贷款进行转贷的除外。

（2）学校、幼儿园、医院等以公益为目的的事业单位、社会团体不得为保证人。

（3）企业法人的分支机构、职能部门不得为保证人。企业法人的分支机构有法人书面授权的，可以在授权范围内提供保证。

4. 保证责任

（1）保证担保的范围包括主债权及利息、违约金、损害赔偿金和实现债权的费用。保证合同另有约定的，从其约定。没有约定或约定不明的，保证人应当对全部债务承担责任。

（2）保证期间，债权人依法将主债权转让给第三人的，保证人在原保证担保的范围内继续承担保证责任。保证期间，债权人许可债务人转让债务的，应当取得保证人书面同意，保证人对未经其同意转让的债务，不再承担保证责任。债权人与债务人协议变更主合同的，应当取得保证人书面同意，未经保证人书面同意的，保证人不再承担保证责任。

（3）未约定保证期间的，保证期间为主债务履行期届满之日起6个月。

三、建设工程施工常用的担保种类

投标保证金、履约保证金、工程款支付担保、预付款担保。发包人要求承包人提供预付款担保的，承包人应在发包人支付预付款7天前提供预付款担保，专用合同条款另有约定除外。在预付款完全扣回之前，承包人应保证预付款担保持续有效。发包人在工程款中逐期扣回预付款后，预付款担保额度应相应减少，但剩余的预付款担保金额不得低于未被扣回的预付款金额。

四、抵押权

抵押是债务人或者第三人不转移对财产的占有,将该财产作为债权的担保。

1. 债权人就是抵押权人;将财产用于抵押的债务人或者第三人就是抵押人;用于抵押的财产就是抵押物。

2. 可以抵押的财产:

(1) 抵押人所有的房屋和其他地上定着物;

(2) 抵押人所有的机器、交通运输工具和其他财产;

(3) 抵押人依法有权处分的国有的土地使用权、房屋和其他地上定着物;

(4) 抵押人依法有权处分的国有机器、交通运输工具和其他财产;

(5) 抵押人依法承包并经发包方同意抵押的荒山、荒沟、荒丘、荒滩等荒地的土地使用权;

(6) 依法可以抵押的其他财产。

3. 不可抵押的财产包括:

(1) 土地所有权;

(2) 耕地、宅基地、自留地、自留山等集体所有的土地使用权;

(3) 学校、幼儿园、医院等以公益为目的的事业单位、社会团体的教育设施、医疗卫生设施和其他社会公益设施;

(4) 所有权、使用权不明或者有争议的财产;

(5) 依法被查封、扣押、监管的财产;

(6) 依法不得抵押的其他财产。

4. 当事人以土地使用权、城市房地产、林木、航空器、船舶、车辆等财产抵押的,应当办理抵押物登记,抵押合同自登记之日起生效。当事人未办理抵押物登记的,不得对抗第三人。

5. 抵押担保的范围包括:主债权及利息、违约金、损害赔偿金和实现抵押权的费用。抵押期间,抵押人转让已办理登记的抵押物,应当通知抵押权人并告知受让人转让物已经抵押的情况;否则,该转让行为无效。【要点:"通知"即可,没有要求对方的"同意"。】

6. 抵押人转让抵押物的价款,应当向抵押权人提前清偿所担保的债权或者向与抵押权人约定的第三人提存。超过债权的部分归抵押人所有,不足部分由债务人清偿。转让抵押物的价款不得明显低于其价值。抵押人的行为足以使抵押物价值减少的,抵押权人有权要求抵押人停止其行为。【要点:不足部分由"债务人"清偿,不是"抵押人"清偿。】

7. 抵押权的实现:

(1) 抵押权人可以与抵押人协议以抵押财产折价或者以拍卖、变卖该抵押财产所得的价款优先受偿;协议不成的,抵押权人可以向人民法院提起诉讼。

(2) 抵押物折价或者拍卖、变卖后,其价款超过债权数额的部分归抵押人所有,不足部分由债务人清偿。

8. 同一财产向两个以上债权人抵押的,拍卖、变卖所得的价款按照以下顺序清偿:

(1) 都已登记生效的,按登记的先后顺序;顺序相同的,按债权比例清偿;

(2) 都未登记的,按合同生效的先后顺序清偿;顺序相同的,按债权比例清偿;

(3) 抵押物已登记的先于未登记的清偿。

9. 对承租人的效力:订立抵押合同前抵押财产已出租的,原租赁关系不受该抵押权的影响。

抵押权设立后抵押财产出租的,该租赁关系不得对抗已登记的抵押权。【要点:谁在前,谁优先。】

【1Z304034 案例要点】

1. 概况:写字楼抵押给银行,后进行了出租。
2. 出租行为有效,抵押权设定不影响出租,但抵押人对承租人有告知义务。
3. 银行有权解除租赁合同,因为抵押在前,出租在后。
4. 如果出租在前,抵押在后,则银行无权解除租赁合同。

五、质权

质押是指债务人或者第三人将其动产或者权利移交债权人占有,作为债权的担保。

1. 以转移占有为特征。债权人就是质权人。
2. 分类:动产质押和权利质押。
3. 权利质押一般是将权利凭证交付质押人,可以质押的权利包括:
  (1) 汇票、支票、本票、债券、存款单、仓单、提单;
  (2) 依法可以转让的股份、股票;
  (3) 依法可以转让的商标专用权、专利权、著作权中的财产权;
  (4) 其他。

六、留置

指债权人按照合同约定占有债务人的动产,债务人不按照合同约定的履行期限履行债务的,债权人有权依照法律规定留置该财产【如保管合同】。

1. 是一种比较强烈的担保方式,必须依法行使,不能通过合同约定产生留置权。
2. 因保管合同、运输合同、加工承揽合同发生的债权,债务人不履行债务的,债权人有留置权。
3. 留置权人(债权人)负有妥善保管留置物的义务。
4. 思考:施工单位对在建工程(或已建好的工程)是否具有留置权?

七、定金

1. 履行债务后,定金应当抵作价款或者收回。给付定金的一方不履行约定的债务的,无权要求返还定金;收受定金的一方不履行约定的债务的,应当双倍返还定金。
2. 定金合同应当以书面形式约定。
3. 当事人在合同中应该约定交付定金的期限。定金合同从实际交付定金之日起生效。
4. 定金的数额由当事人约定,但不得超过主合同标的额的20%。

☞ 典型考题

【例1】抵押与质押的区别主要在于( )。
  A. 担保财产是否为第三人的财产

B. 担保财产变卖后的剩余部分是否归债务人

　　C. 担保财产是否转移占有

　　D. 债权人是否有优先受偿权

【例2】（　　）是质权人。

　　A. 债权人　　　　　　　　　　B. 债务人

　　C. 提供动产的第三人　　　　　D. 提供权利的第三人

【例3】担保方式中，必须由第三人为一方当事人提供担保的是（　　）。

　　A. 保证　　　B. 抵押　　　C. 留置　　　D. 定金

【例4】甲乙双方签订合同时，丙方向甲方提供合同担保。履行过程中，甲乙双方通过协商对合同作了重要变更，但甲方未将变更事项通知丙方。合同部分履行后，甲方的严重违约行为导致与乙方解除合同。则对变更事项中损失部分的处理原则是由于（　　）。

　　A. 甲方未将变更事项通知丙方，损失由甲乙双方承担

　　B. 甲方未将变更事项通知丙方，丙方赔偿该部分损失一半

　　C. 丙方提供了合同担保，应承担全部赔偿

　　D. 甲方未将变更事项通知丙方，丙方对该部分损失不承担保证责任

【例5】担保方式中的保证，实际运用过程中应理解为（　　）。

　　A. 债务人和债权人约定，债务人向债权人保证履行合同义务

　　B. 债务人和债权人约定，当债务人不履行债务时，由保证人代为履行债务

　　C. 保证人和债权人约定，当债务人不履行债务时，保证人按约定履行债务

　　D. 保证人和债务人约定，当债务人不履行债务时，保证人按约定履行债务

【例6】在工程项目建设过程中，可采用的担保方式有（　　）。

　　A. 投标人提供投标保函

　　B. 中标人提供担保公司出具的履约保证书

　　C. 发包人提供银行出具的工程款支付担保函

　　D. 发包人提供的在建工程留置权担保

　　E. 承包人提交的预付款保函

【例7】6月1日，甲乙双方签订建材买卖合同，总价款为100万元，约定由买方支付定金30万元。由于资金周转困难，买方于6月10日交付了25万元，卖方予以签收。下列说法正确的是（　　）。

　　A. 买卖合同是主合同，定金合同是从合同

　　B. 买卖合同自6月10日成立

　　C. 买卖合同自6月1日成立

　　D. 若卖方不能交付货物，应返还50万元

　　E. 若买方不履行购买义务，仍可以要求卖方返还5万元

参考答案

　　1. C；　2. A；　3. A；　4. D；　5. C；　6. ABCE；

7. ACE【要点：定金最高限额为20%，所以只能把20万看成定金，另外5万看成预付款】。

1Z301080 建设工程保险制度

> 考点精要

一、保险合同

1. 指<u>投保人</u>与<u>保险人</u>约定保险权利义务关系的协议。
（1）<u>投保人</u>是指与保险人订立保险合同，并负有<u>支付保险费</u>义务的人。
（2）<u>保险人</u>是与投保人订立合同，并承担赔偿或者给付保险金责任的保险公司。
（3）<u>被保险人</u>是指其财产或者人身受保险公司保障，享有保险金请求权的人。<u>投保人可以是被保险人</u>。
（4）<u>受益人</u>是指<u>人身保险</u>合同中由<u>被保险人</u>或者投保人指定的享有保险金请求权的人。<u>投保人、被保险人可以是受益人</u>。

2. <u>财产保险合同</u>：是指以财产及其有关利益为保险标的的保险合同。<u>建筑工程一切险和安装工程一切险</u>即为财产保险合同。

3. 人身保险合同：以人的<u>寿命</u>和<u>身体</u>为保险标的的保险合同。
（1）受益人由<u>被保险人</u>或者投保人指定。
（2）保险人对<u>人身保险</u>的保险费，<u>不得用诉讼方式要求投保人支付</u>。

二、保险索赔

1. 提供必要的证明。保险事故发生后，<u>投保人、被保险人</u>或<u>受益人</u>应当提供有关证明和资料。<u>索赔证据</u>一般包括：<u>保单、建设工程合同、事故照片、鉴定报告、保单中规定的证明文件</u>。

2. 及时提出保险索赔。投保人、被保险人或受益人知道保险事故发生后，应当<u>及时通知保险人</u>。

3. 计算损失大小。保险单上载明的保险财产<u>部分损失</u>，但已<u>无法修理</u>，或虽可以修理<u>但修理费将超过赔偿金额</u>的，也应当按照<u>全损</u>进行索赔。由<u>多家保险公司</u>承保时，应按照<u>约定的比例</u>分别向不同的保险公司提出索赔要求。

三、建筑工程一切险（及第三者责任险）

1. 建筑工程一切险：承保各类<u>民用、工业</u>和公用事业建筑工程项目，如道路、桥梁、水坝、港口等工程，在建造过程中因<u>自然灾害</u>或<u>意外事故</u>所导致的损失。

2. 第三者责任险：指在保险有效期内因<u>在施工工地上</u>发生<u>意外事故</u>造成在<u>施工工地及邻近地区</u>的第三者人身伤亡或财产损失，依法应由被保险人承担的经济赔偿损失。

3. 除专用合同条款另有约定外，<u>发包人</u>应投保建筑工程一切险或安装工程一切险；发包人委托承包人投保的，因投保产生的保险费和其他相关费用由<u>发包人</u>承担。

被保险人具体包括：
（1）<u>业主或工程所有人</u>。

(2) 承包商或分包商。
(3) 技术顾问,包括业主聘用的建筑师、工程师及其他专业顾问。
4. 保险范围:自然事件、意外事故【不可预料的、被保险人无法控制的突发性事件,包括火灾和爆炸】。
5. 除外责任:设计错误;自然磨损、大气变化或其他渐变原因造成的;原材料缺陷或工艺不善;施工用机具、设备、机械装置失灵造成的;维修保养或正常检修的费用;领有公共运输行驶执照的,或已由其他保险予以保障的车辆、船舶和飞机;除非另有约定,在开工前已经存在的工地范围内或周围的被保险人的财产;保险财产中已由工程所有人签发完工验收证书或验收合格或实际占有或使用或接收的部分。
6. 保险金额:不得超过保险单明细表中对应列明的每次事故赔偿限额。
7. 保险期限
(1) 开始:工地动工或用于保险工程的材料、设备运抵工地之时;
(2) 终止:签发完工验收证书或验收合格,或工程所有人实际占用或使用或接收时(以先发生者为准);
(3) 任何情况下,都不得超出保险单明细表中列明的保险生效日或终止日。

四、安装工程一切险(及第三者责任险)

1. 安装工程一切险则专门承保安装机器、设备、储油罐、钢结构工程、起重机、吊车以及包含机械工程因素的各种安装工程的险种。
2. 保险范围:自然事件、意外事故。
3. 保险期限:(基本同建筑工程一切险)此外,一般应包括一个试车考核期。安装工程一切险对考核期的保险责任一般不超过3个月。安装工程一切险对于旧机器设备不负考核期的保险责任,也不承担其维修期的保险责任。

五、《建筑法》规定

建筑施工企业应当依法为职工参加工伤保险缴纳工伤保险费。鼓励企业为从事危险作业的职工办理意外伤害保险,支付保险费。

六、保险代理人和保险经纪人

1. 保险代理人是受保险公司委托,为保险公司推销保险产品。
2. 保险经纪人是受投保人委托,帮助投保人选择适合的保险公司。

☞ 典型考题

【例1】在保险合同履行过程中,按照约定交付保险费义务的人是( )。
  A. 受益人   B. 被保险人   C. 利益关系人   D. 投保人
【例2】建设工程开工前,办理建筑工程一切险并支付保险费用的是( )。
  A. 承包商   B. 发包人   C. 分包商   D. 监理单位

【例3】下列关于保险索赔的说法中,正确的是( )。
    A. 投保人进行保险索赔必须提供必要有效的证明
    B. 投保人知道保险事故发生后,应当及时通知保险人
    C. 保险单上载明的保险财产全部损失,应当按照全损进行保险索赔
    D. 保险单上载明的保险财产部分损失,但已无法修理,只能按照部分损坏进行索赔
    E. 如果工程项目同时由多家保险公司承保,则应当平均分配索赔比例

☞ 参考答案

  1. D; 2. B; 3. ABC。

1Z301090 建设工程法律责任制度

☞ 考点精要

一、法律责任
法律责任分为违宪法律责任、刑事法律责任、民事法律责任、行政法律责任和国家赔偿责任。

二、民事责任
1. 种类:<u>违约责任</u>、<u>侵权责任</u>。
2. 承担民事责任的主要方式有:<u>停止侵害</u>;<u>排除妨碍</u>;<u>消除危险</u>;<u>返还财产</u>;<u>恢复原状</u>;<u>修理、重作、更换</u>;<u>赔偿损失</u>;<u>支付违约金</u>;消除影响、恢复名誉;赔礼道歉。
3. 民事责任<u>主要是财产责任</u>,如损害赔偿、支付违约金;但<u>也不限于财产责任</u>,还有恢复名誉、赔礼道歉等。
4. 建设工程民事责任的主要承担方式:<u>返还财产</u>;<u>修理</u>;<u>赔偿损失</u>;<u>支付违约金</u>。当建设工程施工合同无效、被撤销后,应当<u>返还财产</u>,方式是<u>折价返还</u>。参照<u>合同约定价款</u>或者按<u>当地市场价据实结算</u>。

三、行政责任
是指有违反有关行政管理的法律规范的规定,但尚未构成犯罪的行为所依法应当受到的法律制裁。
1. 行政责任主要包括行政处罚和行政处分。
2. 行政处罚包括:
(1) <u>警告</u>;<u>罚款</u>;没收违法所得;没收非法财物;责令停产停业;<u>暂扣或者吊销许可证</u>;暂扣或者吊销执照;<u>行政拘留</u>;法律、行政法规规定的其他行政处罚。
(2) 建筑领域<u>其他</u>的行政处罚:<u>责令限期改正</u>;取消一定期限内参加依法必须招标项目的<u>投标资格</u>;<u>吊销资质证书</u>。

3. 行政处分：针对国家工作人员的。包括：警告、记过、记大过、降级、撤职、开除。

四、刑事责任

1. 刑罚分为主刑和附加刑。
2. 主刑：管制；拘役；有期徒刑；无期徒刑；死刑。
3. 附加刑：罚金；剥夺政治权利；没收财产；驱逐出境。
4. 工程重大安全事故罪

(1) 是指建设单位、设计单位、施工单位、工程监理单位违反国家规定，降低工程质量标准，造成重大安全事故的行为。

(2) 对直接责任人员，处5年以下有期徒刑或者拘役，并处罚金；后果特别严重的，处5年以上10年以下有期徒刑，并处罚金。

5. 重大责任事故罪

(1) 在生产、作业中违反有关安全管理的规定，因而发生重大伤亡事故的，处3年以下有期徒刑或者拘役；情节特别恶劣的，处3年以上7年以下有期徒刑。

(2) 强令他人违章冒险作业，因而发生重大伤亡事故的，处5年以下有期徒刑或者拘役；情节特别恶劣的，处5年以上有期徒刑。

6. 重大劳动安全事故罪：安全生产设施或者安全生产条件不符合国家规定，因而发生重大伤亡事故的，对直接负责的主管人员和其他直接责任人员，处3年以下有期徒刑或者拘役；情节特别恶劣的，处3年以上7年以下有期徒刑。

7. 串通投标罪：投标人相互串通投标报价（或投标人与招标人串通），损害招标人或其他投标人利益的，情节严重的，处3年以下有期徒刑或者拘役，并处或单处罚金。

☞ 典型考题

【例1】 下列各项，属于刑事责任的承担方式是（　　）。
  A. 有期徒刑　　　　　　　　B. 警告
  C. 没收违法所得　　　　　　D. 拘留

【例2】 某施工单位违反国家规定降低工程质量标准，造成6000万元直接经济损失，应当认定为（　　）。
  A. 串通投标罪　　　　　　　B. 工程重大安全事故罪
  C. 重大责任事故罪　　　　　D. 重大劳动安全事故罪

【例3】 下列属于行政处罚的是（　　）。
  A. 没收财产
  B. 罚金
  C. 撤职
  D. 取消一定期限内参加依法必须招标项目的投标资格

【例4】 施工单位偷工减料，降低工程质量标准，导致整栋建筑倒塌，12名工人被砸死。该行为涉嫌触犯（　　）。

A. 重大责任事故罪　　　　　　　B. 重大劳动安全事故罪
C. 工程重大安全事故罪　　　　　D. 以其他方式危害公共安全罪

【例5】当建设工程施工合同无效、被撤销后,应当返还财产,方式是(　　)。
A. 原价返还　　B. 溢价返还　　C. 赔偿返还　　D. 折价返还

【例6】在公共场所施工,没有设置明显标志造成他人损害的,施工单位应承担赔偿责任,这种责任属于(　　)。
A. 刑事责任　　B. 违约责任　　C. 侵权责任　　D. 行政责任

【例7】工程重大安全事故罪的犯罪主体可能包括(　　)。
A. 无证从业人员　　　　　B. 建设单位
C. 施工单位　　　　　　　D. 设计单位
E. 工程监理单位

【例8】《建设工程质量管理条例》设定的行政处罚包括(　　)。
A. 罚款　　　　　　　　　B. 拘役
C. 行政拘留　　　　　　　D. 责令停业整顿
E. 吊销企业营业执照

☞ 参考答案

1. A；2. B；3. D；4. C；5. D；6. C；7. BCDE；8. ACDE。

1Z302000 施工许可法律制度

考点分布及解析

知识点		2015年		2014年		2013年		2012年		2011年	
		单项选择题	多项选择题	单项选择题	多项选择题	单项选择题	多项选择题	单项选择题	多项选择题	单项选择题	多项选择题
施工许可法律制度	建设工程施工许可制度	1	2	2	2	3	2	1	2	2	2
	施工企业从业资格制度		2	2	4	2		1	4	3	
	建造师注册执业制度	2	2			2	2			2	

此章最近两年的考试分值在 8～9 分。其中相对更加重要的部分是"**1Z302010 建设工程施工许可制度**"(3～4 分)、"**1Z302020 施工企业从业资格制度**"(3～5 分)。

1Z302010 建设工程施工许可制度

考点精要

一、施工许可证和开工报告的适用范围

1. 建设工程开工条件的审批,存在两种形式:施工许可证(多数)和开工报告。在中国境内从事各类房屋建筑及其附属设施的建造、装修装饰和与其配套的线路、管道、设备的安装,以及城镇市政基础设施工程的施工,建设单位在开工前,应当按照国家有关规定向工程所在地县级以上人民政府建设行政主管部门申请领取施工许可证。

2. 不需要办理施工许可证的建设工程:

(1) 限额以下的小型工程:工程投资额在30万元以下或者建筑面积在300平方米以下的建筑工程;

(2) 抢险救灾工程、临时性房屋、农民自建低层住宅的建筑活动;

3. 按照国务院规定批准开工报告的建筑工程(不重复办理)。

4. 军用房屋建筑工程是否实行施工许可,由国务院、中央军事委员会另行规定。

【补:依法核定作为文物保护的纪念建筑物和古建筑等的修缮,依照文物保护的有关规定执行。注:一般需获得文物保护行政主管部门的施工许可,和这里的施工许可证不是一回事。】

5. 开工报告审查的内容:

(1) 资金到位情况;(2) 投资项目市场预测;(3) 设计图纸是否满足施工要求;(4) 现场条

件是否具备"三通一平"。

6. 国务院规定的开工报告,不同于建设监理中的开工报告,不同点：
(1) 性质不同【前者是行政许可】;
(2) 主体不同【前者是向政府主管部门申报】;
(3) 内容不同【前者是建设单位应具备的开工条件,后者是施工单位具备的开工条件】。

【1Z302011 案例要点】

1.《建筑法》规定:"未取得施工许可证或开工报告未经批准擅自施工的,责令改正,对不符合开工条件的责令停止施工,可以处以罚款。"

2.《建设工程质量管理条例》规定,以上情况,"限期改正,处工程合同价款1‰以上,2‰以下的罚款"。

二、申请主体

建设单位向工程所在地县级以上建设行政主管部门申请。施工许可证的法定批准条件包括：

1. 依法应当办理用地批准手续的,已经办理该建筑工程用地批准手续。

2. 在城市规划区的建筑工程,已经取得规划许可证：
(1) 在城市规划区内,规划许可证包括建设用地规划许可证和建设工程规划许可证。
(2) 在乡、村庄规划区内,进行乡镇企业、乡村公共设施和公益事业建设的,核发乡村建设规划许可证。
(3) 以划拨方式提供的:建设单位申请,由规划主管部门依据控制性详细规划核定建设用地的位置、面积、允许建设的范围,核发建设用地规划许可证。
(4)《建设用地规划许可证》一般包括:用地单位、用地项目名称、用地位置、用地性质、用地面积、建设规模、附图及附件等。《建设工程规划许可证》一般包括:用地单位、用地项目名称、位置、宗地号以及子项目名称、建筑性质、栋数、层数、结构类型、计容积率面积及各分类面积,附件包括总平面图、各层建筑平面图、各向立面图和剖面图。

3. 施工现场已经基本具备施工条件,需要征收房屋的,其进度符合施工要求。

4. 已经确定建筑施工企业:在建设工程开工前,建设单位必须依法通过招标或直接发包的方式确定承包该建设工程的施工企业,并签订建设工程承包合同,明确双方的责任、权利和义务。以下几种情形,所确定的施工企业无效：
(1) 应该招标没有招标的;(2) 应该公开招标没有公开招标的;(3) 肢解发包的;(4) 发包给不具备相应资质条件的。

5. 有满足施工需要的施工图纸及技术资料,施工图设计文件已按规定进行了审查【注意,是建设单位报有关部门审查】。

6. 有保证工程质量和安全的具体措施。
施工企业编制的施工组织设计中有根据建筑工程特点制定的相应质量、安全技术措施,专业性较强的工程项目编制了专项质量、安全施工组织设计,并按照规定办理了工程质量、安全监督手续。

7. 建设资金已经落实。

(1) 建设工期不足一年的,到位资金原则上不得少于工程合同价的50%,建设工期超过一年的,到位资金原则上不得少于工程合同价的30%。

(2) 建设单位应当提供银行出具的到位资金证明,有条件的可以实行银行付款保函或者其他的第三方担保。

8. 法律、行政法规规定的其他条件:

(1) 应该委托监理的,已经委托监理;

(2) 对于按规定需要进行消防设计的建筑工程,建设单位应当将其消防设计图纸报送公安消防机构审核。

9. 上述8个方面必须同时具备,缺一不可。建设行政主管部门应当自收到申请之日起15日内,对符合条件的申请颁发施工许可证。任何单位和个人不得将应当申请领取施工许可证的工程项目分解为若干限额以下的工程项目,规避申请领取施工许可证。

三、延期开工、核验和重新办理的条件

1. 建设单位应当从领取施工许可证之日起3个月内开工,因故不能按期开工的,应当向发证机关申请延期;延期以两次为限,每次不超过3个月。既不开工又不申请延期或者超过延期时限的,施工许可证自行废止。

2. 在建的建筑工程因故中止施工的,建设单位应当自中止施工之日起1个月内,向发证机关报告,并按照规定做好建筑工程的维护管理工作。建筑工程恢复施工时,应当向发证机关报告;中止施工满1年的工程恢复施工前,建设单位应当报发证机关核验施工许可证(不是重新办理)。经核验不符合条件的,应当收回其施工许可证,不允许恢复施工,待条件具备后,由建设单位重新申领施工许可证。

3. 批准开工报告的建筑工程,因故不能按期开工或者中止施工的,应当及时向批准机关报告情况。因故不能按期开工超过6个月的,应当重新办理开工报告的批准手续。

【1Z302013 案例要点】

1. 概况:某节水改造工程的开工报告,被同意于2008年1月15日起开工。但因故未能按时开工,一直到2008年7月1日才开始建设。

2. 因故不能按期开工没有超过6个月的,不需要重新办理开工报告的批准手续。

四、违法行为应承担的法律责任【记忆要点总结】

1. 建设单位未取得施工许可证或者开工报告未经批准,擅自施工的,责令停止施工,限期改正,处工程合同价款1%以上2%以下的罚款。

2. 其他单位(如施工单位)的罚款:未取得施工许可证,规避、骗取、伪造等情况,有违法所得的处5 000元以上30 000元以下罚款;没有违法所得的,处5 000元以上10 000元以下罚款。

【1Z302014 案例要点】

1. 概况:某服装厂综合楼工程未办理规划许可、开工审批手续。施工合同价款4 200万

元,监理合同价款 34 万元。

2. 该服装厂不具备申请领取施工许可证的条件。对建设单位处合同价款 1%~2%的罚款,即 42 万~84 万的罚款。

3. 对施工单位的罚款:有违法所得的,处 5 000 元以上 30 000 元以下罚款。

典型考题

【例 1】根据施工许可制度,建设项目因故停工,( )应当自中止施工之日起 1 个月内向发证机关报告。
  A. 项目部   B. 施工企业
  C. 监理单位   D. 建设单位

【例 2】《建筑法》规定,按照国务院有关规定批准开工报告的建筑工程,因故不能按期开工或者中止施工的,应当及时向批准机关报告情况。因故不能按期开工超过( )个月的,应当重新办理开工报告的批准手续。
  A. 1   B. 3   C. 6   D. 12

【例 3】因故中止施工的建筑工程恢复施工时,应当向发证机关报告,中止施工满 1 年的工程恢复施工前,建设单位应当( )。
  A. 重新申请领取施工许可证   B. 向发证机关申请延期施工许可证
  C. 报发证机关核验施工许可证   D. 重新办理开工报告的批准手续

【例 4】以划拨方式提供建设项目用地规划许可证的,有关规划主管部门应依据控制性详细规划,( )建设用地规划许可证。
  A. 提出   B. 备案   C. 核发   D. 批准

【例 5】建筑施工企业确定后,在建筑工程开工前,建设单位应当按照国家有关规定向工程所在地县级以上人民政府建设行政主管部门申请领取( )。
  A. 建设用地规划许可证   B. 建设工程规划许可证
  C. 施工许可证   D. 安全生产许可证

【例 6】建设单位应将建设工程项目的消防设计图纸和有关资料报送( )审核,未经审核或经审核不合格的,不得发放施工许可证,建设单位不得开工。
  A. 建设行政主管部门   B. 公安消防机构
  C. 安全生产监管部门   D. 规划行政主管部门

【例 7】根据《建设工程施工许可管理办法》,下列工程项目无需申请施工许可证的是( )。
  A. 建筑面积 200 平米的房屋   B. 长江汛期抢险工程
  C. 工地上的工人宿舍   D. 某私人投资工程
  E. 农民自建高层住宅

参考答案

  1. D;   2. C;   3. C;   4. C;   5. C;   6. B;   7. ABC。

1Z302020 施工企业从业资格制度

考点精要

一、资质的法定条件

《建筑法》规定,从事建筑活动的建筑施工企业、勘察单位、设计单位和监理单位资质的法定条件:注册资本;专业技术人员;技术装备;其他条件。《建筑业企业资质管理规定》中规定,建筑业企业是指从事土木工程、建筑工程、线路管道设备安装工程的新建、扩建、改建等施工活动的企业。

《建筑业企业资质管理规定》中规定,企业应当按照其拥有的资产、主要人员、技术装备和已完成的工程业绩等条件申请资质,经审查合格,取得企业资质证书后,方可在资质许可范围内从事建筑施工活动。

建筑工程施工总承包企业资质(一级、二级、三级)的法定条件包括:

1. 有符合规定的净资产

企业资质	净资产
一级	1亿元以上
二级	4 000万元以上
三级	800万元以上

2. 有符合规定的主要人员

(1)一级:建筑工程、机电工程专业一级注册建造师合计不少于12人,其中建筑工程专业一级注册建造师不少于9人;技术负责人具有10年以上从事工程施工技术管理工作经历,且具有结构专业高级职称;建筑工程相关专业中级以上职称人员不少于30人,且结构、给排水、暖通、电气等专业齐全;持有岗位证书的施工现场管理人员不少于50人,且施工员、质量员、安全员、机械员、造价员、劳务员等人员齐全;经考核或培训合格的中级工以上技术工人不少于150人。

(2)二级:建筑工程、机电工程专业注册建造师合计不少于12人,其中建筑工程专业注册建造师不少于9人;技术负责人具有8年以上从事工程施工技术管理工作经历,且具有结构专业高级职称或建筑工程专业一级注册建造师执业资格;建筑工程相关专业中级以上职称人员不少于15人,且结构、给排水、暖通、电气等专业齐全;持有岗位证书的施工现场管理人员不少于30人,且施工员、质量员、安全员、机械员、造价员、劳务员等人员齐全;经考核或培训合格的中级工以上技术工人不少于75人。

(3)三级:建筑工程、机电工程专业注册建造师合计不少于5人,其中建筑工程专业注册建造师不少于4人;技术负责人具有5年以上从事工程施工技术管理工作经历,且具有结构专业中级以上职称或建筑工程专业注册建造师执业资格;建筑工程相关专业中级以上职称人员不少于6人,且结构、给排水、暖通、电气等专业齐全;持有岗位证书的施工现场管理人员不少于15人,且施工员、质量员、安全员、机械员、造价员、劳务员等人员齐全;经考核或培训合格的中级工以上技术工人不少于30人;技术负责人(或注册建造师)主持完成过本类别资质二级以上标准要求的工程业绩不少于2项。

3. 有符合规定的已完成工程业绩

(1) 一级,近5年承担过下列4类中的2类工程的施工总承包或主体工程承包,工程质量合格。

* 地上25层以上的民用建筑工程1项或地上18~24层的民用建筑工程2项;
* 高度100米以上的构筑物工程1项或高度80~100米(不含)的构筑物工程2项;
* 建筑面积3万平方米以上的单体工业、民用建筑工程1项或建筑面积2万~3万平方米(不含)的单体工业、民用建筑工程2项;
* 钢筋混凝土结构单跨30米以上(或钢结构单跨36米以上)的建筑工程1项或钢筋混凝土结构单跨27~30米(不含)(或钢结构单跨30~36米(不含))的建筑工程2项。

(2) 二级,近5年承担过下列4类中的2类工程的施工总承包或主体工程承包,工程质量合格。

* 地上12层以上的民用建筑工程1项或地上8~11层的民用建筑工程2项;
* 高度50米以上的构筑物工程1项或高度35~50米(不含)的构筑物工程2项;
* 建筑面积1万平方米以上的单体工业、民用建筑工程1项或建筑面积0.6万~1万平方米(不含)的单体工业、民用建筑工程2项;
* 钢筋混凝土结构单跨21米以上(或钢结构单跨24米以上)的建筑工程1项或钢筋混凝土结构单跨18~21米(不含)(或钢结构单跨21~24米(不含))的建筑工程2项。

(3) 三级企业不再要求已完成的工程业绩。

4. 有符合规定的技术装备:与承包范围相适应的施工机械和质量检测设备;

二、施工企业的资质:施工总承包、专业承包和施工劳务。

1. 施工总承包资质:设有12个类别。施工总承包资质一般分为4个等级,即特级、一级、二级和三级。

2. 专业承包资质:36个类别。常考的专业承包资质:地基与基础工程、建筑装饰装修工程、建筑幕墙工程、预拌商品混凝土、混凝土预制构件、钢结构工程,等等。

3. 施工劳务资质:不分类别与等级。

三、资质许可权限

1. 国务院住房城乡建设主管部门:施工总承包序列特级、一级资质及铁路工程施工总承包二级资质;专业承包资质序列公路、水运、水利、铁路、民航方面的专业承包一级资质及铁路、民航方面的专业承包二级资质;涉及多个专业的专业承包一级资质。

2. 省、自治区、直辖市人民政府住房城乡建设主管部门:a. 施工总承包序列二级资质及铁路、通信工程施工总承包三级资质;b. 专业承包资质序列一级(不含公路、水运、水利、铁路、民航方面的专业承包一级资质及涉及多个专业的专业承包一级资质);c. 专业承包资质序列二级资质(不包含铁路、民航方面的专业承包二级资质);铁路方面专业承包三级资质;特种工程专业承包资质。

3. 设区的市人民政府住房城乡建设主管部门：a. 施工总承包资质序列三级资质(不含铁路、通信工程施工总承包三级资质)；b. 专业承包资质序列三级资质(不含铁路方面专业承包资质)及预拌混凝土、模板脚手架专业承包资质；c. 施工劳务资质；d. 燃气燃烧器具安装、维修企业资质。

四、施工企业资质证书的申请、延续和变更

1. 建筑业企业可以申请一项或多项建筑业企业资质；企业首次申请、增项申请建筑业企业资质，应当申请最低等级资质。

2. 企业资质证书有效期为5年。有效期届满3个月前，向原资质许可机关提出延续申请，资质许可机关应当在有效期届满前做出决定，逾期未做出决定的，视为准予延续。

3. 建筑业企业在资质证书有效期内名称、地址、注册资本、法定代表人等发生变更的，应当在工商部门办理变更手续后1个月内办理资质证书变更手续。

由国务院住房城乡建设主管部门颁发的资质证书变更：企业向企业工商注册所在地省、自治区、直辖市人民政府住房城乡建设主管部门提出变更申请，自受理申请之日起2日内将有关变更证明材料报国务院住房城乡建设主管部门，国务院住房城乡建设主管部门在2日内办理变更手续。

前款规定以外的资质证书的变更，由企业工商注册所在地省、自治区、直辖市人民政府住房城乡建设主管部门或设区的市人民政府住房城乡建设主管部门依法另行规定。资质证书变更后15日内，报国务院住房城乡建设主管部门备案。

5. 企业更换、遗失补办建筑企业资质证书

持申请材料向资质许可机关申请办理，资质许可机关应当在2个工作日内办理完毕。

6. 合并、分立、改制

需承继原建筑业企业资质的，应当申请重新核定建筑业企业资质等级。

7. 取得建筑业企业资质的企业，申请资质升级、资质增项，在申请之日起前1年内有下列情形之一的，资质许可机关不予批准企业的资质升级申请和增项申请：

(1) 超越本企业资质等级或以其他企业的名义承揽工程，或允许其他企业或个人以本企业的名义承揽工程的；

(2) 与建设单位或企业之间相互串通投标，或以行贿等不正当手段谋取中标的；

(3) 未取得施工许可证擅自施工的；

(4) 将承包的工程转包或违法分包的；

(5) 违反国家工程建设强制性标准的；

(6) 恶意拖欠分包企业工程款或者劳务人员工资的；

(7) 隐瞒或谎报、拖延报告工程质量安全事故，破坏事故现场、阻碍对事故调查的；

(8) 按照国家法律、法规和标准规定需要持证上岗的技术工种的作业人员未取得证书上岗；

(9) 未依法履行工程质量保修义务或拖延履行保修义务；

(10) 伪造、变造、倒卖、出租、出借或者以其他形式非法转让建筑业企业资质证书；

(11) 发生过较大以上质量安全事故或者发生过两起以上一般质量安全事故的；

(12) 其他违反法律、法规的行为。

8. 企业资质证书的撤回、撤销和注销

(1) 撤回：不再符合相应资质条件，责令整改，整改期间最长不超过3个月；整改期间不得申请资质升级、增项，不能承揽新的工程；逾期仍未达到建筑业企业资质标准要求条件的，资质许可机关可以撤回其建筑业企业资质证书。

被撤回建筑业企业资质证书的企业，可以在资质被撤回后3个月内，向资质许可机关提出核定低于原等级同类别资质的申请。

(2) 撤销：工作人员滥用职权、玩忽职守作出准予资质许可的；超越法定职权作出准予资质许可的；违反法定程序准予资质许可的；对不符合资质标准条件的申请企业准予资质许可的；(针对资质许可机关)

以欺骗、贿赂等不正当手段取得资质证书的。(针对建筑业企业)

(3) 注销：有效期届满未依法申请延续的；建筑业企业依法终止的；被依法撤回、撤销和吊销的；企业提出注销申请的。

五、外商投资建筑业企业的规定

1. 设立与资质审批分类、分级进行。

(1) 施工总承包序列特级和一级、专业承包序列一级资质：设立，由国务院对外贸易经济行政主管部门审批；资质，由国务院建设行政主管部门审批。【中外合资、中外合作经营的中方投资者为中央管理企业的，同此规定。】

(2) 施工总承包和专业承包二级及以下资质、劳务分包序列资质：设立，由省、自治区、直辖市的对外贸易经济行政主管部门审批；资质，由省、自治区、直辖市的建设行政主管部门审批。

	施工总承包	专业承包	劳务分包
国务院部门	特级、一级	一级	
省、自治区、直辖市	二级及以下	二级及以下	全部劳务分包

中外合资、中外合作的中方投资者为中央管理企业的，设立：国务院对外经贸部门；资质：国务院建设行政主管部门。

2. 中外合资经营建筑业企业、中外合作经营建筑业企业中方合营者的出资总额不得低于注册资本的25%。

3. 外商投资企业只允许在其资质等级许可的范围内承揽下列工程：

(1) 全部由外国投资、外国赠款建设的工程；

(2) 国际金融机构资助并通过根据贷款条款进行的国际招标授予的建设项目；

(3) 外资等于或超过50%的中外联合建设项目；或者外资少于50%，但因技术困难不能由中国建筑企业独立实施，经有关部门批准的中外联合建设项目。

(4) 由中方投资，但因技术困难不能由中国建筑企业独立实施，经有关部门批准，可以由中外联合承揽。

4. 中外合资经营建筑业企业、中外合作经营建筑业企业，应当在其资质许可范围内承揽工程。

5. 承担施工总承包工程的外商投资建筑业企业，建筑主体结构的施工必须由其自行完成。外商投资企业与其他建筑业企业联合承包的，按照资质等级低的企业的业务许可范围承包工程。

六、禁止无资质承揽工程

1. 分包工程承包人必须具有相应的资质,并在其范围内承揽工程。严禁个人承揽分包工程业务(包工头问题)。

2. 无资质承包主体签订的专业分包合同、劳务分包合同都是无效的。

(1) 针对存在转包等情况,因建设工程质量发生争议的,发包人可以以总承包人、分包人和实际施工人为共同被告提起诉讼。

(2) 实际施工人以转包人、违法分包人为被告起诉的,人民法院应当受理。实际施工人以发包人为被告主张权利的,人民法院可以追加转包人或者违法分包人为本案当事人。发包人只在欠付工程价款范围内对实际施工人承担责任。

七、禁止超越资质承揽工程

1. 联合共同承包:可以由两个以上不同资质等级的单位联合共同承包,按照资质等级低的确定承包范围。

2. 分包工程:禁止总承包单位将分包工程分包给不具备相应资质条件的单位。分包工程承包人必须具有相应的资质,并在其资质等级许可的范围内承揽业务。所谓"扩大劳务分包"的方式,即将超越劳务企业资质或超越劳务范围的工程分包给劳务企业,也是违法分包。

【1Z302022 案例要点】

1. 概况:某劳务分包企业,其注册资本金为50万元,有木工作业一级、砌筑作业二级、抹灰作业(不分级别)的劳务企业资质证书。在某工程施工中,与该工程的施工总承包企业签订的劳务分包合同为158万,最终实际结算额为1536万元。该劳务分包企业实际承揽的劳务作业工程,除了木工、砌筑、抹灰作业外,还包括了脚手架、模板、混凝土等作业内容。

2. 单项业务合同额不得超过企业注册资本金的5倍,但该案例中实际结算额远远超过最高值5倍的限额。

3. 该劳务分包企业具有3项劳务作业资质,但超过其资质允许范围承担了脚手架、模板、混凝土等劳务作业;而且,从费用中可以看出,还包括了主要材料、大中型周转设备和机具、安全文明施工的设施等费用,实际上是让该劳务分包企业承担了应当由总承包企业或专业承包企业承担的施工内容。

4. 因此,该项目可以定性为违法分包。

八、禁止以他企业名义或他企业以本企业名义承揽工程

分包工程发包人没有将其承包的工程进行分包,但在施工现场所设项目管理机构的项目负责人、技术负责人、项目核算负责人、质量管理人员、安全管理人员不是工程承包人本单位人员的,视同允许他人以本企业名义承揽工程。

【1Z302023 案例要点】

1. 概况:甲总承包,将土石方工程分包给乙,乙又与社会上的刘某签订任务书,约定由刘某组织人员负责土方开挖等所有工作,单独核算,自负盈亏。

2. 土石方工程施工中的人员并非分包单位乙公司的人员,因此视为允许他人以本企业名

义承揽工程。

　　3. 处罚:责令改正,没收违法所得;对施工单位处合同价款2‰以上、4‰以下的罚款;可以责令整顿,降低资质等级;情节严重的,吊销资质证书。

九、法律责任【记忆要点】

1. 对建设单位的罚款:

责令改正,处50万元以上100万元以下的罚款	责令改正,处工程合同价款0.5‰以上1‰以下的罚款
将工程发包给不具有相应资质条件的承包单位、勘察、设计、监理单位的	肢解发包

2. 对施工单位的罚款:

处工程合同价款2‰~4‰的罚款	处工程合同价款0.5‰以上1‰以下的罚款
未取得资质证书承揽工程的; 超越资质许可的业务范围承揽工程的; 允许其他单位或个人以本单位名义承揽工程的; 欺骗手段获取资质证书的	转包 违法分包

【1Z303020 案例要点】

（1）概况:A借其他企业B的资质承揽工程。
（2）B允许其他单位或个人以本单位名义承揽工程的,处工程合同价款2‰~4‰的罚款;用他人名义承揽工程的A:处1万~3万元的罚款。

【1Z303023 案例要点】

（1）概况:A公司转包全部桩基工程施工任务给B公司。
（2）A转包,处工程合同价款0.5‰以上1‰以下的罚款;
（3）A、B对桩基质量承担连带责任。

☞ 典型考题

【例1】我国建筑业企业资质分为(　　)三个序列。
　　A. 工程总承包,施工总承包和专业承包
　　B. 工程总承包,专业分包和施工劳务
　　C. 施工总承包,专业分包和施工劳务
　　D. 施工总承包,专业承包和施工劳务

【例2】建筑业企业资质证书有效期满未申请延续的,其资质证书将被(　　)。
　　A. 撤回　　　B. 撤销　　　C. 注销　　　D. 吊销

【例3】国务院国有资产管理部门直接监管的企业的施工总承包二级、三级资质的许可,由(　　)负责。
　　A. 国务院国有资产管理部门　　　B. 国务院建设行政主管部门

35

C. 省、自治区、直辖市建设主管部门　　D. 该类企业工商注册地的建设主管部门

【例4】下列关于外资建筑企业资质审批与管理的表述中,正确的是( )。

　　A. 外资建筑企业的资质等级标准参照其母公司实力核定

　　B. 外资建筑企业与其他企业联合承包工程,应按外资建筑企业资质等级确定业务许可范围

　　C. 外资建筑企业申请晋升资质等级或者申请增项的,应按规定统一到国务院建设行政主管部门办理

　　D. 中外合资建筑企业,中方投资者为中央管理企业的,其资质由国务院建设行政主管部门审批

☞ **参考答案**

　　1. D；　2. C；　3. B；

　　4. D【要点：C选项错在违反了"分级"的规定,"统一"错了】；

1Z302030 建造师注册执业制度

☞ **考点精要**

一、注册管理

1. 通过<u>考核认定</u>或考试合格取得<u>建造师资格证书</u>,并按规定<u>注册</u>,取得建造师<u>注册证书和执业印章</u>后,方有资格以建造师名义从事工作。未经<u>注册</u>,不得担任<u>大中型建设工程项目</u>的项目负责人,不得以<u>注册建造师名义</u>从事活动。

2. 初始注册的条件:<u>资格证书</u>;受聘一个相关单位;达到继续教育要求;没有不予注册的情形。注册要在<u>3年内</u>申请;逾期必须提供<u>继续教育</u>合格证明。注册有效期:<u>3年</u>。

3. <u>延续注册</u>:在注册有效期届满<u>30日</u>前,申请延续注册,有效期为<u>3年</u>。

4. <u>变更注册</u>:变更注册后仍<u>延续</u>原注册有效期。

5. <u>不予注册</u>情形:不具备完全民事行为能力;申请在两个或两个以上<u>单位注册</u>;未达到继续教育要求；

受到刑事处罚,刑事处罚尚未执行完毕;因<u>执业活动</u>受到刑事处罚,自刑事处罚执行完毕之日起不满<u>5年</u>;因前款以外的原因受到刑事处罚,自处罚决定之日起不满<u>3年</u>;被吊销注册证书,自处罚决定之日起至申请注册之日止不满<u>2年</u>;在申请注册之日前<u>3年内</u>担任<u>项目经理</u>期间,所负责项目发生过重大<u>质量和安全</u>事故；

申请人的<u>聘用单位</u>不符合注册单位要求;年龄超过<u>65周岁</u>。

二、继续教育

注册一个专业的建造师在每一个注册有效期内应参加继续教育不少于120学时(必修60、选修60)。注册两个及以上专业的,每增加一个专业还应参加所增加专业60学时(必修30、选

修 30)的继续教育。

三、受聘单位和执业岗位范围

1. 一级建造师可以担任特级、一级建筑企业资质的建设工程项目施工的项目经理。

2. 取得资格证书的人员应当受聘于一个具有勘察、设计、监理、招标代理、造价咨询等一项或多项资质的单位。但担任施工单位项目负责人的,应当受聘并注册于一个具有施工资质的企业。

3. 一级注册建造师,可以在全国范围内以一级注册建造师名义执业。

4. 大中型工程施工项目负责人必须由本专业注册建造师担任。一级注册建造师可担任大、中、小型工程施工项目负责人。

5. 建造师不得同时担任两个及以上建设工程项目负责人。但发生下列情形的除外:
(1) 同一工程相邻分段发包或分期施工的;
(2) 合同约定的工程验收合格的;
(3) 因非承包商原因致使工程项目停工超过120天(含),经建设单位认可的。

6. 注册建造师担任施工项目负责人期间原则上不得更换。但下列情形除外,办理书面交接手续后可以更换:
(1) 发包方解除承包合同的;(2) 发包方同意更换项目负责人的;(3) 因不可抗力等特殊情况必须更换的。

7. 注册建造师担任施工项目负责人,在其承建的建设工程项目竣工验收或移交项目手续办结前,除以上规定的情形外,不得变更。

四、权利和义务(记住特殊的几个)

1. 权利:
(1) 使用注册建造师名称;(2) 在规定范围内从事活动;(3) 在本人执业活动中形成的文件上加盖执业印章;(4) 保管和使用本人注册证书、执业印章;(5) 对本人执业活动进行解释和辩护;(6) 接受继续教育;(7) 获得相应的劳动报酬;(8) 对侵犯本人权利的行为进行申述。

2. 义务:
(1) 遵守法律、法规和有关管理规定,恪守执业道德;(2) 执行技术标准、规范和规程;(3) 保证执业成果的质量,并承担相应责任;(4) 接受继续教育,努力提高执业水准;(5) 保守在执业中知悉的国家秘密和他人的商业、技术秘密;(6) 与当事人有厉害关系的,应当主动回避;(7) 协助注册管理机关完成相关工作。

3. 接受继续教育,既是权利,又是义务。注册一个专业的建造师在每一个注册有效期内应参加继续教育不少于120学时(必修60、选修60)。注册两个及以上专业的,每增加一个专业还应参加所增加专业60学时(必修30、选修30)的继续教育。

五、建造师的签字盖章行为及其他

1. 建设工程施工活动中形成的有关工程施工管理文件,应当由注册建造师签字并加盖执业印章。施工单位签署质量合格的文件上，必须有建造师的签字盖章。

2. 注册建造师有权拒绝在不合格或有弄虚作假内容的建设工程施工管理文件上签字并加盖执业印章。

3. 分包工程施工管理文件应当由分包企业注册建造师签章。分包企业签署质量合格的文件上，必须由担任总包项目负责人的注册建造师签章。

4. 修改注册建造师签字并加盖执业印章的工程施工管理文件，应当征得所在企业同意后，由注册建造师本人进行修改；注册建造师不能进行修改的，应当由企业指定同等资格条件的注册建造师修改，并由其签字并加盖执业印章。

5. 担任施工项目负责人的注册建造师在执业过程中，无正当理由不得拒绝在文件上签字并加盖执业印章。

6. 监督管理

(1) 注册建造师违法从事相关活动的，违法行为发生地县级以上地方人民政府建设主管部门或者其他有关部门应当依法查处，并将违法事实、处理结果告之注册机关。

(2) 注册建造师异地执业的，工程所在地省级人民政府建设行政主管部门应当将处理意见转交注册建造师注册所在地省级人民政府建设主管部门，注册所在地省级人民政府建设行政主管部门在14个工作日内作出处理，并告知工程所在地建设主管部门。

【1Z302035 案例要点】

1. 注册提供虚假材料："不予受理或不予注册，并给予警告，申请人1年内不得再次申请注册"。

2. 未能完成继续教育内容：不予注册。

☞ 典型考题

【例1】国家一级建造师的主要执业范围是（　　）。
　　A. 担任建设工程项目施工的项目经理
　　B. 担任建设工程项目评估人员
　　C. 从事建设工程项目咨询工作
　　D. 从事建设工程项目预算工作

【例2】注册建造师违法从事相关活动的，（　　）应当依法查处。
　　A. 注册机关
　　B. 注册地的县级以上地方人民政府建设主管部门
　　C. 建设行业协会
　　D. 违法行为发生地的县级以上地方人民政府建设主管部门

【例3】注册建造师的权利包括（　　）。
　　A. 使用注册建造师名称
　　B. 接受继续教育
　　C. 保管和使用本人注册证书、执业印章

D. 对本人执业活动进行解释和辩护

E. 遵守法律、法规的有关规定

【例4】以下有关建造师的签字盖章行为的说法中,错误的是(　　)。

A. 施工单位签署质量合格的文件上,必须有建造师的签字盖章

B. 担任工程项目技术、质量、安全等岗位的注册建造师,无正当理由不得拒绝在文件上签字并加盖执业印章

C. 修改注册建造师签字并加盖执业印章的工程施工管理文件,原注册建造师不能进行修改的,应当由企业指定同等资格条件的注册建造师修改,并由其签字并加盖执业印章

D. 担任施工项目负责人的注册建造师在执业过程中,是否在有关文件上签章,由企业根据实际情况自行规定

E. 分包工程施工管理文件上,应当由担任总包项目负责人的注册建造师签章

☞ 参考答案

1. A; 2. D; 3. ABCD;

4. BDE【要点:E选项中,应该是质量合格文件】。

1Z303000 建设工程发承包法律制度

☞ **考点分布及解析**

知识点		2015年		2014年		2013年		2012年		2011年	
		单项选择题	多项选择题	单项选择题	多项选择题	单项选择题	多项选择题	单项选择题	多项选择题	单项选择题	多项选择题
建设工程发承包法律制度	建设工程招标投标制度	4	2	4	2	4	2	3	2	5	4
	建设工程承包制度	3	2	4	3	2	3	2		4	4
	建筑市场信用体系建设	2	4	2		3	2		2		2

此章最近两年的考试分值在15~16分。其中相对更加重要的部分是"1Z303010 建设工程招标投标制度"(5~9分)、"1Z303020 建设工程承包制度"(6~8分)。

1Z303010 建设工程招标投标制度

☞ **考点精要**

一、必须招标的范围、规模和招标方式

（一）必须招标的项目范围

1. 大型基础设施、公用事业等关系社会公共利益、公众安全的项目(含商品住宅,包括经济适用房);

2. 全部或者部分使用国有资金投资或者国家融资的项目;

3. 使用国际组织或者外国政府贷款、援助资金的项目。

【具体详细范围参见教材1Z303011】

（二）必须招标的规模标准

1. 施工单项合同估算价在200万元人民币以上的;

2. 重要设备、材料等货物的采购,单项合同估算价在100万元人民币以上的;

3. 勘察、设计、监理等服务的采购,单项合同估算价在50万元人民币以上的;

4. 单项合同估算价低于上述标准,但总投资额在3 000万元人民币以上的。

【注意:必须同时满足以上范围、规模两个标准才属于必须招标的项目。】

（三）对于依法必须招标的具体范围和规模标准以外的建设工程项目,可以不进行招标,采用直接发包的方式。

（四）可以不进行招标的工程建设项目：涉及国家安全、国家秘密或者抢险救灾，或者属于利用扶贫资金实行以工代赈还需要使用农民工等特殊情况，不适宜招标的。

《招标投标法实施条例》规定，除了以上情况，还可以不招标的特殊情形包括：

1. 需要采用不可替代的专利或者专有技术；
2. 采购人依法能够自行建设、生产或者提供；
3. 已通过招标方式选定的特许经营项目投资人能够自行建设、生产或者提供；
4. 需要向原中标人采购工程、货物或者服务，否则将影响施工功能配套要求的；
5. 其他。

（五）招标方式：公开招标和邀请招标。

1. 招标公告必须通过国家指定的报刊、信息网络或者其他媒介发布。应该公开招标的建设项目有：国务院发展计划部门确定的国家重点建设项目；省、自治区、直辖市人民政府确定的地方重点建设项目；全部使用国有资金投资或国有投资占控股或者主导地位的工程建设项目。

2. 招标人采用邀请招标方式的，应当向3个以上具备承担招标项目的能力、资信良好的特定的法人或者其他组织发出投标邀请书。

3. 《招标投标法实施条例》规定，国有资金占控股或主导地位的依法必须进行招标的项目，应当公开招标，但下列情形之一的，可以邀请招标：

（1）技术复杂、有特殊要求或受自然环境限制，只有少量潜在投标人可供选择的；

（2）采用公开招标方式的费用占项目合同金额的比例过大。

【此处必须比较：可以不招标的条件和邀请招标条件之间的区别。】

（六）总承包招标

1. 招标人可以对工程以及与工程建设有关的货物、服务全部或者部分实行总承包招标；

2. 暂估价：指总承包招标时不能确定价格而由招标人在招标文件中暂时估定的工程、货物、服务的价格。

（七）两阶段招标

1. 对技术复杂或无法精确拟定技术规格的项目，可以分两阶段进行招标；

2. 第一阶段，投标人提交不带报价的技术建议，招标人根据投标人提交的技术建议确定技术标准和要求，编制招标文件；第二阶段，招标人向第一阶段提交技术建议的投标人提供招标文件，投标人按照招标文件的要求提交包括最终技术方案和投标报价的投标文件。

（八）《招标投标法实施条例》规定，设区的市级以上地方人民政府可以根据实际需要，建立统一规范的招标投标交易场所，为招标投标活动提供服务。不得与行政监督部门存在隶属关系，不得以盈利为目的。

典型考题

【例1】依据《工程建设项目招标范围和规模标准规定》，施工单项合同估算价（　　）万元人民币以上的工程建设项目，必须进行招标。

A. 50　　　　　B. 100　　　　　C. 200　　　　　D. 500

【例2】某必须招标范围内的建设项目,施工单项合同估算价为1 000万元人民币,在施工中需要采用专有技术,该施工项目(　　)方式发包。
　　A. 应该采用公开招标　　　　　　B. 应该采用邀请招标
　　C. 应该采用议标　　　　　　　　D. 可以采用直接委托

【例3】《招标投标法》的规定,(　　)可以不进行招标,采用直接发包的方式委托建设任务。
　　A. 施工单项合同估算价150万元人民币
　　B. 重要设备的采购,单项合同估算价150万元人民币
　　C. 监理合同,单项合同估算价150万元人民币
　　D. 项目总投资4 000万元,监理合同单项合同估算价30万元人民币
　　E. 项目总投资2 000万元,监理合同单项合同估算价30万元人民币

参考答案

1. C;
2. D【要点:这题考的是"不招标"的条件和"邀请招标"条件的对比,"在施工中需要采用专有技术"属于不招标的条件之一】;
3. AE。

考点精要

二、招标基本程序

主要包括落实招标条件、委托招标代理机构、编制招标文件、发布招标公告或投标邀请书、资格审查、开标、评标、中标和签订合同等。

1. 原则:公开、公平、公正【如:评标委员会应当按照招标文件确定的评标标准和方法】和诚实信用。

2. 招标条件:(1) 招标人已经依法成立;(2) 初步设计及概算应当履行审批手续的,已经批准;(3) 招标范围、招标方式和招标组织形式等应当履行核准手续的,已经核准;(4) 有相应资金或者资金来源已经落实;(5) 有招标所需的设计图纸及技术资料。

3. 招标组织形式:自行招标和委托招标。

(1) 招标人具有编制招标文件和组织评标能力的,可以自行办理招标事宜。指招标人具有与招标项目规模和复杂程度相适应的技术、经济等方面的专业人员。

(2) 招标代理机构应当具备的条件:营业场所和相应资金;相应专业力量;技术、经济等方面的专家库。

(3) 招标代理机构的招标事宜包括:拟定招标方案,编制和出售招标文件、资格预审文件;审查投标人资格;编制标底;组织投标人踏勘现场;组织开标、评标,协助招标人定标;草拟合同;招标人委托的其他事项。

(4) 不得接受就同一招标项目的投标代理和投标咨询业务。未经招标人同意,不得转让代理业务。

4. 招标文件一般包括以下内容:投标邀请书(如果有);投标人须知;合同主要条款;投标文件格式;工程量清单(如果有);技术条款;设计图纸;评标标准和方法;投标辅助材料。

(1) 招标人应当在招标文件中规定实质性要求和条件,并用醒目的方式标明。

(2) 招标文件不得要求或者标明特定的生产供应者以及含有倾向或排斥潜在投标人的其他内容。

(3) 招标人对已发出的招标文件进行必要的澄清或者修改的,应当在招标文件要求提交投标文件截止时间至少15日前,以书面形式通知所有招标文件收受人。该澄清或者修改的内容为招标文件的组成部分。

(4) 招标人应当确定投标人编制投标文件所需要的合理时间;但是,依法必须进行招标的项目,自招标文件开始发售之日起至投标人提交投标文件截止之日止,最短不得少于20日。

(5) 进行必要的澄清或者修改的,招标人应当在提交资格预审申请文件截止时间至少3日前,或者投标截止时间至少15日前,以书面形式通知所有潜在投标人;不足3日或15日的,招标人应当顺延截止时间。

(6) 不得利用划分标段限制或排斥潜在投标人。依法必须招标的项目不得利用划分标段规避招标。

(7) 招标人应当在招标文件中载明投标有效期,从提交投标文件的截止日起计算。

【补充难点:在原投标有效期结束前,出现特殊情况的,招标人可以书面形式要求所有投标人延长投标有效期。投标人同意延长的,不得要求或被允许修改其投标文件的实质性内容,但应当相应延长其投标有效期。投标人拒绝延长的,其投标失效,但投标人有权收回其投标保证金。】

(8) 对招标文件有异议的,应当在投标截止时间10日前提出;招标人应当在收到之日起3日内答复;答复前,应当暂停招标投标活动。

(9) 招标人可以自行决定是否编制标底。一个招标项目只能有一个标底。标底必须保密。接受委托编制标底的中介不得参加该项目投标,也不得为投标人提供咨询。招标人设有最高投标限价的,应当在招标文件中明确最高投标限价或最高投标限价的计算方法。招标人不得规定最低投标限价。

5. 发布招标公告或投标邀请书。

(1) 招标公告或投标邀请书都应当载明:招标人的名称和地址;招标项目的性质、数量、实施地点和时间;获取招标文件的办法。

(2) 招标人可以根据项目本身的要求,在招标公告或投标邀请书中,要求潜在投标人提供有关资质证明文件和业绩情况,并对潜在投标人进行资格审查。招标人不得以不合理的条件限制或排斥潜在投标人,不得对潜在投标人实行歧视待遇。

(3) 招标人不得向他人透露已获取招标文件的潜在投标人的名称、数量以及可能影响公平竞争的其他情况。招标人设有标底的,必须保密。招标人根据招标项目的具体情况,可以组织潜在投标人踏勘项目现场。

(4) 招标人应当按照资格预审公告、招标公告或投标邀请书规定的时间、地点发售。发售期不得少于5日。

6. 资格审查:资格预审和资格后审。

（1）资格预审：是指在投标前对潜在投标人进行的资格审查。可以发布资格预审公告。不合格的不得参加投标。通过资格预审的申请人少于3个的，应当重新招标。

对资格预审文件有异议的，应当在提交资格预审申请文件截止时间2日前提出。招标人在收到后3日内答复；答复前，应当暂停招标投标活动。内容违反有关规定，影响资格预审结果的，依法必须招标的项目，应当在修改资格预审文件后重新招标。

（2）资格后审：是指在开标后对投标人进行的资格审查。资格后审不合格的投标人的投标应作废标处理。

7. 开标：开标应当在招标文件确定的提交投标文件截止时间的同一时间公开进行；开标地点应当为招标文件中预先确定的地点。

（1）开标由招标人主持，邀请所有投标人参加。开标时，由投标人或者其推选的代表检查投标文件的密封情况，也可以由招标人委托的公证机构检查并公证。经确认无误后，由工作人员当众拆封，宣读投标人名称、投标价格和投标文件的其他主要内容。在投标截止时间前收到的所有投标文件，开标时都应当当众予以拆封、宣读。开标过程应当记录，并存档备查。

（2）投标人少于3个，不得开标；招标人应当重新招标。对开标有异议的，在现场提出，招标人应当当场作出答复，并记录。

8. 评标委员会：

（1）由招标人代表和技术、经济等方面的专家组成，五人以上单数，其中招标人之外的技术、经济等方面的专家不得少于成员总数的三分之二。评标委员会的名单在中标结果确定前应当保密。

（2）评标委员会可以要求投标人对投标文件中含义不明确的内容作必要的澄清或者说明，但是澄清或者说明不得超出投标文件的范围或者改变投标文件的实质性内容。

（3）评标委员会经评审，认为所有投标都不符合招标文件要求的，可以否决全部投标。依法必须进行招标的项目的所有投标被否决的，招标人应当依法重新招标。

（4）标底只能作为评标的参考，不得以投标报价是否接近标底作为中标条件，也不得以投标报价超过标底上下浮动范围作为否决投标的条件。

（5）否决投标的情形：

投标文件未经投标单位盖章和单位负责人签字；

投标联合体没有提交共同投标协议；

投标人不符合国家或招标文件规定的资格条件；

同一投标人提交两个以上不同的投标文件或投标报价，但招标文件要求提交备选投标的除外；

投标文件没有对实质性要求和条件作出响应；

投标人有串通投标、弄虚作假、行贿等违法行为。

（6）投标文件有含义不明确的内容、明显文字或计算错误，评标委员会认为需要澄清、说明的，应当书面通知该投标人。投标人的澄清、说明不得超出投标文件的范围或改变实质性内容。评标委员会不得暗示或诱导投标人作出澄清、说明，不得接受投标人主动提出的澄清、说明。

9. 中标：招标人根据评标委员会提出的书面评标报告和推荐的中标候选人确定中标人。

（1）中标人确定后，招标人应当向中标人发出中标通知书，并同时将中标结果通知所有未中标的投标人。中标通知书对招标人和投标人具有法律效力。中标通知书发出后,招标人改变中标结果的,或者中标人放弃中标项目的,应当依法承担法律责任。

(2)招标人不得向中标人提出压低报价、增加工作量、缩短工期或其他违背中标人意愿的要求,以此作为发出中标通知书和签订合同的条件。

10.签订合同:招标人和中标人应当自中标通知书发出之日起30日内,按照招标文件和中标人的投标文件订立书面合同。招标人和中标人不得再行订立背离合同实质性内容的其他协议。

(1)招标人和中标人应当依照招标投标法和条例的规定签订书面合同,合同的标的、价款、质量、履行期限等主要条款应当与招标文件和中标人的投标文件的内容一致。

(2)"阴阳合同"问题处理。当事人就同一建设工程另行订立的建设工程施工合同与经过备案的中标合同实质性内容不一致的,应当以备案的中标合同作为结算工程价款的根据。

11.终止招标:

(1)应当及时发布公告,或者以书面形式通知潜在投标人。

(2)已经发售资格预审文件或招标文件,或已经收取投标保证金的,招标人应当及时退还所收取的资格预审文件、招标文件的费用,以及所收取的投标保证金及银行同期存款利息。

☞ 典型考题

【例1】《招标投标法》规定的招标方式是( )。
　　A. 公开招标、邀请招标和议标　　B. 公开招标和议标
　　C. 邀请招标和议标　　D. 公开招标和邀请招标

【例2】投标人现场考察后,以书面形式提出质疑,招标人给了书面解答。当解答与招标文件的规定不一致时,( )。
　　A. 投标人应要求招标人继续解释　　B. 以书面解答为准
　　C. 以招标文件为准　　D. 由人民法院判定

【例3】开标应当在招标文件确定的提交投标文件截止时间的( )进行。
　　A. 当天公开　　B. 当天不公开
　　C. 同一时间公开　　D. 同一时间不公开

【例4】招标方式中,邀请招标与公开招标比较,其缺点主要有( )等。
　　A. 选择面窄,排斥了某些有竞争实力的潜在投标人
　　B. 竞争的激烈程度相对较差
　　C. 招标时间长
　　D. 招标费用高
　　E. 评标工作量较大

【例5】某招标项目的评标委员会初定成员由5人组成,其中2人为招标人代表,3人为招标人以外的专家。按招标法规的要求,评标委员会成员的修改方式可为( )。
　　A. 只减少1名招标人代表
　　B. 减少1名招标人代表,同时增加1名招标人以外的专家

C. 招标人代表不变,增加1名招标人以外的专家
D. 招标人代表不变,增加2名招标人以外的专家
E. 招标人代表不变,增加4名招标人以外的专家

【例6】在项目招标的中标通知书发出后,招标人和中标人应按照(　　)订立书面合同。
A. 招标公告　　B. 招标文件　　C. 投标文件　　D. 评标价格
E. 最后谈判达成的降价协议

☞ 参考答案

1. D;　2. B;　3. C;　4. AB;　5. BDE;　6. BC。

☞ 考点精要

三、禁止肢解发包

建设单位将应当由一个承包单位完成的建设工程分解成若干部分,发包给不同的承包单位的行为。

1. 提倡对建筑工程实行总承包,禁止将建筑工程肢解发包。
2. 发包单位可以将勘察、设计、施工、设备采购一并发包给一个工程总承包单位,也可以将勘察、设计、施工、设备采购的一项或者多项发包给一个工程总承包单位。
3. 但是,不得将应当由一个承包单位完成的建筑工程肢解成若干部分发包给几个承包单位。

四、依法必须进行招标的项目

其招标投标活动不受地区或者部门的限制,任何单位和个人不得违法限制或者排斥本地区、本系统以外的法人或者其他组织参加投标,不得以任何方式非法干涉招标投标活动。(公平原则)

1. 招标人有下列行为之一的,属于以不合理条件限制、排斥潜在投标人或者投标人:
(1) 就同一招标项目向潜在投标人或者投标人提供有差别的项目信息;
(2) 设定的资格、技术、商务条件与招标项目的具体特点和实际需要不相适应或者与合同履行无关;
(3) 依法必须进行招标的项目以特定行政区域或者特定行业的业绩、奖项作为加分条件或者中标条件;
(4) 对潜在投标人或者投标人采取不同的资格审查或者评标标准;
(5) 限定或者指定特定的专利、商标、品牌、原产地或者供应商;
(6) 依法必须进行招标的项目非法限定潜在投标人或者投标人的所有制形式或者组织形式;
(7) 以其他不合理条件限制、排斥潜在投标人或者投标人。
2. 招标人不得组织单个或部分潜在投标人探勘项目现场。

五、投标人

应当具备承担招标项目的能力。

1. 投标人参加依法必须招标的项目的投标,不受地区或部门的限制,任何单位和个人不得非法干预。

2. (1) 与招标人存在利害关系可能影响招标公正性的法人、其他组织或者个人,不得参加投标。

(2) 单位负责人为同一人或者存在控股、管理关系的不同单位,不得参加同一标段或者同一招标项目投标。

3. 投标人发生合并、分立、破产等重大变化的,应当及时书面告知招标人。投标人不再具备资格预审文件、招标文件规定的资格条件或者其投标影响招标公正性的,其投标无效。

六、投标文件

1.《招标投标法》规定,招标项目属于建设施工项目的,投标文件的内容应当包括拟派出的项目负责人与主要技术人员的简历、业绩,拟用于完成招标项目的机械设备等。《标准施工招标文件》中明确,投标文件应包括下列内容:投标函及投标函附录;法定代表人身份证明或附有法定代表人身份证明的授权委托书;联合体协议书(不是联合体投标的则不需要);投标保证金;已标价工程量清单;施工组织设计;项目管理机构;拟分包项目情况表;资格审查资料;投标人须知附表规定的其他资料。

2. 投标文件应当对招标文件提出的实质性要求和条件作出响应。凡是不能满足招标文件中的任何一项实质性要求和条件的投标文件,都将被拒绝。

3. 投标文件的修改与撤回:

(1) 投标人在招标文件要求提交投标文件的截止时间前,可以补充、修改或者撤回已提交的投标文件,并书面通知招标人。补充、修改的内容为投标文件的组成部分。

(2) 投标人少于3个的,招标人应当依法重新招标。

(3) 投标人应当在招标文件要求提交投标文件的截止时间前,将投标文件送达投标地点;在截止时间后送达的投标文件,招标人应当拒收。

(4) 未通过资格预审的申请人提交的投标文件,以及逾期送达或者不按照招标文件要求密封的投标文件,招标人应当拒收。

【1Z303013 案例要点】

(1) 概况:因为堵车,C施工单位超过投标截止时间才送达投标文件。

(2) 在截止时间后送达的投标文件,招标人应当拒收。

(3) 开标应当由招标人主持,邀请所有投标人参加。本案中由当地招标监督机构主持是不合法的。

七、投标保证金

实质是为了避免因投标人在投标有效期内随意撤回、撤销投标或中标后不能提交履约保证金和签署合同等行为而给招标人造成损失。

1. 投标保证金除现金外,可以是银行出具的银行保函、保兑支票、银行汇票或现金支票。
2. 投标保证金不得超过招标项目估算价的2%。投标保证金有效期应当与投标有效期一致。依法必须招标的项目的境内单位,以现金或者支票形式提交的投标保证金应当从其基本账户转出。招标人不得挪用投标保证金。
3. 实行两阶段招标的,招标人要求提交投标保证金的,应当在第二阶段提出。
4. 投标人撤回已提交的投标文件,招标人已收取投标保证金的,应当自收到投标人书面撤回通知之日起5日内退还(注:投标截止前)。投标截止后投标人撤销投标文件的,招标人可以不退还投标保证金。
5. 招标人与中标人签订合同后5日内,应当向中标人和未中标的投标人退还投标保证金及银行同期存款利息。

八、禁止投标人不正当竞争的规定

1. 投标人相互串通投标报价。
有下列情形之一的,属于投标人相互串通投标:
（1）投标人之间协商投标报价等投标文件的实质性内容;
（2）投标人之间约定中标人;
（3）投标人之间约定部分投标人放弃投标或者中标;
（4）属于同一集团、协会、商会等组织成员的投标人按照该组织要求协同投标;
（5）投标人之间为谋取中标或者排斥特定投标人而采取的其他联合行动。
有下列情形之一的,视为投标人相互串通投标:
（1）不同投标人的投标文件由同一单位或者个人编制;
（2）不同投标人委托同一单位或者个人办理投标事宜;
（3）不同投标人的投标文件载明的项目管理成员为同一人;
（4）不同投标人的投标文件异常一致或者投标报价呈规律性差异;
（5）不同投标人的投标文件相互混装;
（6）不同投标人的投标保证金从同一单位或者个人的账户转出。
2. 投标人与招标人串通投标。
（1）招标人在开标前开启投标文件并将有关信息泄露给其他投标人;
（2）招标人直接或者间接向投标人泄露标底、评标委员会成员等信息;
（3）招标人明示或者暗示投标人压低或者抬高投标报价;
（4）招标人授意投标人撤换、修改投标文件;
（5）招标人明示或者暗示投标人为特定投标人中标提供方便;
（6）招标人与投标人为谋求特定投标人中标而采取的其他串通行为。
3. 以向招标人或者评委会成员行贿的手段谋取中标:投标人以行贿手段谋取中标的法律后果是中标无效,有关责任人和单位应当承担相应的行政责任或刑事责任,给他人造成损失的,还应当承担民事赔偿责任。
4. 以低于成本的报价竞标【这里的"成本"指投标人的个别成本,是根据企业定额测定的成本】。

5. **以他人名义投标**或以其他方式弄虚作假,骗取中标。

使用通过受让或者租借等方式获取的资格、资质证书投标的,属于以他人名义投标。包括:

(1) 使用伪造、变造的许可证件;

(2) 提供虚假的财务状况或者业绩;

(3) 提供虚假的项目负责人或者主要技术人员简历、劳动关系证明;

(4) 提供虚假的信用状况;

(5) 其他弄虚作假的行为。

☞ **典型考题**

【例1】投标人应当具备(   )的能力。

　　A. 编制标底　　　　　　　　B. 组织评标

　　C. 承担招标项目　　　　　　D. 融资

【例2】《招标投标法》规定,投标文件有下列情形,招标人不予受理(   )。

　　A. 逾期送达的

　　B. 未送达指定地点的

　　C. 未按规定格式填写的

　　D. 无单位盖章并无法定代表人或法定代表人授权的代理人签字或盖章的

　　E. 未按招标文件要求密封的

【例3】下列各项,属于投标人之间串通投标的行为有(   )。

　　A. 投标者之间相互约定,一致抬高或者压低投标价

　　B. 投标者之间相互约定,在招标项目中轮流以低价位中标

　　C. 两个以上的投标者签订共同投标协议,以一个投标人的身份共同投标

　　D. 投标者借用其他企业的资质证书参加投标

　　E. 投标者之间进行内部竞价,内定中标人,然后参加投标

【例4】下列属于投标人之间串通投标的行为是(   )。

　　A. 招标人在开标前开启投标文件,并将投票情况告知其他投标人

　　B. 投标人之间相互约定,在招标项目中分别以高、中、低价位报价

　　C. 投标人在投标时递交虚假业绩证明

　　D. 投标人与招标人商定,在投标时压低标价,中标后再给投标人额外补偿

　　E. 投标人无进行内部竞价,内定中标人后再参加投标

☞ **参考答案**

1. C; 2. ABE;

3. ABE【要点:D选项不属于投标人之间串通的方式,而是属于独立的第五种,即以他人名义投标或以其他方式弄虚作假,骗取中标】;

4. BE。

考点精要

九、联合体投标

两个以上法人或者其他组织可以组成一个联合体，以一个投标人的身份共同投标。

1. 资格条件：联合体各方都应具备承担招标项目的相应能力；同一专业的单位组成的联合体，按照资质等级较低的单位确定资质等级。

2. 联合体各方应当签订共同投标协议，明确约定各方拟承担的工作和责任，并将共同投标协议连同投标文件一并提交招标人。

3. 联合体各方就中标项目向招标人承担连带责任。

4. 招标人接受联合体投标并进行资格预审的，联合体应当在提交资格预审申请文件前组成。资格预审后联合体增减、更换成员的，其投标无效。

5. 联合体各方在同一招标项目中以自己名义单独投标或者参加其他联合体投标的，相关投标均无效。

十、中标的法定条件

1. 依法必须招标的项目，招标人应当自收到评标报告之日起3日内公示中标候选人，公示期不得少于3日。

2. 招标人应当接受评标委员会推荐的中标候选人，不得在评标委员会推荐的中标候选人之外确定中标人。招标人可以授权评标委员会直接确定中标人。

3. 中标人的投标，应当符合下列条件之一：
   (1) 能够最大限度地满足招标文件中规定的各项综合评价标准；
   (2) 能够满足招标文件的实质性要求，并且经评审的投标价格最低；但是投标价格低于成本的除外。

4. 国有资金占控股或主导地位的依法必须招标的项目，招标人应当确定排名第一的中标候选人为中标人。排名第一的中标候选人放弃中标、因不可抗力提出不能履行合同，或者在规定的期限内未能提交履约保证金的，或被查收存在影响招标结果的违法行为的，招标人可以确定排名第二的中标候选人为中标人，依此类推，也可以重新招标。

5. 依法必须招标的项目，招标人应当自确定中标人之日起15日内，向有关行政监督部门提交书面报告。

6. 招标文件要求中标人提交履约保证金的，中标人应当提交；不得超过中标合同金额的10%。

十一、投诉与处理

1. 投标人或者其他利害关系人认为招标投标活动不符合法律、行政法规规定的，可以自知道或者应当知道之日起10日内向有关行政监督部门投诉。投诉应当有明确的请求和必要的证明材料。

2. 投诉人就同一事项向两个以上有权受理的行政监督部门投诉的，由最先收到投诉的行政监督部门负责处理。行政监督部门应当自收到投诉之日起3个工作日内决定是否受理投诉，并自受理投诉之日起30个工作日内作出书面处理决定;需要检验、检测、鉴定、专家评审的,所需时间不计算在内。

十二、法律责任【记忆要点,其他内容详见教材1Z303017】

1.《招标投标法》中,关于招标人的法律责任:

规避招标的法律责任:必须进行招标的项目而不招标的,将必须进行招标的项目化整为零或者以其他任何方式规避招标的,责令限期改正,可以处项目合同金额5‰以上10‰以下的罚款;对全部或者部分使用国有资金的项目,可以暂停项目执行或者暂停资金拨付来源;对单位直接负责的主管人员和其他责任人员依法给予处分;行为影响中标结果的,中标无效。

【招标人法律责任关键点总结:1.除了招标人透露潜在投标人名称等、泄漏标底等影响公平竞争的行为情况下存在"构成犯罪的,依法追究刑事责任"外,其他关于招标人的各项都没有刑事责任。2.除了"影响公平竞争"这项外,其他涉及招标人的罚款都是"可以处项目合同金额5‰以上10‰以下的罚款"。3.影响公平竞争的情况中,只有"行为影响中标结果的",中标才无效。】

2.《招标投标法》中,关于投标人的法律责任:

串通投标的法律责任:中标无效;处中标项目金额5‰以上10‰以下的罚款,对单位直接负责的主管人员和其他直接责任人员处单位罚款数额5%以上10%以下的罚款;有违法所得的,并处没收违法所得;情节严重的,取消其1年至2年内参加依法必须进行招标的项目的投标资格并予以公告,直至吊销营业执照;构成犯罪的,依法追究刑事责任。给他人造成损失的,依法承担赔偿责任。

【投标人法律责任关键点总结:1.都有"如果构成犯罪,依法追究刑事责任"; 2.中标无效;处中标项目金额5‰以上10‰以下的罚款,对单位直接负责的主管人员和其他直接责任人员处单位罚款数额5%以上10%以下的罚款。】

【1Z303013 案例要点】

1. 建设单位擅自决定对省重点工程采取邀请招标的做法,不合法。
2. 截止时间后送达的投标文件,应当拒收。
3. 开标由招标人主持。案例中由当地招投标监督机构主持开标是不合法的。

【1Z303014 案例要点】

1. 以他人名义投标,处中标项目金额5‰以上10‰以下的罚款;对单位负责人,处单位罚款数额5%以上10%以下的罚款。
2. 串通投标。罚则如正文。

☞ **典型考题**

【例1】同一专业的单位组成联合体投标,按照( )单位确定资质等级。

A. 资质等级较高的 B. 资质等级较低的

C. 联合体主办者的 D. 承担主要任务的

【例2】《招标投标法》规定,投标文件（　　）的投标人应确定为中标人。

  A. 满足招标文件中规定的各项综合评价标准的最低要求

  B. 最大限度地满足招标文件中规定的各项综合评价标准

  C. 满足招标文件各项要求,并且报价最低

  D. 满足招标文件各项要求,并且经评审的价格最低

  E. 满足招标文件各项要求,并且经评审价格最高

【例3】《招标投标法》规定,中标无效的情况有（　　）。

  A. 依法必须招标的项目,招标人泄露标底,影响了中标结果的

  B. 招标人与投标人以串通方式中标

  C. 招标人强制要求投标人组成联合体共同投标的

  D. 招标人以不合理的条件限制或者排斥潜在投标人的

  E. 招标人在评标委员会依法推荐的中标候选人以外确定中标人的

参考答案

1. B；　2. BD；　3. ABE。

1Z303020 建设工程承包制度

考点精要

一、总承包：工程总承包和施工总承包

1. 发包单位可以将勘察、设计、施工、设备采购一并发包给一个工程总承包单位,也可以将勘察、设计、施工、设备采购的一项或者多项发包给一个工程总承包单位。

2. 工程总承包：是指从事工程总承包的企业受业主委托,按照合同约定对工程项目的勘察、设计、采购、施工、试运行（竣工验收）等实行全过程或若干阶段的承包。

3. 施工总承包：将全部施工任务发包给具有施工总承包资质的建筑业企业,由施工总承包单位按照合同约定向建设单位负责。

4. 工程总承包方式：设计采购施工（EPC）、交钥匙总承包、设计－施工总承包（D－B）、设计－采购总承包（E－P）、采购－施工总承包（P－C）。

5. 总承包企业的资质管理

（1）我国对工程总承包不设立专门的资质。凡具有工程勘察、设计或施工总承包资质的企业,可以依法从事资质许可范围内的相应等级的建设工程总承包业务。

（2）但是,承接施工总承包业务的,必须是取得施工总承包企业资质的企业。

6. 工程总承包与工程项目管理（协助业主进行全过程或若干阶段的管理和服务）：工程总承包单位可以接受建设单位委托,按照合同约定承担工程项目管理业务,但不应在同一项目上同时承担工程总承包和工程项目管理业务,也不应与承担工程总承包或者工程项目管理业务的另一方企业有隶属关系或其他利害关系。

7. 总承包单位和分包单位的责任：总承包单位按照总承包合同的约定对建设单位负责；分包单位按照分包合同的约定对总承包单位负责。总承包单位和分包单位就分包工程对建设单位承担连带责任。

8. 连带责任的要点：

（1）总承包单位和分包单位就分包工程承担连带责任，就是当分包工程发生了质量责任或者违约责任时，建设单位可以向总承包单位要求赔偿，也可以向分包单位请求赔偿；总包单位或分包单位赔偿后，有权依据分包合同对于不属于自己责任的赔偿向另外一方进行追偿。连带责任也不仅限于连带赔偿责任，还有其他履行工程义务时的连带责任。因此，总承包单位除应加强自行完成工程部分的管理外，还有责任强化对分包单位分包工程的监管。

（2）连带责任可以分为法定连带责任和约定连带责任。我国对工程总分包、联合承包的连带责任均属于法定连带责任。

二、联合共同承包：连带责任

1. 优越性：

（1）利用各自优势进行联合投标可以减弱相互间的竞争，增加中标的机会。

（2）减少承包风险，争取更大的利润。

（3）有助于企业之间相互学习先进技术与管理经验，促进企业发展。

2. 缺点：一般的中小型或结构不复杂的工程，完全可以由一家承包单位顺利完成，无需采用共同承包的方式，这样可以减少因为共同承包过多而造成管理上的混乱。

三、分包

指总承包单位将其所承包工程中的部分工程或劳务分包给其他承包单位完成的活动。分为：专业工程分包和劳务作业分包。

（一）专业工程分包：指施工总承包企业将其所承包工程中的专业工程发包给具有相应资质的其他建筑业企业完成。劳务作业分包：是指施工总承包企业或专业承包企业，将其承包工程中的劳务作业发包给劳务分包企业完成。

（二）禁止承包单位将其承包的全部建筑工程转包给他人，禁止承包单位将其承包的全部建筑工程肢解以后以分包的名义分别转包给他人。

（三）施工总承包的，主体结构的施工必须由总承包单位自行完成。中标人按照合同约定或者经招标人同意，可以将中标项目的部分非主体、非关键性工作分包给他人完成。分包工程发包人可以要求分包工程承包人提供分包工程履约担保；分包工程承包人在提交履约担保后，要求分包工程发包人同时提供分包工程付款担保的，分包工程发包人应当提供。

（四）除总承包合同中约定的分包外，必须经建设单位认可。但是，建设单位不得直接指定分包工程承包人。

1. 对于建设单位推荐的分包单位，总承包单位有权作出拒绝或者采用的选择。

2. 此外，若按照合同约定，建筑材料、建筑构配件和设备由工程承包单位采购的，发包单位不得指定承包单位购入用于工程的建筑材料、建筑构配件和设备或者指定生产厂、供应商。

3. 但是，劳务作业分包可不经建设单位认可，由劳务作业发包人与劳务作业承包人通过劳务合同约定。

（五）禁止总承包单位将建设工程分包给不具备相应资质条件的单位。这一规定也同样适用于分包单位。

1. 不具备资质条件的单位不仅不可以进行工程承包，也不得承接分包工程。

2. 严禁个人承揽分包工程业务。

（六）转包和分包的界定：转包是完全禁止的；工程分包是可以的，但必须依法进行。

为了进一步界定转包，规定：分包工程发包人应当设立项目管理机构，组织管理所承包工程的施工活动。项目管理机构应当有与承包工程的规模、技术复杂程度相适应的技术、经济管理人员。其中，项目负责人、技术负责人、项目核算负责人、质量管理人员、安全管理人员必须是本单位的人员（即与本单位有合法的人事或者劳动合同、工资以及社会保险关系的人员）。

违法分包	转包
1. 分包给不具备相应资质条件的单位的 2. 工程总承包合同中未有约定，又未经建设单位认可 3. 将建设工程主体结构的施工分包给其他单位的 4. 分包单位将其承包的建设工程再分包的	1. 将全部建设工程转给他人 2. 将全部工程肢解以后以分包的名义分别转给其他单位 3. 分包后，未在施工现场设立项目管理机构和派驻相应人员，并未对该工程施工进行组织管理的，视同转包

【要点：要区分违法分包和转包的区别，尤其要注意"肢解"不属于违法分包，属于转包。】

四、《建筑工程施工转包违法分包等违法行为认定查处管理办法(试行)》

1. 转包：

（1）施工单位将其承包的全部工程转给其他单位或个人施工的；

（2）施工总承包单位或专业承包单位将其承包的全部工程肢解以后，以分包的名义分别转给其他单位或个人施工的；

（3）施工总承包单位或专业承包单位未在施工现场设立项目管理机构或未派驻项目负责人、技术负责人、质量管理负责人、安全管理负责人等主要管理人员，不履行管理义务，未对该工程的施工活动进行组织管理的；

（4）施工总承包单位或专业承包单位不履行管理义务，只向实际施工单位收取费用，主要建筑材料、构配件及工程设备的采购由其他单位或个人实施的；

（5）劳务分包单位承包的范围是施工总承包单位或专业承包单位承包的全部工程，劳务分包单位计取的是除上缴给施工总承包单位或专业承包单位"管理费"之外的全部工程价款的；

（6）施工总承包单位或专业承包单位通过采取合作、联营、个人承包等形式或名义，直接或变相的将其承包的全部工程转给其他单位或个人施工的；

（7）法律法规规定的其他转包行为。

2. 违法分包：

（1）施工单位将工程分包给个人的；

（2）施工单位将工程分包给不具备相应资质或安全生产许可的单位的；

（3）施工合同中没有约定，又未经建设单位认可，施工单位将其承包的部分工程交由其他单位施工的；

（4）施工总承包单位将房屋建筑工程的主体结构的施工分包给其他单位的，钢结构工程除外；

(5) 专业分包单位将其承包的专业工程中非劳务作业部分再分包的；

(6) 劳务分包单位将其承包的劳务再分包的；

(7) 劳务分包单位除计取劳务作业费用外，还计取主要建筑材料款、周转材料款和大中型施工机械设备费用的；

(8) 法律法规规定的其他违法分包行为。

3. **挂靠**：

(1) 没有资质的单位或个人借用其他施工单位的资质承揽工程的；

(2) 有资质的施工单位相互借用资质承揽工程的，包括资质等级低的借用资质等级高的，资质等级高的借用资质等级低的，相同资质等级相互借用的；

(3) 专业分包的发包单位不是该工程的施工总承包或专业承包单位的，但建设单位依约作为发包单位的除外；

(4) 劳务分包的发包单位不是该工程的施工总承包、专业承包单位或专业分包单位的；

(5) 施工单位在施工现场派驻的项目负责人、技术负责人、质量管理负责人、安全管理负责人中一人以上与施工单位没有订立劳动合同，或没有建立劳动工资或社会养老保险关系的；

(6) 实际施工总承包单位或专业承包单位与建设单位之间没有工程款收付关系，或者工程款支付凭证上载明的单位与施工合同中载明的承包单位不一致，又不能进行合理解释并提供材料证明的；

(7) 合同约定由施工总承包单位或专业承包单位负责采购或租赁的主要建筑材料、构配件及工程设备或租赁的施工机械设备，由其他单位或个人采购、租赁，或者施工单位不能提供有关采购、租赁合同及发票等证明，又不能进行合理解释并提供材料证明的；

(8) 法律法规规定的其他挂靠行为。

五、法律责任【记忆要点，其他内容详见教材1Z303024】

1. 承包单位的责任：

(1) 建筑施工企业与<u>使用本企业名义</u>的单位或个人承担连带赔偿责任。

(2) 承包单位与<u>转包或违法分包</u>的单位承担连带赔偿责任。

2. 勘察、设计、监理单位的责任：

处勘察费、设计费、监理酬金1倍以上2倍以下的罚款	处勘察费、设计费、监理酬金25%以上50%以下的罚款
<u>超越资质许可的业务范围</u>承揽工程的 <u>允许其他单位或个人以本单位名义</u>承揽工程的	<u>转包、违法分包</u>（勘察、设计单位） <u>转包</u>（监理单位）

☞ **典型考题**

【例1】施工总承包单位与分包单位依法签订了《幕墙工程分包协议》，在建设单位组织竣工验收时发现幕墙工程质量不合格。下列表述正确的是（　　）。

A. 分包单位就全部工程对建设单位承担法律责任

B. 分包单位可以不承担法律责任

C. 总包单位应就分包工程对建设单位承担全部法律责任

D. 总包单位和分包单位就分包工程对建设单位承担连带责任

【例2】《建筑法》规定,实行施工总承包的,建筑工程主体结构的施工(　　)。

A. 经总监理工程师批准,可以由总承包单位分包给具有相应资质的其他施工单位

B. 经建设单位批准,可以由总承包单位分包给具有相应资质的其他施工单位

C. 可以由总承包单位分包给具有相应资质的其他施工单位

D. 必须由施工总承包单位自行完成

【例3】建设工程发承包,《建筑法》作出禁止规定的有(　　)。

A. 将建筑工程肢解发包

B. 承包人将其承包的建筑工程分包他人

C. 承包人超越本企业资质等级许可的业务范围承揽工程

D. 分包人将其承包的工程再分包

E. 两个不同资质等级的单位联合共同承包

【例4】总承包单位依法将建设工程分包给其他单位施工,若分包工程出现质量问题时,应当由(　　)。

A. 总承包单位单独向建设单位承担责任

B. 分包单位单独向建设单位承担责任

C. 总承包单位与分包单位向建设单位承担连带责任

D. 总承包单位与分包单位分别向建设单位承担责任

E. 分包单位向总承包单位承担责任

【例5】甲建设单位将宾馆改建工程直接发包给乙施工单位,约定工期10个月,由丙监理公司负责监理。甲指定丁建材公司为供货商,乙施工单位不得从其他供应商处另行采购建筑材料。在征得甲同意的情况下,乙施工单位将电梯改造工程分包给戊公司。下列关于工程包发、承包的表述正确的有(　　)。

A. 乙单位与戊单位就电梯改造部分向甲单位承担连带责任

B. 如果该项目涉及国家安全,则可以直接发包

C. 乙单位只能从丁公司采购建筑材料,否则构成违约

D. 甲单位可以将电梯改造与其他改建工程分别发包

E. 该工程施工合同无效,即使竣工验收合格,甲单位也可拒付工程价款

【例6】甲施工单位作为某建设工程项目的总承包人,将中标建设工程项目的部分非主体工程分包给乙施工单位。乙所分包的工程出现了质量问题,则下列表述中正确的有(　　)。

A. 建设工程项目禁止分包,甲作为总承包人应承担全部责任

B. 建设工程项目可以分包,当分包项目出现问题时,建设单位可以要求总承包人承担全部责任

C. 分包人乙只与甲有合同关系,与建设单位没有合同关系,因而不直接向建设单位承担责任

D. 建设单位可以直接要求乙承担全部责任

E. 建设单位只能向直接责任人乙追究责任

【例7】开工前,某承包单位将部分工程分包,则下列属于违法分包的有( )。
  A. 未经建设单位认可,将劳务作业分包
  B. 按照合同约定将特殊专业工程分包
  C. 施工总承包单位将主体工程分包
  D. 分包单位将分包工程进行再分包
  E. 将其承包的全部工程肢解以后以分包名义分别转给其他单位

☞ 参考答案

1. D; 2. D; 3. ACD; 4. CE; 5. AD; 6. BD;

7. CD【要点:要注意"肢解"不属于违法分包,属于转包,E选项错误】。

1Z303030 建筑市场信用体系建设

☞ 考点精要

一、市场诚信行为信息

分为良好行为记录和不良行为记录两大类。

1. 企业的信用档案信息包括企业基本情况、业绩、工程质量和安全、合同履约情况。被投诉举报和处理、行政处罚等情况应当作为不良行为记入其信用档案。按规定向社会公示。

2. 注册建造师信用档案包括注册建造师的基本情况、业绩、良好行为、不良行为等内容。违法违规行为、被投诉举报处理、行政处罚等情况应作为不良行为记入其信用档案。按规定向社会公示。

3. 不良行为记录,是指经县级以上建设行政主管部门或者委托的执法监督机构查实和行政处罚所形成的不良行为记录。

4. 施工单位不良记录的认定标准分为5大类,41条:

(1) 资质不良行为(超越资质等):

未取得资质证书承揽工程的,或超越资质等级承揽工程的;以欺骗手段取得资质证书承揽工程的;允许其他单位或个人以本单位名义承揽工程的;未在规定期限内办理资质变更手续的;涂改、伪造、出借、转让资质证书的;按照国家规定需要持证上岗的技术工种的作业人员未经培训、考核、未取得证书上岗的。

(2) 承揽业务不良(串通投标等):

行贿、提供回扣或者给予其他好处承揽工程的;串通投标或以行贿手段谋取中标的;以他人名义投标或以其他方式弄虚作假,骗取中标的;不按与招标人订立的合同履行义务,情节严重的;将承包的工程转包或违法分包的。

【以上(1)、(2)是一组考点。】

(3) 工程质量不良(偷工减料、违反节能设计进行施工等)。

(4) 工程安全不良(事故隐患等)。

【以上(3)、(4)是一组考点,详见教材1Z303032。】

(5) 拖欠工程款或工人工资不良行为。

【(5)是单独的一类。】

5. 注册建造师不良行为记录的认定标准【一般和个人行为、注册建造师的职责有关,详见教材1Z303032】。

二、诚信行为的公布和奖惩机制

1. 公布时间为行政处罚作出后7日内,公布期限一般为6个月至3年;良好行为记录信息公布期限一般为3年。

2. 有关部门负责审查整改结果,对整改确实有效的,由企业申请,经批准,可缩短其不良行为记录信息公布期限,但公布期限最短不少于3个月。

3. 招标投标违法行为,公告期为6个月。

(1) 依法限制招标投标当事人资质等方面的行政处理决定,所认定的限制期限长于6个月的,公告期限从其决定。

(2) 招标投标违法行为记录公告不得公开涉及国家秘密、商业秘密、个人隐私的记录。但是,经权利人同意公开或者行政机关认为不公开可能对公共利益造成重大影响的涉及商业秘密、个人隐私的违法行为记录,可以公开。

4. 行政处罚:

(1) 经行政复议、行政诉讼以及行政执法监督被变更或被撤销,应及时变更或删除该不良记录,并在相应诚信信息平台上予以公布。

(2) 行政处理决定在被行政复议或行政诉讼期间,公告部门依法不停止对违法行为记录的公告,但行政处理决定被依法停止执行的除外。

5. 所有和未提供信用档案信息相关问题的罚款:1 000元以上1万元以下。

三、建筑市场主体诚信评价的基本规定

1. 政府对市场主体的守法诚信评价:

(1) 是政府主导;

(2) 根据违法违规行为的行政处罚记录,对市场主体进行诚信评价。

2. 社会中介信用机构的综合信用评价:

(1) 是市场主导;

(2) 以守法、守信、守德、综合实力为基础进行的综合评价。

☞ 典型考题

【例1】建筑市场诚信信息分为(   )。

A. 良好行为记录和不良行为记录

B. 公共服务信息和市场监管信息

C. 市场主体信息和市场客体信息

D. 公众投诉信息和公众评价信息

【例2】建筑市场诚信行为记录的公布期限一般为6个月到3年,但针对具体情况有不同的规定。对此,下列表述中正确的是(　　)。

A. 良好行为记录信息的公布期限为5年

B. 企业整改确实有效的,可缩短其公布期限,但最短不少于3个月

C. 招标投标违法行为,公告期为1年,但行政处罚限定当事人投标资格的期限少于1年的除外

D. 需要同时在地方和全国公布的不良行为记录,公布期限可以不同

☞ 参考答案

1. A； 2. B。

1Z304000 建设工程合同和劳动合同法律制度

☞ 考点分布及解析

知识点		2015年		2014年		2013年		2012年		2011年	
		单项选择题	多项选择题	单项选择题	多项选择题	单项选择题	多项选择题	单项选择题	多项选择题	单项选择题	多项选择题
建设工程合同和劳动合同法律制度	建设工程合同制度	8	6	4	2	3	8	7	4	4	2
	劳动合同及劳动关系制度	3	2	2	2	2	2	4	2	3	2
	相关合同制度	3	2	2	2	3	2			2	4

此章最近两年的考试分值在17分左右。其中三个部分都是重点内容,"1Z304010 建设工程合同制度"和"1Z304030 相关合同制度"一共是(11~12分);"1Z304020 劳动合同及劳动关系制度"(5~6分)。

1Z304010 建设工程合同制度

☞ 考点精要

一、合同订立的原则

1. <u>平等</u>原则:合同当事人的法律地位平等,一方不得将自己的意志强加给另一方。
2. <u>自愿</u>原则:任何单位和个人不得非法干预。
3. <u>公平</u>原则:当事人应当遵循公平原则确定各方的权利和义务。
4. <u>诚实信用</u>原则:
 (1) 在<u>订立合同时</u>,不得有欺诈或其他违背诚实信用的行为;
 (2) 在<u>履行合同义务时</u>,当事人应当遵循诚实信用的原则,根据合同的性质、目的和交易习惯,履行及时通知、协助、提供必要的条件、防止损失扩大、保密等义务;
 (3) <u>合同终止后</u>,当事人也应遵循诚实信用的原则,根据交易习惯履行通知、协助、保密等义务,称为后契约义务。
5. <u>合法</u>原则:遵守法律法规,不得损害社会公共利益。

二、合同的分类

1. 有名合同和无名合同。法律是否明文规定了一定合同的名称。如建设工程合同就是<u>有</u>

名合同。

2. 双务合同和单务合同(赠与合同)。建设工程合同就是双务合同。
3. 有偿合同和无偿合同。
4. 诺成合同和实践合同(保管合同、定金合同)。以合同成立是否必须交付标的物为标准。
5. 要式合同和不要式合同。法律对合同的形式是否有特定要求。建设工程合同应当采用书面形式,是要式合同。
6. 主合同与从合同(担保合同,定金合同)。建设工程施工合同为主合同,而双方签订的履约保证合同为从合同。

三、要约

希望和他人订立合同的意思表示。

1. 构成要件:(1) 内容具体确定;(2) 表明经受要约人承诺,要约人即受该意思表示约束。
2. 要约邀请:要约邀请是希望他人向自己发出要约的意思表示。没有法律约束力。如寄送价目表、拍卖公告、招标公告、招股说明书、商业广告等为要约邀请。【投标邀请书也是邀约邀请。】
3. 要约的生效:要约到达受要约人时生效。
(1) 要约的有效期在要约中确定,受要约人必须在此期间内作出承诺。
(2) 要约可以撤回,但撤回要约的通知应当在要约到达受要约人之前或者与要约同时到达受要约人。
(3) 要约可以撤销,但撤销要约的通知应当在受要约人发出承诺通知之前到达受要约人。
(4) 要约不得撤销的情形:要约人确定了承诺期限或者以其他形式明示要约不可撤销;受要约人有理由认为要约是不可撤销的,并已经为履行合同作了准备工作。

【注意:撤回并没有导致要约失效。】

四、承诺

受要约人同意要约的意思表示。

1. 承诺的方式:承诺应当以通知的方式作出,但根据交易习惯或者要约表明可以通过行为作出承诺的除外。行为如预付价款、工地上开始工作等。
2. 承诺的生效:到达要约人生效。承诺不需要通知的,根据交易习惯或者要约的要求做出承诺行为时生效。
3. 承诺的内容:承诺的内容必须与要约的内容一致。
(1) 若受要约人对要约的内容作实质性变更,则不为承诺,而视为新要约。
(2) 实质性变更指包括合同标的、质量、数量、价款或酬金、履行期限、履行地点和方式、违约责任和争议解决办法等的变更。
4. 承诺可以撤回,撤回承诺的通知应当在承诺通知到达要约人之前或者与承诺通知同时到达要约人。承诺只可以撤回,不可以撤销。
5. 合同的成立:a. 存在两方以上的订约当事人;b. 订约当事人对主要条款达成一致;c. 一

一般要经历要约与承诺两个阶段。

6. 缔约过失责任：指一方因违背诚实信用原则所要求的义务而致使合同不成立，或者虽已成立但被确认为无效或被撤销时，造成确信该合同有效成立的当事人信赖利益损失，而依法应承担的民事责任。具备如下条件：

(1) 该责任发生在订立合同的过程中（与违约责任的最重要区别）；(2) 当事人违反了诚实信用原则所要求的义务；(3) 受害方的信赖利益遭受损失。

【在投标有效期内撤回投标文件，将被没收投标保证金，是招标人要求投标人承担缔约过失责任。】

【1Z304012 案例要点】

1. 当事人采用合同书形式订立合同的，自双方当事人签字或者盖章时合同成立。
2. 但是，采用合同书形式订立合同，在签字或者盖章之前，当事人一方已经履行主要义务，对方接受的，该合同成立。

☞ 典型考题

【例1】承诺对要约内容的非实质性变更指的是（　　）。
　　A. 受要约人对合同条款中违约责任和解决争议方法的变更
　　B. 承诺中增加的建议性条款
　　C. 承诺中要求增加价款
　　D. 受要约人对合同履行方式提出独立的主张

【例2】建设单位按照与施工单位订立的施工合同，负责电梯设备采购。于是建设单位向电梯生产厂家发函要求购买两部电梯，电梯厂回函表示"其中一部可以按要求期限交付，另一部则需要延期十日方能交付"。电梯厂的回函属于（　　）。
　　A. 要约邀请　　B. 要约撤销　　C. 承诺　　D. 新要约

【例3】《合同法》规定，要约撤销的条件是，撤销要约的通知应当在（　　）到达受要约人。
　　A. 要约到达对方之前　　　　B. 受要约人发出承诺之后
　　C. 受要约人发出承诺之前　　D. 承诺到达对方之前

【例4】《合同法》规定，要约生效条件为（　　）。
　　A. 要约人向受要约人发出要约
　　B. 要约人与受要约人共同在要约文件上签字
　　C. 受要约人作出有效承诺
　　D. 要约以任何形式到达受要约人

【例5】接受要约的承诺人要使发出的承诺不产生法律效力，则撤回承诺的通知应当在（　　）到达要约人。
　　A. 要约到达受要约人之前　　B. 承诺通知到达要约人之前
　　C. 承诺通知发出之前　　　　D. 承诺通知到达要约人之后

【例6】某建筑公司以欺骗手段超越资质等级承揽某工程施工项目，开工在即，建设单位得知真相,遂主张合同无效,要求建筑公司承担(   )。
A. 违约责任　　　　　　　　B. 侵权责任
C. 缔约过失责任　　　　　　D. 行政责任

【例7】投标人在投标有效期内撤回投标文件,将被没收投标保证金,是招标人要求投标人承担(   )。
A. 违约责任　　　　　　　　B. 侵权责任
C. 缔约过失责任　　　　　　D. 行政责任

【例8】缔约过失责任与违约责任的区别主要表现为(   )。
A. 前者产生于订立合同阶段,后者产生于履行合同阶段
B. 前者系主观故意,后者系主观过失
C. 前者是侵权责任,后者是合同责任
D. 前者无须约定,后者须有约定

【例9】《合同法》规定,要约邀请包括(   )等。
A. 拍卖公告　　　　　　　　B. 招标公告
C. 递交投标文件　　　　　　D. 招股说明书
E. 寄送价目表

【例10】根据《合同法》规定,要约撤回和要约撤销的主要区别有(   )。
A. 要约所处法律效力状态不同
B. 撤回和撤销的目的不同
C. 撤回和撤销的通知到达受要约人的时间要求不同
D. 撤回和撤销的通知到达受要约人的时间要求相同
E. 对要约人的约束条件不同

☞ **参考答案**

1. B; 2. D; 3. C; 4. D; 5. B; 6. C; 7. C; 8. A; 9. ABDE; 10. ACE。

☞ **考点精要**

五、建设工程施工合同

1. 合同的内容:(1) 当事人的名称或姓名和住所;(2) 标的:有形资产、无形资产、劳务(如运输行为)、工作成果(承包人完成的建设工程合同);(3) 数量;(4) 质量;(5) 价款或酬金;(6) 履行期限、地点和方式;(7) 违约责任;(8) 解决争议的方法(和解、调解、仲裁、诉讼)。

2. 发包人的主要义务:(1) 不得违法发包;(2) 提供必要的施工条件;(3) 及时检查隐蔽工程;(4) 及时验收工程;(5) 支付工程价款。

3. 承包人的主要义务:(1) 不得转包和违法分包;(2) 自行完成建设工程主体结构施工;(3) 接受发包人有关检查;(4) 交付竣工验收合格的建设工程;(5) 建设工程质量不符合约定的无偿修理。

【建设工程合同的订立:(1) 招标公告(或投标邀请书)是要约邀请;(2) 投标文件是要约;(3) 中标通知书是承诺。】

4.《建设工程施工合同(示范文本)》由协议书、通用条款、专用条款三部分构成。合同示范文本对当事人订立合同起参考作用,但不要求当事人必须采用合同示范文本。

六、建设工程工期

双方在合同中约定,按总日历天数(包括法定节假日)计算的承包天数。开工及开工日期、工程暂停施工、工期顺延、竣工日期等,直接决定了工期天数。

1. 开工及开工日期:承包人应当按照协议书约定的开工日期开工。

(1) 承包人不能按时开工的,应当不迟于协议书约定的开工日期前7天,以书面形式向工程师提出延期开工的理由和要求。工程师接到申请后48小时内以书面形式答复。如果不答复,视为认同承包人要求,工期相应顺延。工程师不同意延期要求或承包人未在规定时间内提出延期开工要求,工期不予顺延。

(2) 因发包人原因不能按照协议书约定的开工日期开工,工程师应以书面形式通知承包人,推迟开工日期。发包人赔偿承包人因延期开工造成的损失,并相应顺延工期。

2. 暂停施工:

(1) 工程师认为确有必要暂停施工时,应当以书面形式要求承包人暂停施工,并在提出要求后48小时内提出书面处理意见。承包人应当按工程师要求停止施工,并妥善保护已完工程。

(2) 承包人实施工程师作出的处理意见后,可以书面形式提出复工要求,工程师应当在48小时内给予答复。

(3) 工程师未能在规定时间内提出处理意见,或收到承包人复工要求后48小时内未予答复,承包人可自行复工。

(4) 因发包人原因造成停工的,由发包人承担所发生的追加合同价款,赔偿承包人由此造成的损失,相应顺延工期;因承包人原因造成停工的,由承包人承担发生的费用,工期不予顺延。

3. 工期顺延。以下原因造成工期延误,经工程师确认,工期相应顺延:(1) 发包人原因;(2) 工程师原因;(3) 设计变更和工程量增加;(4) 不可抗力;(5) 一周内非承包商原因停水、停电、停气造成停工累计超过8小时。

4. 竣工日期:

(1) 承包人必须按照协议书约定的竣工日期或工程师同意顺延的工期竣工。

(2) 因承包人原因不能按照协议书约定的竣工日期或工程师同意顺延的工期竣工的,承包人承担违约责任。

(3) 施工中发包人如需提前竣工,双方协商一致后应签订提前竣工协议,作为合同文件组成部分。提前竣工协议应包括承包人为保证工程质量和安全采取的措施、发包人为提前竣工提供的条件以及提前竣工所需的追加合同价款等内容。

(4) 对实际竣工日期有争议的:建设工程经竣工验收合格,以竣工验收合格之日为竣工日期;承包人已经提交竣工验收报告,发包人拖延验收的,以承包人提交验收报告之日为竣工

日期;建设工程未经竣工验收的,发包人擅自使用的,以转移占有建设工程之日为竣工日期。【注意和示范文本上规定的区别。】

七、工程价款支付

1. 合同生效后,当事人就质量、价款或者报酬、履行地点等内容没有约定或者约定不明确的,可以协议补充;不能达成补充协议的,按照合同有关条款或者交易习惯确定。如果仍不能确定的:

(1) 价款或者报酬不明确的,按照订立合同时履行地的市场价格履行;依法应当执行政府定价或者政府指导价的,按照规定履行。

(2) 执行政府定价或者政府指导价的,在合同约定的交付期限内政府价格调整时,按照交付时的价格计价。逾期交付标的物的,遇价格上涨时,按照原价格执行;价格下降时,按照新价格执行。逾期提取标的物或者逾期付款的,遇价格上涨时,按照新价格执行;价格下降时,按照原价格执行。【记忆诀窍:"对违约者不利"。具体来说,逾期交付标的物的,属于卖方责任,对于卖方来说,碰到价格上涨时,卖方肯定希望按照新价格卖,但他违约,对其不利,按照"原价格"执行;碰到价格下降时,卖方肯定希望按照原价格卖,但他违约,对其不利,按照"新价格"执行。后半句是买方责任,技巧同前。】

(3) 履行期限不明确的,债务人可以随时履行,债权人也可以随时要求履行,但应当给对方必要的准备时间。

2. 验收合格的,发包人应当按照约定支付价款,并接收该建设工程。验收合格是取得工程价款的前提条件。

3. 竣工结算价款的支付程序一般为:

(1) 承包人向发包人递交竣工结算报告及完整资料。

(2) 发包人对竣工结算报告进行审核。

(3) 发包人确认后,通知经办银行向承包人支付竣工结算价款。

4. 合同价款的确定方法:固定价格合同、可调价格合同、成本加酬金合同,由双方约定。当事人约定按照固定价结算工程价款,一方当事人请求对建设工程造价进行鉴定的,不予支持。

5. 解决工程款结算争议的规定:

(1) 发包方在收到竣工结算文件后,在约定期限内(没有约定的视为28天)未予答复的,视为认可。承包人请求按照竣工结算文件结算工程价款的,应予支持。

(2) 当事人对工程量有争议的,按照施工过程中形成的签证等书面文件确认。承包人能够证明发包人同意其施工,但未能提供签证文件证明工程量发生的,可以按照当事人提供的其他证据确认实际发生的工程量。

(3) 发包人拖欠工程款,不仅应当支付本金,还应当支付利息。当事人对欠付工程价款利息计付标准有约定的,按照约定处理;没有约定的,按照中国人民银行发布的同期同类贷款利率计息。利息从应付工程价款之日计付。当事人对付款时日没有约定或者约定不明的,下列时间视为应付款时间:建设工程实际交付的,为交付之日;建设工程没有交付的,为提交竣工结算文件之日;建设工程未交付,工程价款也未结算的,为当事人起诉之日。

【要点:首先要看有没有明确的"应付款时间";如果没有,才用到之后的几个时间。】

6. 工程垫资的处理：当事人对垫资和垫资利息有约定，承包人请求按照约定返还垫资及其利息的，应予支持，但是约定的利息计算标准高于中国人民银行发布的同期同类贷款利率的部分除外。

(1) 当事人对垫资没有约定的，按照工程欠款处理。

(2) 当事人对垫资利息没有约定，承包人请求支付利息的，不予支持。

【要点：注意垫资是不违法的；其次，注意垫资利息和欠款利息的区别，起算时间是不同的。】

7. 建设工程价款优先受偿权问题：《担保法》与《合同法》在工程款优先受偿权问题上存在冲突。

(1) 建筑工程的承包人的优先受偿权优于抵押权和其他债权。

(2) 消费者交付购买商品房的全部或者大部分款项后，承包人就享有的工程价款优先受偿权不得对抗买受人。

(3) 建筑工程价款包括承包人为建设工程应当支付的工程人员报酬、材料款等实际支出的费用，不包括承包人因发包人违约所造成的损失。

(4) 建设工程承包人行使优先权的期限为6个月，以建设工程竣工之日或者建设工程合同约定的竣工之日起计算。

八、建设工程赔偿损失

1. 损失赔偿应该相当于因违约所造成的损失，包括合同履行后可以获得的利益，但不得超过违反合同一方订立合同时预见到的因违反合同可能造成的损失。

2. 当事人一方违约后，对方应当采取适当措施防止损失的扩大；没有采取适当措施致使损失扩大的，不得就扩大的损失要求赔偿。当事人因防止损失扩大而支出的合理费用，由违约方承担。

3. 发包人应当承担的赔偿责任：

(1) 未及时检查隐蔽工程造成的损失；(2) 未按照合同约定提供原材料、设备等造成的损失；(3) 因发包人原因致使工程中途停建、缓建造成的损失；(4) 提供图纸或技术要求不合理且怠于答复等造成的损失；(5) 中途变更承揽工作要求造成的损失；(6) 要求压缩合同约定工期造成的损失；(7) 验收违法行为造成的损失。

4. 承包人应当承担的赔偿责任：

(1) 转让、出借资质证书；(2) 转包、违法分包；(3) 偷工减料；(4) 与监理单位串通；(5) 不履行保修义务；(6) 保管不善；(7) 合理使用期限内造成的损失。

☞ 典型考题

【例1】从性质上讲，施工企业的投标行为属于（　　）。

　　A. 要约　　　　B. 要约邀请　　　　C. 承诺　　　　D. 询价

【例2】某建设工程采用招标方式选择承包人，则关于该建设工程招投标过程中的各行为，下列说法中，正确的是（　　）。

　　A. 虽然投标邀请书的对象是明确的，但仍属要约邀请

B. 投标人购买招标文件,属要约行为

C. 投标人参加现场考察,属要约行为

D. 评标委员会推荐中标候选人,属承诺行为

【例3】某施工合同约定承包人对基础工程垫资施工,发包人对垫付资金按银行贷款利率2倍支付利息,后发包人未按合同约定支付垫资利息,承包人诉至法院,则人民法院对垫资利息的处理,正确的是(　　)。

A. 予以追缴　　　　　　　　　B. 不予支持

C. 支付按合同约定全部支付　　D. 只支持按银行同类贷款利息支付

【例4】某扩建工程建设单位因急于参加认证,于11月15日未经检验而使用该工程,11月20日承包人提交了竣工验收报告,11月30日建设单位组织验收,12月3日工程竣工验收合格,则该工程竣工日期为(　　)。

A. 11月15日　　　　　　　　　B. 11月20日

C. 11月30日　　　　　　　　　D. 12月3日

【例5】某建设工程合同约定,"工程通过竣工验收后2个月内,结清全部工程款"。2005年10月1日工程通过竣工验收,10月10日承包人提交竣工结算文件,10月20日承包人将工程移交发包人,但发包人一直未支付工程余款。2006年5月1日,承包人将发包人起诉至人民法院,要求其支付工程欠款及利息。则利息起算日应为(　　)。

A. 2005年10月10日　　　　　B. 2005年10月20日

C. 2005年12月1日　　　　　　D. 2006年5月1日

【例6】发包人与承包人约定按照固定价结算工程款,因合同履行过程中材料价格上涨,承包人请求进行造价鉴定,则人民法院对承包人的请求应(　　)。

A. 予以支持　　　　　　　　　B. 不予支持

C. 征求发包人意见　　　　　　D. 要求承包人提供证据

【例7】某建筑公司向供货商采购某种国家定价的特种材料,合同签订时价格为4 000元/吨,约定6月1日运至某工地。后供货商迟迟不予交货,8月下旬,国家调整价格为3 400元/吨,供货商急忙交货。双方为结算价格产生争议。下列说法正确的是(　　)。

A. 应按合同约定的价格4 000元/吨结算

B. 应按国家确定的最新价格3 400元/吨结算

C. 应当按新旧价格的平均值结算

D. 双方协商确定,协商不成的应当解除合同

【例8】按《合同法》的规定,合同生效后,当事人就价款或者报酬没有约定的,确定价款或报酬时应按(　　)的顺序履行。

A. 订立合同时履行地的市场价格、合同有关条款、补充协议

B. 合同有关条款、补充协议、订立合同时履行地的市场价格

C. 补充协议、合同有关条款、订立合同时履行地的市场价格

D. 补充协议、订立合同时履行地的市场价格、合同有关条款

【例9】一方当事人的违约行为导致工程受到5万元的损失时,对方及时地采取了减损措施,支出的费用为1万元,但仍未能终止损害,工程实际损害费用为7万元。依据《合同法》的

违约责任规定,违约方应承担的赔偿额为( )万元。
A. 5　　　　　B. 6　　　　　C. 7　　　　　D. 8

【例10】发包人将在建工程抵押给银行贷款,后因发包人经营状况不佳而无力还贷及支付工程款,则下列关于承包人权利的说法中,正确的是( )。
A. 承包人可申请人民法院将该工程拍卖
B. 承包人无权就该工程的拍卖款优先于银行受偿
C. 承包人申请拍卖该工程,应按照诉讼时效的规定,在工程竣工之日提出
D. 承包人可不申请拍卖,而直接与发包人协商将工程折价
E. 承包人因发包人违约所造成的损失,可在工程拍卖所得中扣除

☞ 参考答案

1. A；2. A；3. D；4. A；5. C；6. B；7. B；8. C；9. D；
10. AD【要点:C选项是有6个月的优先权时间,所以错误】。

☞ 考点精要

九、无效合同

合同内容违反了<u>法律法规</u>、行政法规的强制性规定和社会公共利益,因而不能产生合同法律约束力,不受到法律保护的合同。

1. 特征:(1) <u>具有违法性</u>;(2) <u>具有不可履行性</u>;(3) <u>自订立之时就不具有法律效力</u>。
2. 类型:

(1) <u>一方以欺诈、胁迫的手段订立合同</u>,损害<u>国家利益</u>。并非所有通过欺诈、胁迫的手段订立的合同都是无效合同,只有合同损害了<u>国家利益</u>才能导致合同无效。没有损害国家利益的合同是<u>可撤销</u>合同。

(2) <u>恶意串通</u>,损害国家、集体或第三人利益的合同(如代理人与第三人勾结,订立合同,损害被代理人利益);

(3) <u>以合法形式掩盖非法目的</u>(如通过虚假买卖隐匿财产、逃避债务);

(4) <u>损害社会公共利益</u>(如出租赌博场所);

(5) <u>违反法律、行政法规的强制性规定</u>。

3. <u>免责条款</u>:是指当事人在合同中约定免除或者限制其<u>未来责任</u>的合同条款;免责条款无效,是指没有法律约束力的免责条款。合同中下列免责条款无效:(1) <u>造成对方人身伤害的</u>;(2) <u>因故意或者重大过失造成对方财产损失的</u>。

4. 建设合同中无效合同的主要情形:
(1) 承包人<u>未取得建筑施工企业资质</u>或者<u>超越资质</u>等级的;
(2) 没有资质的实际施工人<u>借用有资质的建筑施工企业名义</u>的;
(3) 建设工程必须进行招标而<u>未招标或者中标无效</u>的;
(4) 承包人<u>非法转包、违法分包</u>建设工程,或没有资质的实际施工人借用有资质的建筑施工

企业名义与他人订立建设工程施工合同的行为无效。

【不属于无效合同的情形：(1) 承包人超越资质等级许可的业务范围签订建设工程施工合同，在建设工程竣工前取得相应资质等级；(2) 劳务分包企业承接了一个项目的所有劳务作业。】

5. 无效合同的法律后果：无效的合同或者被撤销的合同自始没有法律约束力。

(1) 合同部分无效，不影响其他部分效力的，其他部分仍然有效。

(2) 合同无效、被撤销或者终止的，不影响合同中独立存在的有关解决争议方法条款的效力。

(3) 合同无效或者被撤销后，因该合同取得的财产，应当予以返还；不能返还或者没有必要返还的，应当折价补偿。有过错一方应当赔偿对方因此而受到的损失，双方都有过错的，应该各自承担相应的责任。

6. 无效施工合同的工程款结算：

(1) 建设工程施工合同无效，但建设工程经竣工验收合格，承包人请求参照合同约定支付工程价款的，应予以支持。

(2) 建设工程施工合同无效，并且建设工程经竣工验收不合格，但修复后的建设工程经验收合格，发包人请求承包人承担修复费用的，予以支持；

(3) 建设工程施工合同无效，并且建设工程经竣工验收不合格的，修复后的建设工程经验收不合格，承包人请求支付工程款的，不予以支持。

【承包人非法转包、违法分包建设工程或者没有资质的实际施工人借用有资质的建筑施工企业名义与他人签订建设工程施工合同的行为无效。人民法院可以收缴当事人已经取得的非法所得，即扣除成本后的获利部分。】

十、效力待定合同

合同成立之后，是否具有效力还未确定，一般须经有权人表示承认才能生效。【特征：只和订立合同的主体有关系。】

1. 限制民事行为能力人签订的合同。

(1) 限制民事行为能力人订立的合同，经法定代理人追认后，该合同有效，但纯获利益的合同或者与其年龄、智力、精神健康状况相适应而订立的合同，不必经法定代理人追认。

(2) 相对人可以催告法定代理人在一个月内予以追认。法定代理人未作表示的，视为拒绝追认。

【限制民事行为能力人包括两种：10周岁以上不满18周岁的未成年人和不能完全辨认自己行为的精神病人。此外，需要排除下一类人：即16周岁以上不满18周岁的公民，以自己的劳动收入为主要生活来源的人，是完全民事行为能力人。】

2. 无权代理人签订的合同。

(1) 行为人没有代理权、超越代理权或者代理权终止后以被代理人名义订立的合同，未经被代理人追认，对被代理人不发生效力，由行为人承担责任。

(2) 相对人可以催告被代理人在1个月内予以追认。被代理人未作表示的，视为拒绝追认。合同被追认之前，善意相对人有撤销的权利。撤销应当以通知的方式作出。

【注意表见代理的生效条件。】

3. 无处分权人订立的合同:无处分权的人处分他人财产,经权利人追认或者无处分权的人订立合同后取得处分权的,该合同有效。

十一、可撤销合同

在某些情况下,一方当事人可以依照自己的意思,请求人民法院或仲裁机构作出裁判,从而使合同的内容变更或者使合同的效力归于消灭的合同。

1. 当事人请求变更的,法院或仲裁机构不得撤销。
2. 种类:
 (1) 因重大误解订立的合同。
 (2) 在订立合同时显失公平的合同。
 (3) 因欺诈、胁迫(未损害国家利益)或者乘人之危。
3. 撤销权的行使:撤销权由重大误解的误解人、显失公平的受害人、被欺诈方、被胁迫方、乘人之危的受害方行使。只有这些合同当事人才有权行使合同撤销权,对方当事人不享有撤销权。
4. 撤销权的消灭:
 (1) 具有撤销权的当事人自知道或者应当知道撤销事由之日起1年内没有行使撤销权;
 (2) 具有撤销权的当事人知道撤销事由后明确表示或者以自己的行为放弃撤销权。
5. 合同无效、被撤销或者终止的,不影响合同中独立存在的有关解决争议方法的条款的效力。

无效合同	效力待定合同	可撤销合同
1. 一方以欺诈、胁迫的手段订立合同,损害国家利益 2. 恶意串通,损害国家、集体或第三人利益的合同 3. 以合法形式掩盖非法目的 4. 损害社会公共利益 5. 违反法律、行政法规的强制性规定	1. 限制民事行为能力人 2. 无权代理人 3. 无处分权人	1. 重大误解 2. 在订立合同时显失公平 3. 因欺诈、胁迫(未损害国家利益)或者乘人之危

☞ 典型考题

【例1】根据《合同法》规定,对效力待定合同的理解正确的是( )。
 A. 在相对人催告后一个月内,当事人之法定代理人未作表示,合同即可生效
 B. 效力待定合同的善意相对人有撤销的权利,撤销期限自行为作出之日起一年
 C. 表见代理实质上属于无权代理,却产生有效代理的后果
 D. 超越代理权签订的合同,若未经被代理人追认,则必定属于无效合同

【例2】小张今年17周岁,到城里打工1年挣两万,现小张回到家乡承包一个小型砖厂,则关于该承包协议的效力,正确的是( )。
 A. 小张是限制民事行为能力人,该协议效力待定
 B. 小张不具备民事行为能力,该协议无效
 C. 因小张具备相应的民事行为能力,该协议有效
 D. 不具备相应的民事行为能力,该协议可撤销

【例3】如果当事人在施工合同中约定有仲裁条款,当合同其他条款无效时,应当认为( )。
　　A. 仲裁条款有效,由仲裁委员会解决争议
　　B. 仲裁条款有效,由人民法院解决争议
　　C. 仲裁条款无效,由人民法院解决争议
　　D. 仲裁条款无效,由双方另行选择争议解决方式

【例4】施工合同中的承包人到材料供应商处去购买水泥,由于水泥标号不清楚而将425号的水泥当作525号水泥购入。该买卖合同没有仲裁条款,发现问题后,承包人应( )。
　　A. 向人民法院起诉,要求确认该合同无效
　　B. 向人民法院起诉,要求撤销该合同
　　C. 向仲裁机构申请仲裁,要求确认该合同无效
　　D. 向仲裁机构申请仲裁,要求撤销该合同

【例5】对于可撤销合同,具有撤销权的当事人( ),撤销权消灭。
　　A. 自知道或者应当知道权利受到侵害之日起一年内没有行使撤销权的
　　B. 自知道或者应当知道撤销事由之日起六个月内没有行使撤销权的
　　C. 自知道或者应当知道撤销事由之日起一年内没有行使撤销权的
　　D. 知道撤销事由后明确表示放弃撤销权的
　　E. 知道撤销事由后以自己的行为放弃撤销权的

【例6】在施工合同中,( )的合同属于无效合同。
　　A. 施工企业伪造资质等级证书签订
　　B. 招标人与投标人串通签订
　　C. 施工企业的违约责任明显过高
　　D. 建设单位的违约责任明显过高
　　E. 约定的质量标准低于强制性标准

【例7】施工单位由于重大误解,在订立买卖合同时将想购买的A型钢材误写为买B型钢材,则施工单位( )。
　　A. 只能按购买A型钢材履行合同　　B. 应按效力待定处理该合同
　　C. 可以要求变更为购买A型钢材　　D. 可以要求撤销该合同
　　E. 可以要求确认该合同无效

【例8】在下列表述中,属于无效合同的是( )。
　　A. 甲单位以欺诈手段与乙公司签订货物买卖合同,使对方损失100万元
　　B. 为少缴税,赵某与张某以低于实际成交价签订买卖合同
　　C. 孙某因不懂专业知识将一块重达5千克的祖传翡翠误作普通玉石出售给王某
　　D. 12岁小学生周某上网将父亲的一块劳力士金表以100元卖给吴某
　　E. 刘某以胁迫手段承包某工程,损害国家利益

参考答案

　　1. C; 2. C; 3. A; 4. B; 5. CDE; 6. ABE; 7. CD;

8. BE【要点：A是可撤销；C是可撤销；D是效力待定】。

考点精要

十二、合同的履行和变更

1. 合同的履行：合同生效后，当事人不得因为姓名、名称的变更或者法定代表人、负责人、承办人的变动而不履行合同义务。

2. 合同的变更：当事人协商一致，可以变更合同；当事人对合同变更的内容约定不明确的，推定为未变更。

(1) 必须经合同当事人协商一致；(2) 变更须遵循法定的程序（如应当批准、登记的）；(3) 合同内容发生变化。

十三、合同权利义务的转让

1. 合同权利转让：

(1) 债权人转让权利的，应当通知债务人；未经通知，该转让对债务人不发生效力【通知就可以，不用征得同意】。

(2) 债权人转让权利的通知不得撤销，但经受让人同意的除外。

(3) 下列不许转让：根据合同性质不能转让（如委托代理合同）；按照当事人约定不得转让；法律规定不得转让。

2. 合同义务转移：

(1) 分为全部转移和部分转移。

(2) 债务人将合同的义务全部或者部分转移给第三人的，应当经债权人同意。

3. 合同权利义务的一并转让：当事人一方经对方同意，可以将自己在合同中的权利和义务一并转让给第三人。

十四、合同的终止

1. 合同终止的情形：履行；解除；债务抵消；债务人依法将标的物提存；免除；债务债权同归于一人（混同）。

【提存：债权人无正当理由拒绝接受履行或其下落不明等情况，致使债务人难以履行债务，经公证机关证明或人民法院的裁决，债务人可以将履行的标的物提交有关部门保存的行为（如供应商向承包商供货，货款已付，所有货物都满足合同约定，但承包商却以不喜欢货物颜色拒绝收货）。】

2. 合同解除的特征（有效成立之后、完全履行完毕之前）：

(1) 合同解除是以有效成立的合同为对象；

(2) 合同解除须具备必要的解除条件（约定解除和法定解除）；

(3) 合同解除应当通过解除行为（通知）；

(4) 合同解除的效果是合同关系消灭。

3. 法定解除的条件：

(1) 因不可抗力致使不能实现合同目的;
(2) 在履行期限届满之前,当事人一方明确表示或者以自己的行为表明不履行主要债务;
(3) 当事人一方迟延履行主要债务,经催告后在合理期限内仍未履行【关键考点就是"经催告后在合理期限内仍未履行"】;
(4) 当事人一方迟延履行债务或者其他违约行为致使不能实现合同目的;
(5) 法律规定的其他情形。

4. 当事人一方依照本法主张解除合同的,应当通知对方,合同自通知到达对方时解除。

5. 承包人具有下列情形之一,发包人请求解除建设工程施工合同的,应予支持:
(1) 明确表示或者以行为表明不履行合同主要义务的;
(2) 合同约定的期限内没有完工,且在发包人催告的合理期限内仍未完工的;
(3) 已经完成的建设工程质量不合格,并拒绝修复的;
(4) 将承包的建设工程非法转包、违法分包的。

6. 发包人具有下列情形之一,致使承包人无法施工,且在催告的合理期限内仍未履行相应义务,承包人请求解除建设工程施工合同的,应予支持:
(1) 未按约定支付工程价款的;
(2) 提供的主要建筑材料、建筑构配件和设备不符合强制性标准的;
(3) 不履行合同约定的协助义务的。

【要点:这三条中,每一条都包括"在催告的合理期限内仍未履行"这句话】

☞ 典型考题

【例1】在施工合同的履行中,如果建设单位拖欠工程款,经催告后在合理的期限内仍未支付,则施工企业可以主张( ),然后要求对方赔偿损失。
A. 撤销合同,无须通知对方
B. 撤销合同,应通知对方
C. 解除合同,无须通知对方
D. 解除合同,应通知对方

【例2】某工程在9月10日发生了地震灾害迫使承包人停止施工。9月15日发包人与承包人共同检查工程的损害程度,并一致认为损害程度严重,需要拆除重建。9月17日发包人将依法单方解除合同的通知送达承包人,9月18日发包人接到承包人同意解除合同的回复。依据《合同法》的规定,该施工合同解除的时间应为( )。
A. 9月10日
B. 9月15日
C. 9月17日
D. 9月18日

【例3】《合同法》规定,解除合同表述正确的有( )。
A. 当事人必须全部履行各自义务后才能解除合同
B. 当事人协商一致可以解除合同
C. 因不可抗力致使不能实现合同目的
D. 一方当事人对解除合同有异议,可以按约定的解决争议的方式处理
E. 合同解除后,当事人均不再要求对方承担任何责任

【例4】发包人具有下列( )情形之一,致使承包人无法施工,承包人请求解除建设工程施工

合同的,人民法院应予支持。

A. 未按约定支付工程价款,且在催告的合理期限内仍未履行相应义务
B. 提供的主要建筑材料、建筑构配件和设备不符合强制性标准的
C. 施工现场安装摄像设备全程监控
D. 施工现场安排大量人员
E. 不履行合同约定的协助义务的,且在催告的合理期限内仍未履行相应义务

参考答案

1. D; 2. C; 3. BCD;
4. AE【要点:B选项不包括"在催告的合理期限内仍未履行",因此错误】。

考点精要

十五、违约责任

1. 特征:(1)以合同当事人不履行合同义务为条件;(2)违约责任具有相对性;(3)违约责任主要是补偿性;(4)可以由双方约定,但不能违反法律规定;(5)是民事责任的承担形式之一。

2. 承担违约责任的种类:继续履行、采取补救措施、赔偿损失、停止违约行为、违约金或定金等。继续履行可以与违约金、定金、赔偿损失并用,但不能与解除合同的方式并用。

3. 违约金和定金:

(1)约定的违约金低于造成的损失的,当事人可以请求人民法院或者仲裁机构予以增加;约定的违约金过分高于造成的损失的,当事人可以请求人民法院或者仲裁机构予以适当减少。

(2)定金,是合同当事人一方预先支付给对方的款项,其目的在于担保合同债权的实现。债务人履行债务后,定金应当抵作价款或者收回。给付定金的一方不履行约定的债务的,无权要求返还定金;收受定金的一方不履行约定的债务的,应当双倍返还定金。

(3)当事人既约定违约金,又约定定金的,一方违约时,对方(非违约方)可以选择适用违约金或者定金条款。

4. 违约责任的免除:出现法定的免责条件或者合同约定的免责事由,违约人将免于承担违约责任。

(1)因不可抗力不能履行合同的,根据不可抗力的影响,部分或者全部免除责任,但法律另有规定的除外。当事人迟延履行后发生不可抗力的,不能免除责任。

(2)不可抗力:不能预见、不能避免、不能克服的客观情况(自然事件、社会事件)。

(3)当事人一方因不可抗力不能履行合同的,应当及时通知对方,以减轻可能给对方造成的损失,并应当在合理期限内提供证明。

典型考题

【例1】 当事人双方既约定违约金,又约定定金的合同,一方当事人违约时,对违约行为的赔偿处理原则是( )。

A. 只能采用违约金

B. 由违约一方选择采用违约金或定金

C. 由非违约方选择采用违约金或定金

D. 同时采用违约金和定金

【例2】 施工企业与材料供应价格商订立的合同中约定"任何一方不能履行合同须承担违约金3万元,发生争端由某仲裁机构解决"。现供应商延期交货给施工企业造成的损失为4.5万元,则施工企业为了最大限度维护自身利益,应( )。

A. 向仲裁机构请求供应商支付4.5万元

B. 向仲裁机构请求供应商支付3万元

C. 直接要求供应商支付7.5万元

D. 直接要求供应商支付3万元

【例3】 甲与乙订立了一份水泥购销合同,约定甲向乙交付200吨水泥,货款6万元,乙向甲支付定金1万元;如任何一方不履行合同应支付违约金1.5万元。甲因将水泥卖给丙而无法向乙交付,给乙造成损失2万元。乙提出如下诉讼请求中,以下不能获得法院支持的是( )。

A. 要求甲双倍返还定金2万元

B. 要求甲双倍返还定金2万元,同时支付1.5万元违约金

C. 要求甲支付损失2万元,同时返还定金1万元

D. 要求甲支付违约金1.5万元,同时返还定金1万元

E. 要求甲双倍返还定金2万元,同时支付2万元损失

参考答案

1. C; 2. A; 3. BE。

1Z304020 劳动合同及劳动关系制度

考点精要

一、劳动合同的订立

(一) 用人单位招用劳动者,<u>不得扣押劳动者的居民身份证和其他证件</u>,不得要求劳动者提供担保或者以其他名义向劳动者收取财物。

(二) 劳动合同的类型:<u>固定期限劳动合同、无固定期限劳动合同、以完成一定工作任务为期</u>

限的劳动合同。

1. 固定期限劳动合同:约定合同终止时间的。
2. 无固定期限劳动合同:无确定终止时间的。有下列情形之一的,劳动者提出或者同意续订、订立劳动合同的,除劳动者提出订立固定期限劳动合同外,应当订立无固定期限劳动合同:

(1) 劳动者在该用人单位连续工作满10年的;

(2) 用人单位初次实行劳动合同制度或者国有企业改制重新订立劳动合同时,劳动者在该用人单位连续工作满10年且距法定退休年龄不足10年的;

(3) 连续订立两次固定期限劳动合同,续订劳动合同的【除了用人单位可以解除劳动合同的条件,以及"劳动者患病或者非因公负伤,在规定的医疗期满后不能从事原工作,也不能从事由用人单位另行安排的工作的;经过培训或者调整工作岗位,仍不能胜任工作的"情况】;

(4) 用人单位自用工之日起满1年不与劳动者订立书面劳动合同的,则视为双方已订立无固定期限劳动合同。

3. 以完成一定工作任务为期限的劳动合同:以某项工作的完成为合同期限。

【1Z304021 案例1要点】

1. 某外企有3名员工已经在该企业工作满10年,需要续签新的劳动合同。但公司不再打算与其续签劳动合同。

2. 劳动者在该用人单位连续工作满10年的,劳动者提出或者同意续订、订立劳动合同的,除劳动者提出订立固定期限劳动合同外,应当订立无固定期限劳动合同。

(三) 用人单位自用工之日起,即与劳动者建立劳动关系。

1. 应当订立书面劳动合同。

2. 已建立劳动关系,未同时订立书面劳动合同的,应当自用工之日起1个月内订立书面劳动合同。

因用人单位原因没签的:超过一个月,未满一年,向劳动者每月支付两倍的工资,并补签书面劳动合同;满一年,视为自用工之日起满一年的当日已经与劳动者订立无固定期限劳动合同。用人单位违反本法规定不与劳动者订立无固定期限劳动合同的,应当自订立无固定期限劳动合同之日起向劳动者每月支付两倍的工资。

3. 用人单位与劳动者在用工前订立劳动合同的,劳动关系自用工之日起建立。

【1Z304021 案例2要点】

1. 概况:建筑公司聘请徐女士于2012年9月15日接替原会计工作;9月30日双方签订合同。

2. 用人单位自用工之日起即与劳动者建立劳动关系。因此,公司应该向徐女士补发9月15日至9月29日的工资。

4. 非全日制用工【以小时计酬为主,劳动者在同一用人单位一般平均每日工作时间不超过4小时,每周工作累计时间不超过24小时的用工形式】可以口头订立劳动合同(不得约定试用期)。

(四)试用期

劳动合同期限	试用期最高限(≤)
3个月以内或完成一定工作任务为期限	不得约定适用期
3月以上、不满1年	1个月
1年以上、不满3年	2个月
3年以上固定期限劳动合同或无固定期限劳动合同	6个月

a. 同一用人单位与同一劳动者只能约定一次试用期
b. 劳动合同仅约定试用期的,试用期不成立,该期限为劳动合同期限
c. 试用期的工资不得低于本单位相同岗位最低档工资的80%或者劳动合同约定工资的80%;并且不得低于用人单位所在地的最低工资标准

(五)劳动合同生效:经用人单位和劳动者在劳动合同文本上签字或者盖章生效。
1. 双方签字或者盖章时间不一致的,以最后一方签字或者盖章的时间为准。
2. 如果一方没有写签字时间的,则另一方写明的签字时间就是合同生效时间。
(六)劳动合同无效的情况:
1. 以欺诈、胁迫的手段或者乘人之危,使对方在违背真实意思的情况下订立或者变更劳动合同的。
2. 用人单位免除自己的法定责任、排除劳动者权利的。
3. 违反法律、行政法规强制性规定的。
劳动合同被确定无效,劳动者已付出劳动的,用人单位应当向劳动者支付劳动报酬。

☞ 典型考题

【例1】某甲与用人单位签订了劳动合同,合同没有约定劳动合同期限,只约定了适用期为6个月,则该合同( )。
　　A. 视为无固定期限劳动合同
　　B. 是无效合同
　　C. 视为合同期为3年的固定期限劳动合同
　　D. 视为合同期为6个月的固定期限劳动合同
【例2】某施工单位与王先生签订了为期2年的劳动合同,按照劳动合同法的规定,王先生的试用期不得超过( )。
　　A. 1个月　　B. 2个月　　C. 3个月　　D. 6个月

☞ 参考答案

1. D; 2. B。

考点精要

二、劳动合同的履行和变更

1. 劳动报酬包括:货币工资(工资、奖金、津贴、补贴)、实物报酬(物品、服务)和社会保险(医疗、失业、养老、工伤等保险金)。

2. 双方可以在法律允许的范围内对劳动报酬的金额、支付时间、支付方式进行平等协商。要符合国家规定:

(1) 不得低于当地最低工资标准;(2) 应当以货币形式按月支付劳动者本人,不得以实物或有价证券等形式代替;(3) 依法支付加班费;(4) 法定假日等期间,应依法支付工资。

3. 用人单位拖欠或者未足额支付劳动报酬的,劳动者可以依法向当地人民法院申请支付令。

4. 用人单位应当严格执行劳动定额标准,不得强迫或者变相强迫劳动者加班。

5. 劳动者拒绝用人单位管理人员违章指挥、强令冒险作业的,不视为违反劳动合同。

6. 用人单位变更名称、法定代表人、主要负责人或者投资者等事项,不影响劳动合同的履行。

7. 用人单位合并或者分立,原劳动合同继续有效。

8. 协商一致,可以变更劳动合同,应当采用书面形式。

【1Z304022 案例 1 要点】

企业的名称、性质和法定代表人发生变化,不影响劳动合同的履行,合同继续有效。

三、劳动合同的解除

1. 劳动者单方面解除劳动合同:劳动者提前 30 日以书面形式通知用人单位,可以解除劳动合同。劳动者在试用期内提前 3 日通知用人单位,可以解除劳动合同。

2. 劳动者可以解除劳动合同的情形(随时):

(1) 未按照劳动合同约定提供劳动保护或者劳动条件的;

(2) 未及时足额支付劳动报酬的;

(3) 未依法为劳动者缴纳社会保险费的;

(4) 用人单位的规章制度违反法律法规规定,损害劳动者权益的;

(5) "以欺诈、胁迫的手段或者乘人之危,使劳动者在违背真实意思的情况下订立或者变更劳动合同"致使劳动合同无效的;

此外,用人单位以暴力、威胁或者非法限制人身自由的手段强迫劳动,或者用人单位违章指挥、强令冒险作业危及劳动者人身安全的,劳动者可以立即解除劳动合同,不需事先告知用人单位。

3. 用人单位可以单方面解除劳动合同的情形(随时):

(1) 在试用期间被证明不符合录用条件的;

(2) 严重违反劳动纪律或者用人单位规章制度的;

(3) 严重失职,营私舞弊,对用人单位利益造成重大损害的;

(4) 劳动者同时与其他用人单位建立劳动关系,对完成本单位的工作任务造成严重影响,或者经用人单位提出,拒不改正的;

(5) 劳动者以欺诈、胁迫的手段或者乘人之危,使用人单位在违背真实意思的情况下订立或者变更劳动合同的;

(6) 被依法追究刑事责任的。

4. 用人单位可以预告解除的条件【用人单位应当提前30日以书面形式通知劳动者本人,或者额外支付劳动者1个月工资后,可以解除合同】:

(1) 劳动者患病或者非因工负伤,医疗期满后,不能从事原工作也不能从事由用人单位另行安排工作的;

(2) 劳动者不能胜任工作,经过培训或者调整工作岗位,仍不能胜任工作的;

(3) 劳动合同订立时所依据的客观情况发生重大变化,致使原劳动合同无法履行,经当事人协商不能就变更劳动合同达成协议的。

【1Z304022 案例2要点】

1. 概况:小张毕业后,经过一段时间的实践仍不能胜任所从事的工作,于是公司决定解除与小张的合同。但是小张不同意,公司便不再分派小张任何工作,也停发工资,单方解除了与小张的劳动合同。

2. 劳动者不能胜任工作,经过培训或者调整工作岗位,仍不能胜任工作的,用人单位应当提前30日以书面形式通知劳动者本人,或者额外支付劳动者1个月工资后,才可以解除合同。

3. 应该支付经济补偿。

5. 经济性裁员:需要裁减人员20人以上,或者裁减不足20人但占企业职工总数10%以上的,应提前30日向工会或者全体职工说明情况,听取工会或者职工的意见,经向劳动行政部门报告后,可以裁减人员。优先留用:

(1) 较长期限的固定期限劳动合同的;

(2) 无固定期限劳动合同的;

(3) 家庭无其他就业人员,有老人或未成年人的。

6. 用人单位不得预告解除和经济性裁员的情况:

(1) 从事接触职业病危害作业的劳动者未进行离岗前职业健康检查,或疑似职业病病人在诊断或医学观察期间的;

(2) 患职业病或者因工负伤并被确认丧失或者部分丧失劳动能力的;

(3) 患病或者负伤,在规定的医疗期内的;

(4) 女职工在孕期、产假、哺乳期内的;

(5) 在本单位连续工作满15年,且距法定退休年龄不足5年的。

☞ 典型考题

【例1】某甲与用人单位签订了劳动合同,合同尚未期满,某甲拟解除劳动合同,某甲应当提前

（　　）通知用人单位。

　　A. 10 日　　　　　　　　　　B. 20 日
　　C. 15 日以书面形式　　　　　D. 30 日以书面形式

【例2】职工李某因参与打架斗殴被判有期徒刑一年，缓期三年执行，用人单位决定解除与李某的劳动合同。考虑到李某在单位工作多年，向其多支付一个月的额外工资，随后书面通知了李某。这种劳动合同解除的方式称为（　　）。

　　A. 随时解除　　B. 预告解除　　C. 经济性裁员　　D. 刑事性裁员

【例3】李某今年51岁，自1995年起就一直在某企业做临时工，担任厂区门卫。现企业首次与所有员工签订劳动合同。李某提出自己愿意长久在本单位工作，也应与单位签订合同，但被拒绝并责令其结算工资走人。根据《劳动合同法》规定，企业（　　）。

　　A. 应当与其签订固定期限劳动合同
　　B. 应当与其签订无固定期限的劳动合同
　　C. 应当与其签订以完成一定工作任务为期限的劳动合同
　　D. 可以不与之签订劳动合同，因其是临时工

【例4】用人单位不得预告解除劳动合同的情形有（　　）。

　　A. 女职工在孕期、产假、哺乳期内的
　　B. 疑似职业病病人在诊断或者医学观察期间的
　　C. 患病或者负伤，在规定的医疗期内的
　　D. 在本单位连续工作满15年，且距法定退休年龄不足5年的
　　E. 劳动合同订立时所依据的客观情况发生重大变化，致使原劳动合同无法履行的

☞ 参考答案

1. D；2. A；3. B；4. ABCD。

☞ 考点精要

四、劳动合同的终止和经济补偿

1. 《工伤保险条例》规定：

（1）因工致残被鉴定为1级至4级的，即丧失劳动能力的，用人单位不得终止劳动关系；

（2）5、6级的，即大部分丧失劳动能力的，经工伤职工本人提出，可以解除，否则，用工单位不得终止劳动合同；

（3）7级至10级的，即部分丧失劳动能力的，劳动合同期满终止。

2. 用人单位在下列情况下，应当向劳动者支付经济补偿：

（1）用人单位向劳动者提出解除劳动合同，并与劳动者协商一致解除合同的；
（2）劳动者随时、立即解除劳动合同的；
（3）用人单位依法预告解除劳动合同的；
（4）用人单位依法进行裁减人员的；

(5) 固定劳动合同期满的,除了用人单位维持或提高劳动合同约定条件续订劳动合同,劳动者不同意续订的情形外。

3. 补偿标准:按照劳动者在本单位工作的年限。
(1) 每满1年支付一个月工资;
(2) 6个月以上不满1年的,按1年计算;
(3) 不满6个月的,支付半个月工资。
(4) 劳动者月工资(劳动合同解除前12个月的平均工资)高于本地区上年度职工月平均工资3倍的,按照职工月平均工资3倍支付;向其支付经济补偿的年限最高不超过12年。

4. 用人单位违反劳动合同法的规定解除或终止劳动合同,劳动者要求继续履行劳动合同的,用人单位应当继续履行;劳动者不要求继续履行或劳动合同已不能继续履行的,用人单位应当依法向劳动者支付赔偿金。赔偿金标准为经济补偿标准的2倍。

五、合法用工方式

1. 劳务派遣:劳务派遣单位与被派遣劳动者订立劳动合同后,将该劳动者派遣到用人单位从事劳动。
(1) 由劳务派遣单位与劳动者签订。
(2) 劳务派遣单位应当与被派遣劳动者订立2年以上的固定期限劳动合同,按月支付劳动报酬;被派遣劳动者在无工作期间,劳务派遣单位应当按照所在地人民政府规定的最低工资标准,向其按月支付报酬。
(3) 劳务派遣单位应当与用人单位签订劳务派遣协议。不得将连续用工期限分割订立数个短期劳务派遣协议。
(4) 被派遣劳动者享有与用工单位劳动者同工同酬的权利。用工单位不得将被派遣劳动者再派遣到其他单位。

【1Z304023 案例要点】

1. 概况:老李是某劳务派遣公司派遣到某建筑公司工作的劳动者。与他同岗位的小王工资比他多了好几百。该公司人事行政部门回答,你不是我们员工,当然工资待遇不一样。
2. 老李应该与该公司员工享有同工同酬的权利。
3. 老李的工资待遇问题应该由劳务派遣单位来解决。

2. 劳务分包企业
(1) 承包企业应对劳务分包企业的用工情况和工资支付进行监督,并对本工程发生的劳务纠纷承担连带责任。劳务企业要依法与农民工签订劳动合同。
(2) 劳务分包企业资质审批时间缩短至20天,方便申请人。
(3) 允许砖砌等相关专业(抹灰、钢筋工、木工)劳务企业承担农房建设。
(4) 施工总承包、专业承包企业用工必须办理社会保险。施工总承包、专业承包企业直接雇佣农民工,必须签订劳动合同并办理工伤、医疗或综合保险等社会保险。
(5) 原则:先培训,后输出;先培训,后上岗。

(6) 禁止承包企业在投标中压减"职工教育经费"获取中标。承包企业进行劳务作业分包的工程项目,必须将"职工教育经费"单列,专项支出。无论承包企业在投标时是否压减"职工教育经费",均视为已经计提"职工教育经费"。

(7) 对施工总承包、专业承包企业直接雇佣农民工,不签订劳动合同,或只签订劳动合同不办理社会保险,或只与包工头签订劳务合同等行为,均视为违法分包进行处理。

六、劳动保护的规定

1. 工作时间和休息休假:

(1) 劳动者每日工作时间不超过8小时,平均每周工作时间不超过44小时的工时制度。用人单位应当保证劳动者每周至少休息1日。

(2) 其他工作和休息方法:缩短工作日(哺乳期的女职工、16到18岁的未成年劳动者);不定时工作日(仓库的装卸人员);综合计算工作日(交通、铁路等行业中需连续作业的职工);计件工资时间。

(3) 劳动者连续工作1年以上的,享受带薪年休假。

【1Z304024 案例要点】

1. 概况:小马在A公司就职,8个月后与A公司解除了合同,马上就被B公司聘用,但小马工作6个月后,就提出要求休带薪年假。但B公司人手很缺,没有批准,并回答说小马到B公司未满1年,不能享受带薪年假。

2. 小马虽然在B公司工作了6个月,但在A公司还工作了8个月,其连续工作时间已经超过1年,应当享受带薪年休假。

3. 对职工应休未休的年休假天数,单位应当按照该职工日工资收入的300%支付报酬(已包含日常工作期间的收入)。

(4) 用人单位由于生产经营需要,经与工会和劳动者协商可以延长工作时间,一般每日不得超过1小时;因特殊原因需要延长工作时间的,在保障劳动者身体健康条件下延长工作时间每日不得超过3小时,但每月不得超过36小时。

(5) 延长工作时间的,不低于工资150%的工资报酬;休息日安排工作,又不能安排补休的,支付不低于200%的工资报酬;法定节假日安排工作的,不低于300%的工资报酬。

2. 用人单位应支付给劳动者的工资在剔除下列各项后,不得低于当地最低工资标准:

(1) 延长工作时间工资;(2) 特殊工作环境、条件下的津贴;(3) 国家规定的劳动者福利待遇等。

3. 劳动安全卫生规程:

(1) 劳动安全卫生设施必须符合国家规定的标准。新建、改建、扩建工程的劳动安全卫生设施必须与主体工程同时设计、同时施工、同时投入生产和使用。

(2) 用人单位必须为劳动者提供符合国家规定的劳动安全卫生条件和必要的劳动防护用品,对从事有职业危害作业的劳动者应当定期进行健康检查。

(3) 从事特种作业的劳动者必须经过专门培训并取得特种作业资格。

（4）劳动者在劳动过程中必须严格遵守安全操作规程。劳动者有<u>拒绝权</u>和批评、<u>检举</u>、控告权。

4. 女职工的特殊保护：

（1）禁止安排女职工从事<u>矿山井下</u>、国家规定的<u>第四级</u>体力劳动强度的劳动和其他禁忌从事的劳动。

（2）不得安排女职工在经期从事<u>高处、低温、冷水作业</u>和国家规定的<u>第三级</u>体力劳动强度的劳动。

（3）不得安排女职工在<u>怀孕期间</u>从事国家规定的<u>第三级</u>体力劳动强度的劳动和孕期禁忌从事的劳动。对怀孕7个月以上的女职工，不得安排其延长工作时间和夜班劳动。

（4）女职工生育享受<u>不少于90天</u>的产假。

《女职工特殊保护条例》规定，女职工生育享受<u>98天产假</u>，其中产前可以休息15天；难产的，增加产假15天；生育多胞胎的，每多生育1个婴儿，增加产假15天。女职工怀孕未满4个月流产的，享受15天产假；怀孕满4个月流产的，享受42天产假。

（5）不得安排女职工在哺乳未满一周岁的婴儿期间从事国家规定的<u>第三级</u>体力劳动强度的劳动和哺乳期禁忌从事的其他劳动，不得安排其延长工作时间和夜班劳动。

5. 未成年工的特殊保护：<u>年满16周岁未满18周岁</u>的劳动者。

（1）不得安排未成年人从事<u>矿山井下</u>、<u>有毒有害</u>、国家规定的<u>第四级</u>体力劳动强度的劳动和其他禁忌从事的劳动。

（2）用人单位应当对未成年工<u>定期进行健康检查</u>。

（3）对未成年工的使用和特殊保护实行<u>登记</u>制度（县级以上<u>劳动行政主管部门</u>办理登记）。

【要点：注意女工保护和未成年工保护的对比，共有的几项是"矿山井下"、"第四级"；未成年工有，而女工没有的是"有毒有害"、"定期体检"、"登记"。】

6. 劳动者的社会保险与福利：

（1）由单位和个人共同缴纳的包括：<u>基本养老保险</u>、<u>基本医疗保险</u>、<u>失业保险</u>。

（2）只<u>由单位缴纳</u>，职工<u>不缴纳</u>的包括：<u>工伤保险</u>、<u>生育保险</u>。

（3）基本养老保险的领取：达到法定退休年龄时累计缴费满<u>15年</u>的，按月领取基本养老金。

（4）职工在工作中伤亡的，下列情形<u>不认为</u>是工伤：<u>故意犯罪</u>；<u>醉酒或吸毒</u>；<u>自残或自杀</u>。

（5）工伤保险的规定中，<u>应当由用人单位</u>支付的包括（不是由工伤保险基金支付的）：<u>治疗工伤期间的工资福利</u>；<u>5级、6级伤残职工按月领取的伤残津贴</u>；<u>终止或解除劳动合同时，应当享受的一次性伤残就业补助金</u>。用人单位未依法缴纳工伤保险费的，由<u>用人单位</u>支付工伤保险待遇。

（6）符合下列条件的，从失业保险基金中领取失业保险金：失业前用人单位和本人已经<u>缴纳失业保险费满1年</u>的；非因本人意愿中断就业的；已经进行<u>失业登记</u>，<u>并有求职要求的</u>。

☞ 典型考题

【例】根据劳动法的规定，符合对未成年人特殊保护的规定有（　　）。

A. 不得安排未成年人从事矿山井下作业

B. 不得安排未成年人从事低温、冷水作业

C. 不得安排未成年人从事国家规定的第三级体力劳动强度的劳动

D. 不得安排未成年人延长工作时间和夜班劳动

E. 用人单位应当对未成年人定期进行健康检查

☞ 参考答案

AE。

☞ 考点精要

七、劳动争议的解决

1. 用人单位设立<u>劳动争议调解委员会</u>,由<u>职工代表</u>、<u>同级工会代表</u>、<u>企业代表</u>组成。

2. 调解不成,一方要求仲裁的,可以向劳动争议仲裁委员会申请仲裁。当事人一方也可以<u>直接</u>向劳动争议仲裁委员会提出。

3. <u>劳动争议仲裁委员会</u>,由<u>劳动行政主管部门代表</u>、<u>工会代表</u>、<u>企业方面的代表</u>三方组成。

4. 劳动争议申请仲裁的<u>时效</u>期间为<u>1</u>年。仲裁时效期间从知道或应当知道其权利被侵害之日起计算。

(1) 中断:当事人一方向对方当事人<u>主张权利</u>,或者向有关部门<u>请求权利救济</u>,或者对方当事人<u>同意履行义务</u>而中断。从中断时起,诉讼时效<u>重新计算</u>。

(2) 中止:因<u>不可抗力</u>或有<u>其他正当理由</u>,当事人不能在此时效期间内申请仲裁的,仲裁时效<u>中止</u>。从中止时效的原因消除之日起,仲裁时效继续计算。【注意:无"最后6个月"的限制。】

(3) <u>劳动关系存续</u>期间因拖欠劳动报酬发生争议的,劳动者申请仲裁<u>不受该仲裁时效的限制</u>;但是,劳动关系<u>终止</u>的,应当自劳动关系<u>终止之日起1年内提出</u>。

5. 当事人对仲裁裁决不服的,自<u>收到裁决书之日起15日内</u>,<u>可以向人民法院起诉</u>;期间不起诉的,裁决书即<u>发生法律效力</u>。

6. 集体合同争议的解决:协商解决不成的,可以申请仲裁;对仲裁裁决不服的,可以自<u>收到裁决书之日起15日内向人民法院起诉</u>。

【1Z304025 案例要点】

1. 概况:王某自行开发了一个新的软件,并保留了该软件的源代码且没有上交公司。按照公司章程,任何员工开发的软件及其知识产权属公司所有,不得被个人保留。公司与他解除合同。王某向公司所在地的劳动争议仲裁委员会提出仲裁申请。

2. 王某请求属于劳动仲裁的范围。

3. 用人单位可以解除劳动合同,因为王某的行为违反了公司的规章制度(随时解除)。

八、法律责任【记忆要点,其他详见教材1Z304026】

用人单位有下列情形之一,责令改正;逾期未支付的,责令用人单位按<u>应付金额50%以上</u>

100%以下的标准向劳动者加付赔偿金：
(1) 未按约定或国家规定及时足额支付的；
(2) 低于当地最低工资标准支付的；
(3) 安排加班不支付加班费的；
(4) 未按规定支付经济补偿的。

☞ **典型考题**

【例】某建筑企业的劳动争议调解委员会应由（　　）组成。
A. 企业的法定代表人与劳动行政部门的代表
B. 企业的工会代表与劳动行政部门的代表
C. 企业的职工代表、企业代表和同级工会代表
D. 企业的职工代表、企业代表和劳动行政部门的代表

☞ **参考答案**

C。

1Z304030 相关合同制度

☞ **考点精要**

一、承揽合同
指当事人按另一方的要求完成一定工作，并交付工作成果，后者接受工作成果并给付酬金的合同。

1. 除了建设工程施工合同、设计合同、勘察合同在性质上属于承揽合同外，建筑构件、配件的加工、定作、施工机械、设备维修、建筑模型制作、材料、试件的检测、设备、仪器的测试等等，均属于承揽。

2. 承揽合同以完成一定的工作并交付工作成果为标的。定作人关心的是工作成果的好坏，而不是工作过程。

3. 承揽人应当以自己的设备、技术和劳力完成主要工作。未经定作人同意，承揽人将承揽的主要工作交由第三人完成的，定做人可以解除合同；经定作人同意的，承揽人也应就第三人完成的工作成果向定作人负责。

4. 承揽人的义务和定作人的义务【类似于承包方、发包方的义务，注意不要混淆即可。】

5. 定作人任意解除合同的权利：定作人可以随时解除承揽合同。但是，如果因此造成承揽人损失的，定作人应当赔偿损失。

二、买卖合同
1. 特征：a. 一种转移财产所有权的合同；b. 有偿合同；c. 双务合同；d. 诺成合同。

2. 对相关事项约定不明应该采取的原则：合同生效后，当事人就质量、价款或者报酬、履行地点等内容没有约定或者约定不明确的，可以协议补充；不能达成补充协议的，按照合同有关条款或者交易习惯确定。仍确定不了的：

（1）质量要求不明确的，按照国家标准、行业标准履行；没有国家标准、行业标准的，按照通常标准或者符合合同目的的特定标准履行。

（2）对包装方式约定不明的，应当按照通用的方式包装，没有通用包装的，应当采取足以保护标的物的包装方式。

（3）价款或者报酬不明确的，按照订立合同时履行地的市场价格履行；依法应当执行政府定价或者政府指导价的，按照规定履行。

（4）执行政府定价或者政府指导价的，在合同约定的交付期限内政府价格调整时，按照交付时的价格计价。逾期交付标的物的，遇价格上涨时，按照原价格执行；价格下降时，按照新价格执行。逾期提取标的物或者逾期付款的，遇价格上涨时，按照新价格执行；价格下降时，按照原价格执行。（记忆诀窍：对违约者不利）

（5）对支付价款的地点约定不明的，买受人应当在出卖人的营业地支付。

（6）对支付价款的时间约定不明的，买受人应当在收到标的物或者提取标的物单证的同时支付。

3. 出卖人的主要义务：按照约定交付标的物；转移标的物所有权；瑕疵担保义务。

（1）除法律另有规定或当事人约定的外，标的物的所有权自交付时转移。但是出卖具有知识产权的计算机软件等标的物的，除法律另有规定或者当事人另有约定的以外，该标的物的知识产权不属于买受人。

（2）瑕疵担保分为权利瑕疵担保和物的瑕疵担保。

4. 买受人的主要义务：支付价款；受领标的物；对标的物进行检验和及时通知的义务。

（1）买受人收到标的物时应当在约定时间期间内检验；没有约定检验期间的，应当及时检验。

（2）没有约定检验期的，买受人在合理期间内未通知或者自标的物收到之日起2年内未通知出卖人的，视为数量和质量合格；但对标的物有质量保证的，适用质量保证期，不适用该两年的规定。

5. 标的物毁损的风险承担

（1）在标的物交付之前由出卖人承担，交付之后由买受人承担。因买受人原因致使标的物不能按照约定的期限交付的，买受人应当自违反约定之日起，承担风险。出卖人出卖交由承运人运输的在途标的物，除当事人另有约定的，风险自合同成立时由买受人承担。但在合同成立时出卖人知道或者应当知道标的物已经毁损、灭失却未告知买受人的，出卖人应当负担标的物毁损、灭失的风险。

（2）对于需要运输的标的物，当事人没有约定交付地点或约定不明的，出卖人将标的物交付给第一承运人后，风险由买受人承担。出卖人依约将标的物置于交付地点，买受人没有收取的，风险自违反约定之日起由买受人承担。

（3）出卖人未按约定交付有关标的物的单证和资料的，不影响风险转移。

（4）因标的物质量不符合质量要求，致使不能实现合同目的的，买受人可以拒绝接受标的物或解除合同,则标的物的风险由出卖人承担。

风险转移	情况	时间
	一般情况	交付转移
	买受人违约	违约之日起转移
	运输途中	合同成立时转移
	未约定交货地点	交付第一承运人时转移

6. 特殊买卖合同的规定

(1) 凭样品买卖:指标的物的品质须与特定的样品品质一致的买卖。凭样品买卖的买受人不知道样品有隐蔽瑕疵的,即使交付标的物与样品相同,出卖人交付的标的物的质量仍然应当符合同种物的通常标准。

(2) 试用买卖:出卖人将标的物交给买受人试用,买受人在试用期内决定是否购买的买卖。双方可以约定试用期,没有约定或约定不明的,可以协议补充;不能达成补充协议的,按照合同有关条款或交易习惯决定。仍不能确定的,由出卖人确定。试用期届满,买受人对是否购买标的物未作表示的,视为购买。

(3) 易货买卖:指以物易物的买卖。

7. 孳息的归属

(1) 交付之前产生的孳息,归出卖人所有;交付后产生的孳息,归买受人所有。

(2) 法定孳息,如出租人根据租赁合同收取的租金;出借人根据贷款合同取得的利息等。

8. 买卖合同的解除

(1) 出卖人分批交付标的物的,出卖人对其中一批不交付或交付不符合约定,致使不能实现合同目的,买受人可以就该批标的物解除。

(2) 出卖人对其中一批不交付或交付不符合约定,致使今后其他各批标的物的交付不能实现合同目的,买受人可以就该批及以后各批标的物解除。

(3) 分期付款的买受人未支付到期价款的金额达到全部价款的1/5的,出卖人有权要求买受人支付全部价款或者解除合同。出卖人解除合同的,可以向买受人要求支付该批标的物的使用费。

三、借款合同

1. 特征:

(1) 标的物是货币;(2) 一般为要式合同(书面形式),但自然人之间另有约定的除外;

(3) 一般是有偿合同,也可以是无偿合同(自然人之间的借款如果没有约定利息,视为无息)。

2. 双方义务:

(1) 贷款人不得利用自身优势地位预先在出借的本金中扣除利息,否则应返还差额并计算利息。

(2) 借款人应当按照约定的期限支付利息。对支付期限没有约定或约定不明的,协议补充;不能达成补充协议的,按照合同有关条款或者交易习惯确定。仍确定不了的:借款期间不满1年的,应当在返还借款时一并支付;借款期间1年以上的,应当在每届满1年时支付;剩余期间不满1年的,应当在返还借款时一并支付。

3. 自然人之间的借款合同(民间借贷)有特殊规则:

(1)不一定采用书面形式;(2)未约定利息的,视为无息;(3)是实践合同,自贷款人交付贷款时生效。(4)借款合同利息可以适当高于法定利率,但是最高不得超过银行同类贷款利率的4倍,且不允许复利。发现计算复利的,其利率超过银行同类贷款利率的4倍时,超过部分不予保护。

【1Z304033 案例要点】

1. 概况:沈某向李某借款10万元整,并出具了借据,但仅写明了借款数额和3个月的借款期限。3个月期满后,未还。2个月后,李某诉至法院,要求偿还本金和利息。

2. 10万元本金和期满后的利息,可以得到法院支持。但是,3个月期间的利息,不能得到法院支持。

四、租赁合同

1. 特征:

(1)出租人只转让使用收益权,而不转让其所有权;租赁合同终止时,承租人须返还租赁物。这是租赁合同区别于买卖合同的根本特征。

(2)是诺成合同;

(3)是双务、有偿合同。

2. 定期租赁:

(1)双方可以约定租赁期限,但租赁期限不得超过20年;超过20年的,超过部分无效。届满后,可以续订,自续订之日起也不能超过20年。

(2)租赁期限在6个月以下的,当事人可以自由选择合同形式;6个月以上的,应当采用书面形式,否则,无论当事人是否约定租赁期限,均视为不定期租赁。

3. 不定期租赁:

(1)当事人没有约定租赁期;定期租赁合同期限届满,承租人继续使用,出租人没有提出异议的,原合同继续有效,但租赁期限为不定期。

(2)对租赁期没有约定或约定不明的,协议补充;不能达成补充协议的,按照合同有关条款或者交易习惯确定。仍确定不了的:视为不定期租赁。当事人可以随时解除合同,但出租人解除合同应当在合理期限之前通知承租人。

4. 在租赁期间因占有、使用租赁物获得的收益,归承租人所有,但另有约定的除外。

五、融资租赁合同

出租人根据承租人对出卖人、租赁物的选择,向出卖人购买租赁物,提供给承租人使用,承租人支付租金的合同。

1. 法律特征:

(1)涉及出租人、出卖人和承租人三方主体。融资租赁合同由出卖人与买受人(即出租人)之间的买卖合同、出租人与承租人之间的租赁合同构成。但法律效力不是买卖和租赁两个合

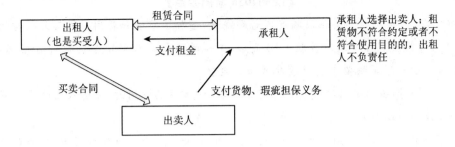

同效力的简单相加。

(2) 融资租赁合同中是由<u>出卖人</u>向<u>承租人</u>履行<u>交付标的物和瑕疵担保义务</u>,而不是向买受人(出租人)履行义务。即<u>承租人享有买受人的权利</u>,<u>但不承担买受人的义务</u>(因为是由出租人向出卖人付款)。

(3) <u>承租人</u>须向<u>出租人</u>履行<u>交付租金</u>的义务,但<u>出租人不负担租赁物的维修与瑕疵担保义务</u>。

(4) 是<u>要式合同</u>,应当采用书面形式。

2. 合同当事人的权利义务(记住几个关键的):

(1) <u>出租人的义务</u>:向<u>出卖人支付价金</u>;保证<u>承租人对租赁物的占有和使用</u>(出租人把租赁物的所有权转让给第三人时,<u>融资租赁合同对第三人仍然有效</u>);尊重承租人选择权的义务(根据承租人对出卖人、租赁物的选择订立的买卖合同;租赁物<u>不符合约定或者不符合使用目的的</u>,<u>出租人不承担责任</u>,但出租人干预选择租赁物的除外)。

(2) <u>出卖人的义务</u>:向承租人交付标的物;标的物的瑕疵担保义务。

(3) <u>承租人的义务</u>:向<u>出租人支付租金</u>;妥善保管;期满返还。

【1Z304035 案例要点】

1. 概况:A 医院与 B 卫生院签订 1 份融资租赁合同,约定由 A 医院负责向 B 指定的 C 医疗设备厂购买 2 台 CT 机和 1 台彩超机。之后,B 发现 1 台 CT 机经常出问题,就向 A 医院提出索赔。

2. A 医院不应当承担赔偿责任。因为"租赁物不符合约定或者不符合使用目的的,出租人不承担责任,但出租人干预选择租赁物的除外"。

六、运输合同

双务、有偿合同;标的是运输行为;诺成合同。

1. <u>收货人和托运人可以是同一人</u>。

2. 货物毁损灭失的赔偿义务:

(1) <u>承运人</u>对运输过程中货物的毁损、灭失承担损害赔偿责任;但由于<u>不可抗力</u>等原因的<u>除外</u>。

(2) 货物在运输过程中因不可抗力灭失,<u>未收取运费的</u>,承运人<u>不得要求支付运费</u>;已收取运费的,托运人可以要求返还。

【1Z304036 案例要点】

1. 概况：承运司机因为某路段路况不好而绕道，增加了路途和费用。第二天将货物运到工地，在卸货后建筑公司没有及时验收。10天后，工地的工作人员发现个别材料有损坏，向承运人提出赔偿。但承运司机要求支付额外增加的运费。

2. 承运人未按照约定路线或者通常路线运输，增加运输费用的，托运人或收货人可以拒绝支付增加部分的运输费用。因此增加的费用得不到支持。

3. 对于不能达成补充协议，也不能按照合同有关条款或交易习惯确定的，应当在合理期限内检验货物。因此不能要求赔偿。

七、仓储合同

一类特殊的保管合同。

1. 特征：(1) 是诺成合同，成立时生效，不以仓储物是否交付为要件。区别于保管合同（实践合同）的显著特征。

(2) 保管对象是动产，不动产不能作为仓储合同的保管对象，这是区别于保管合同的另一特征。

(3) 双务合同、有偿合同。逾期提取的，加收仓储费；提前提取的，不减收仓储费。

2. 存货人交付仓储物的，保管人应当给付仓单，并在仓单上签字或者盖章。

(1) 仓单是提取仓储物的凭证。(2) 存货人或者仓单持有人在仓单上背书（在仓单上签章并做必要的记载），并经保管人签字或者盖章的，可以转让提取仓储物的权利。

【1Z304037 案例要点】

1. 存货人转让仓单的，除存货人应在仓单上背书外，还应当由保管人签字或者盖章，仓单转让的行为才发生效力。

2. 案例中的仓单未经仓储公司签字或盖章，所以仓单转让并未生效。

八、委托合同

1. 委托合同未必是有偿合同，也可以是无偿合同。

(1) 委托人应当预付处理委托事务的费用。受托人为处理委托事务垫付的必要费用，委托人应当偿还该费用及利息。

(2) 无论委托合同是否有偿，委托人都有义务提供或偿还委托事务的必要费用。

2. 披露委托人或第三人的义务：

(1) 受托人以自己的名义与第三人订立合同时，第三人不知道受托人与委托人之间的代理关系的，受托人因第三人的原因对委托人不履行义务，受托人应当向委托人披露第三人，委托人因此可以行使受托人对第三人的权利；但第三人与受托人订立合同时如果知道该委托人就不会订立合同的除外。

(2) 受托人因委托人的原因对第三人不履行义务，受托人应当向第三人披露委托人，第三人因此可以选择受托人或者委托人作为相对人主张其权利，但第三人不得变更选定的相对人。

1. 买卖合同特征	2. 租赁合同特征	3. 运输合同特征	4. 仓储合同特征
双务、有偿、诺成合同 转移财产所有权	双务、有偿、诺成合同 只转让使用收益权,不转让所有权 终止时,承租人须返还租赁物	双务、有偿、诺成合同 标的是运输行为 收货人和托运人可是同一人	双务、有偿、诺成合同 保管对象是动产

5. 借款合同：a. 标的物是货币；b. 一般为要式合同(书面形式)；c. 一般是有偿合同；d. 一般为诺成合同
   但是，民间借贷特殊：a. 不一定采用书面形式；b. 未约定利息，视为无息；c. 是实践合同,自交付贷款时生效。d. 借款合同利息可以适当高于法定利率,但是最高不得超过银行同类贷款利率的4倍,且不允许复利。发现计算复利的,其利率超过银行同类贷款利率的 4 倍时,超过部分不予保护

6. 融资租赁：是要式合同

7. 委托合同：未必是有偿合同,也可以是无偿合同

☞ 典型考题

【例1】某工程需要租用钢管,双方约定租赁期限为 8 个月,则下列关于该租赁合同的说法,错误的是(   )。

A. 应以书面方式订立

B. 若以口头方式订立,则租赁期视为 6 个月

C. 若以口头方式订立,出租人可随时要求解除合同

D. 若以口头方式订立,承租人可随时要求解除合同

【例2】甲供应商向同一项目中的乙、丙两家专业分包单位供应同一型号材料,两份供货合同对材料质量标准均未约定。乙主张参照其他企业标准,丙主张执行总承包单位关于该类材料的质量标准,甲提出以降低价格为条件,要求执行行业标准,乙、丙表示同意,则该材料质量标准应达到(   )。

A. 国家标准	B. 行业标准

C. 总承包单位确定的标准	D. 其他企业标准

【例3】在下列选项中,不属于要式合同的是(   )。

A. 建设工程设计合同	B. 企业与银行之间的借款合同

C. 法人之间签订的保证合同	D. 自然人之间签订的借款合同

【例4】关于民事法律行为分类,以下说法错误的是(   )。

A. 民事法律行为可分为要式法律行为和不要式法律行为

B. 订立建设工程合同应当采取要式法律行为

C. 建设单位向商业银行的借贷行为属于不要式法律行为

D. 自然人之间的借贷行为属于不要式法律行为

【例5】依据《合同法》的规定,执行政府定价或政府指导价的合同,合同当事人一方逾期接受货物时,遇价格上涨,应(   )。

A. 按原价格执行	B. 按新价格执行

C. 按原价和新价的平均价执行	D. 按市场价执行

【例6】合同生效后,当事人发现部分工程的费用负担约定不明确,首先应当(   )确定费用负担的责任。

A. 按交易习惯 B. 依据合同的相关条款
C. 签订补充协议 D. 按履行义务一方承担的原则

【例7】某施工单位的工人张某向李某借款,则下列关于该借款合同的说法,错误的有( )。
A. 应以书面方式订立
B. 如果未约定利息,应按银行同类贷款利息计算
C. 利率不得低于银行同类贷款利率
D. 利率最高不得超过银行同类贷款利率的 4 倍
E. 可以复利计算

【例8】建筑公司与设备供应商签订建筑设备买卖合同,约定收到设备后 3 个月内由建筑公司支付设备款,由供应商负责交运输公司承运,运费由建筑公司收货后支付。运输途中,由于不可抗力,导致设备完全报废,则以下说法中正确的是( )。
A. 运输公司可以要求建筑公司支付运费
B. 设备公司可以要求建筑公司支付设备款
C. 建筑公司可以要求运输公司赔偿设备损失
D. 建筑公司可以要求设备供应商赔偿设备损失
E. 建筑公司不得要求设备的赔偿

☞ 参考答案

1. B;
2. B【要点:首先看有没有达成协议,题目中达成了一致】;
3. D; 4. C; 5. B; 6. C; 7. ABCE;
8. BE【要点:不可抗力导致的风险,"货物—买方承担";"运费—运输公司承担"】。

1Z305000 建设工程施工环境保护、节约能源和文物保护法律制度

考点分布及解析

知识点		2015年		2014年		2013年		2012年		2011年	
		单项选择题	多项选择题	单项选择题	多项选择题	单项选择题	多项选择题	单项选择题	多项选择题	单项选择题	多项选择题
建筑工程施工环境保护、节约能源和文物保护法律制度	施工现场环境保护制度	4		2	2	1		1		1	2
	施工节约能源制度	1	2	2		2	1	2			
	施工文物保护制度	2	2	2		1		1	2	1	

此章最近两年的考试分值在4~5分左右。

1Z305010 施工现场环境保护制度

考点精要

一、施工现场噪音污染的防治

1. 施工现场环境噪音：

(1) 建筑施工场界环境噪声排放限值，昼间70 dB(A)，夜间55 dB(A)。夜间噪音最大声级超过限值的幅度不得高于15 dB(A)。夜间，指晚22点至早6点之间。

(2) 在城市市区范围内，建筑施工过程中使用机械设备，可能产生环境噪声污染的，施工单位必须在工程开工15日以前向工程所在地县级以上地方人民政府环境保护行政主管部门申报。

(3) 在城市市区噪声敏感建筑物集中区域内，禁止夜间进行产生环境噪声污染的建筑施工作业，但抢修、抢险作业和因生产工艺上要求或者特殊需要必须连续作业的除外。因特殊需要必须连续作业的，必须有县级以上人民政府或者其有关主管部门的证明。以上规定的夜间作业，必须公告附近居民。

(4) "噪声敏感建筑物"是指医院、学校、机关、科研单位、住宅等需要保持安静的建筑物。

2. 建设项目噪声污染的防治：

(1) 可能产生环境噪声污染的，建设单位必须提出环境影响报告书，规定环境噪声污染的防治措施，并报环境保护行政主管部门审批。环境影响报告书中，应该有该建设项目所在地单

位和居民的意见。

（2）建设项目的环境噪声污染防治设施必须与主体工程同时设计、同时施工、同时投产使用。

（3）噪音敏感建筑物集中区域的高速公路、城市高架、轻轨铁路，有可能造成环境污染的，应当设置声屏障或其他有效措施；在已有城市交通干线的两侧建设噪声敏感建筑物的，建设单位应当按照国家规定间隔一定距离，并采取减轻、避免交通噪声影响的措施等。

3. 交通运输噪音：警车、消防车、工程抢险车、救护车等机动车辆，在执行非紧急任务时，禁止使用警报器。

4. 产生环境噪音污染的单位，要按规定缴纳超标排污费。超标排污费必须用于污染的防治，不得挪作他用。

二、施工现场大气污染的防治

1. 施工现场大气污染的防治

（1）企业事业单位和其他生产经营者向大气排放污染物的，应当依照法律法规和国务院环境保护主管部门的规定设置大气污染物排放口。

（2）建设单位应当将防治扬尘污染的费用列入工程造价，并在施工承包合同中明确施工单位扬尘污染防治责任。施工单位应当制定具体的施工扬尘污染防治实施方案。

施工单位应当在施工工地设置硬质围挡，并采取覆盖、分段作业、择时施工、洒水抑尘、冲洗地面和车辆等有效防尘降尘措施。建筑土方、工程渣土、建筑垃圾应当及时清运；在场地内堆存的，应当采用密闭式防尘网遮盖。工程渣土、建筑垃圾应当进行资源化处理。

施工单位应当在施工工地公示扬尘污染防治措施、负责人、扬尘监督管理主管部门等信息。

暂时不能开工的建设用地，建设单位应当对裸露地面进行覆盖；超过3个月的，应当进行绿化、铺装或者遮盖。

（3）禁止在人口集中地区和其他依法需要特殊保护的区域内焚烧沥青、油毡、橡胶、塑料、皮革、垃圾以及其他产生有毒有害烟尘和恶臭气体的物质。

（4）运输煤炭、垃圾、渣土、砂石、土方、灰浆等散装、流体物料的车辆应当采取密闭或者其他措施防止物料遗撒造成扬尘污染，并按照规定路线行驶。装卸物料应当采取密闭或者喷淋等方式防治扬尘污染。

贮存煤炭、煤矸石、煤渣、煤灰、水泥、石灰、石膏、砂土等易产生扬尘的物料应当密闭；不能密闭的，应当设置不低于堆放物高度的严密围挡，并采取有效覆盖措施防治扬尘污染。码头、矿山、填埋场和消纳场应当实施分区作业，并采取有效措施防治扬尘污染。

2. 施工现场大气污染的防治，重点是防治扬尘污染。《绿色施工导则》中规定：

（1）运送土方、垃圾、设备及建筑材料等，不污损场外道路。运输容易散落、飞扬、流漏的物料的车辆，必须采取措施封闭严密，保证车辆清洁。施工现场出口应设置洗车槽。

（2）土方作业阶段，采取洒水、覆盖等措施，达到作业区目测扬尘高度小于1.5米。

（3）结构施工、安装装饰装修阶段，作业区目测扬尘高度小于0.5米。易产生扬尘的堆放材料，采取覆盖措施；粉末状材料，封闭存放；浇筑混凝土前清理灰尘和垃圾时，尽量使用吸尘器,避免使用吹风器。

(4) 施工现场非作业区达到目测无扬尘的目标。

(5) 在场界四周隔挡高度位置测得的大气总悬浮颗粒物(TSP)月平均浓度与城市背景值的差值≤0.08毫克/立方米。

3. 对向大气排放污染物单位的监管

地方各级人民政府应当加强对建设施工和运输的管理,保持道路清洁,控制料堆和渣土堆放,扩大绿地、水面、湿地和地面铺装面积,防治扬尘污染。

从事房屋建筑、市政基础设施建设、河道整治以及建筑物拆除等施工单位,应当向负责监督管理扬尘污染防治的主管部门备案。

企业事业单位和其他生产经营者违反法律法规规定排放大气污染物,造成或者可能造成严重大气污染,或者有关证据可能灭失或者被隐匿的,县级以上人民政府环境保护主管部门和其他负有大气环境保护监督管理职责的部门,可以对有关设施、设备、物品采取查封、扣押等行政强制措施。

三、水污染的防治规定

1. 施工现场水污染的防治:

(1) 禁止向水体排放油类、酸液、碱液或剧毒废液。禁止在水体清洗装贮过油类或有毒污染物的车辆和容器。

(2) 禁止向水体排放或者倾倒放射性固体废弃物或者含有高放射性和中放射性物质的废水。向水体排放含低放射性物质的废水,必须符合国家有关放射防护的规定和标准。

(3) 禁止向水体排放、倾倒工业废渣、城镇垃圾和其他废弃物。禁止在江河、湖泊、运河、渠道、水库最高水位线以下的滩地和岸坡堆放、存贮固体废弃物和其他污染物。

(4) 在生活饮用水源地、风景名胜区水体、重要渔业水体和其他有特殊经济文化价值的水体的保护区内,不得新建排污口。在保护区附近新建排污口,必须保证保护区水体不受污染。

(5) 在无良好隔渗地层,禁止企业事业单位使用无防止渗漏措施的沟渠、坑塘等输送或者存贮含有毒污染物的废水、含病原体的污水和其他废弃物。

(6) 当基坑开挖抽水量大于50万立方米时,应进行地下水回灌,并避免地下水被污染。

2. 建设项目水污染的防治:

(1) 建设项目的水污染防治措施,应当与主体工程同时设计、同时施工、同时投入使用。

(2) 禁止在饮用水源一级保护区内新建、改建、扩建与供水设施和保护水源无关的建设项目;禁止在饮用水源二级保护区内新建、改建、扩建排放污染物的建设项目。

四、固定废弃物污染防治

1. 单位和个人,必须采取防扬散、防流失、防渗漏或其他防止污染环境的措施;不得擅自倾倒、堆放、丢弃、遗撒固体废物。

2. 对危险废物的容器和包装物以及收集、贮存、运输、处置危险废物的设施、场所,必须设置危险废物识别标志。以填埋方式处理危险废物的,应当缴纳危险废物排污费。

3. 禁止将危险废物与旅客在同一运输工具上载运。

4. 收集、贮存、运输、处理危险废物的场所、设施、设备和容器、包装物以及其他物品转作他用的,必须经过消除污染的处理,方可使用。

5.《绿色施工导则》的规定:

(1) 指定建筑垃圾减量化计划,如住宅建筑,每万平方米的建筑垃圾不宜超过400吨。

(2) 施工现场生活区设置封闭式垃圾容器,施工场地生活垃圾实行袋装化,及时清运。对建筑垃圾进行分类,并收集到现场封闭式垃圾站,集中运出。

(3) 需要配套建设的固体废物污染环境防治设施,必须与主体工程同时设计、同时施工、同时投入使用。

☞ 典型考题

【例1】下列各项,《水污染防治法》未作禁止规定的是(   )。
　　A. 向水体排放和倾倒工业废渣、城市垃圾和其他废弃物
　　B. 向水体排放油类、酸液、碱液
　　C. 向水体排放低放射性的废水
　　D. 向水体排放、倾倒低放射性固体废物

【例2】在城市市区噪声敏感区域内,禁止夜间进行产生噪声污染的施工作业,因特殊需要必须连续作业的,必须(   )。
　　A. 经附近居民所在单位的同意
　　B. 在居民小区代表监视下施工
　　C. 有县级以上人民政府或者其他有关主管部门的证明
　　D. 经居民小区业主委员会同意

【例3】某建筑公司实施了以下行为,其中符合我国环境污染防治法律规范的是(   )。
　　A. 将建筑垃圾倾倒在季节性干枯的河道里
　　B. 对已受污染的潜水和承压水混合开采
　　C. 冬季工地上工人燃烧沥青、油毡取暖
　　D. 直接从事收集、处置危险废物的人员必须接受专业培训

【例4】在城市市区范围内,施工过程中使用机械设备,可能产生环境噪声污染的,施工单位必须在工程开工(   )日前向工程所在地县及以上人民政府环境保护行政主管部门申报。
　　A. 10　　　　B. 15　　　　C. 20　　　　D. 30

【例5】根据环境保护相关法律法规,对于夜间因特殊需要必须连续作业的,说法正确的是(   )。
　　A. 可以直接进行
　　B. 有县级以上人民政府或者有关主管部门证明可以进行
　　C. 向所在地居民委员会或街道申请后可以进行
　　D. 不可以夜间进行

【例6】建设项目需要配套建设的环境保护设施,必须与主体工程(   )。

A. 同时规划　　　　　　　　B. 同时设计
C. 同时施工　　　　　　　　D. 同时竣工验收
E. 同时投产使用

☞ 参考答案

1. C；　2. C；　3. D；　4. B；　5. B；　6. BCE；

1Z305020　施工节约能源制度

☞ 考点精要

一、包括建筑节能和施工节能

1. 民用建筑节能：是指在保证民用建筑使用功能和室内热环境质量的前提下，降低其使用过程中能源消耗的活动。

2.《绿色施工导则》中，绿色施工指在保证质量、安全等基本要求的前提下，实现四节一环保（节能、节地、节水、节材和环境保护）。

3. 国家限制发展高污染行业，发展节能环保型产业。国家对落后的耗能过高的用能产品、设备和生产工艺实行淘汰制度。禁止使用国家明令淘汰的用能设备、生产工艺。鼓励企业制定严于国家标准、行业标准的企业节能标准。

4. 用能单位应按照规定配备和使用经依法鉴定合格的能源计量器具。任何单位不得对能源消费实行包费制。

5. 禁止生产、进口、销售列入淘汰名录的设备、材料和产品，禁止使用列入淘汰名录的技术、工艺、设备和材料。

二、建筑节能的规定

1. 不符合建筑节能标准的建筑工程，建筑主管部门不得批准开工建设；已经开工建设的，应当责令停止施工，限期改正；已经建成的，不得销售或者使用。

2. 国家鼓励在新建建筑和既有建筑节能改造中使用新型墙体材料等节能建筑材料和节能设备，安装和使用太阳能等可再生能源利用系统。

3. 建设工程的建设、设计、施工和监理单位应当遵守建筑节能标准。

（1）施工图设计文件审查机构应按民用建筑节能标准对施工图设计文件进行审查。不满足的，不得颁发施工许可证。

（2）建设单位不得明示或者暗示设计单位、施工单位违反民用建筑节能强制性标准进行设计、施工。建设单位组织竣工验收，应当对是否符合节能强制性标准进行查验。不符合的，不出具竣工验收合格报告。

（3）设计单位、施工单位、监理单位应当按照民用建筑节能强制性标准进行设计、施工、监理。

4. 既有建筑节能：

(1) 指对不符合民用建筑节能强制性标准的既有建筑的<u>维护结构</u>、<u>供热系统</u>、<u>采暖制冷系统</u>、<u>照明设备</u>和<u>热水供应设施</u>等实施节能改造的活动。

(2) 实施既有建筑节能改造，应当符合民用建筑节能强制性标准，<u>优先</u>采用<u>遮阳</u>、<u>改善通风</u>等低成本改造措施。

5. 节能激励措施：财政安排节能专项资金；税收优惠；信贷支持；价格政策；表彰奖励。

【1Z305023 案例要点】

(1) 概况：由建设单位负责采购墙体材料、保温材料等。施工单位在以上材料设备进入施工现场后，便直接用于工程，导致 1 期工程验收不合格。

(2) 施工单位应当对进入施工现场的墙体材料、保温材料、门窗、采暖制冷系统和照明设备进行查验，不符合施工图设计文件的，不得使用。施工单位未进行查验，对施工单位处<u>10 万～20 万元</u>的罚款。

☞ 典型考题

【例 1】以下关于建筑节能的说法，错误的是（　　）。
　　A. 企业可以制定严于国家标准的企业节能标准
　　B. 国家实行固定资产项目节能评估和审查制度
　　C. 不符合强制性节能标准的项目不得开工建设
　　D. 省级人民政府建设主管部门可以制定低于行业标准的地方建筑节能标准

【例 2】下列关于民用建筑节能的表述正确的是（　　）。
　　A. 对不符合节能强制性标准的项目，建设行政主管部门不得颁发建设工程规划许可证
　　B. 对既有建筑实施节能改造，优先采用向阳、改善通风等低成本改造措施
　　C. 国家要求在新建建筑中必须安装和使用太阳能等可再生资源利用系统
　　D. 企业可以制定严于国家、行业能耗标准的企业节能标准

☞ 参考答案

1. D；　2. D；

1Z305030 施工文物保护制度

☞ 考点精要

一、属于国家所有的文物范围

1. 属于国家所有的<u>不可移动</u>的文物范围：

(1) 古文化遗址、古墓葬、石窟寺属于国家所有。国家指定保护的纪念建筑物、古建筑、石

刻、壁画、近代现代代表性建筑等不可移动文物,除国家另有规定的以外,属于国家所有。

(2) 国有不可移动文物的所有权<u>不因其所依附的土地所有权或者使用权的改变而改变</u>。

2. 属于国家所有的<u>可移动</u>的文物范围:

(1) 中国境内出土的文物,国家另有规定的除外;

(2) 国有文物收藏单位以及其他国家机关、部队和国有<u>企业、事业组织</u>等收藏、保管的文物;

(3) 国家征集、购买的文物;

(4) 公民、法人和其他组织捐赠给国家的文物;

(5) 法律规定的其他文物。

(6) 属于国家所有的可移动文物的所有权不因其保管、收藏单位的<u>终止</u>或者变更而改变。

3. 国家所有的<u>水下文物</u>:遗存于<u>中国内水</u>、<u>领海</u>内的一切起源于<u>中国</u>的、起源国不明的和<u>起源于外国</u>的文物,以及遗存于中国领海以外依照中国法律由中国管辖的其他海域内的起源于中国和起源国不明的文物,归国家所有。

4. 遗存于<u>外国</u>领海以外的其他管辖海域以及公海区域内的起源于中国的文物,国家享有辨认器物物主的权利。

5. 属于集体所有和私人所有的<u>纪念建筑物</u>、<u>古建筑和祖传文物</u>以及依法取得的其他文物,其<u>所有权</u>受法律保护。

二、在历史文化名城、名镇、名村保护范围内

1. <u>禁止</u>进行下列活动:

(1) <u>开山</u>、<u>采石</u>、<u>开矿</u>等破坏传统格局和历史风貌的活动;

(2) 占用<u>保护规划</u>确定保留的园林绿地、河湖水系、道路等;

(3) 修建生产、储存爆炸性、易燃性、放射性、毒害性、腐蚀性物品的工厂、仓库等;

(4) 在历史建筑上<u>刻划</u>、<u>涂污</u>。

2. 进行下列活动(<u>可以进行的</u>),应当保护其传统格局、<u>历史风貌</u>和<u>历史建筑</u>,报有关部门批准:

(1) <u>改变园林绿地</u>、河湖水系等自然状态的活动;

(2) 在核心保护范围内进行<u>影视摄制</u>、举办大型群众性活动;

(3) 其他影响传统格局、历史风貌或历史建筑的活动。

三、在文物保护单位的保护范围和建设控制地带内,不得建设<u>污染</u>文物保护单位及其环境的设施,不得进行可能影响文物保护单位<u>安全</u>及其环境的活动

1. 文物保护单位的<u>建设控制地带</u>,指在文物保护单位的保护范围<u>外</u>,为保护文物保护单位的安全、环境、历史风貌对建设项目加以<u>限制</u>的区域。

2. 承担文物保护单位的修缮、迁移、重建工程的单位应当具有相应的资质证书。

(1) 应同时取得<u>文物保护主管部门</u>发给的相应等级的<u>文物保护工程资质证书</u>和建设行政主管部门发给的相应等级的<u>资质证书</u>。

(2) <u>不涉及</u>建筑活动的文物保护单位的修缮、迁移、重建,应当由取得<u>文物行政主管部门</u>发给的相应等级的<u>文物保护工程资质证书</u>的单位承担。

(3)申领文物保护工程资质证书,应当具备下列条件:有取得文物博物专业技术职务的人员;有从事文物保护工程所需的技术设备;其他。

3. 任何单位或个人不得损坏或者擅自迁移、拆除历史建筑。

4. 文物保护单位的保护范围内不得进行其他建设工程或者爆破、钻探、挖掘等作业。

(1)因特殊需要进行以上作业的,必须保证文物保护单位的安全,并经核定公布该文物保护单位的人民政府批准,在批准前应当征得上一级人民政府文物行政部门同意。

(2)在全国重点文物保护单位的保护范围内进行上述作业的,必须经省、自治区、直辖市人民政府批准,在批准前应当征得国务院文物行政部门同意。

(3)工程设计方案应当根据文物保护单位的级别,经相应的文物行政部门同意后,报城乡建设规划部门批准。

四、施工发现文物报告和保护

1. 地下埋藏的文物,任何单位或个人都不得私自挖掘。考古挖掘的文物,任何单位或个人不得侵占。

2. 施工中,任何单位或个人发现文物,应当保护现场,立即报告当地文物行政部门;文物行政部门接到报告后,应当在24小时内赶赴现场,并在7日内提出处理意见。

3. 文物属于国家所有,任何单位和个人不得哄抢、私分、藏匿。

五、法律责任【记忆要点,其他详见教材1Z305034】

发现文物隐匿不报或者拒不上交的:尚不构成犯罪的,由县级以上人民政府文物主管部门会同公安机关追缴文物;情节严重的,处5 000元以上5万元以下的罚款。

☞ **典型考题**

【例1】文物行政部门接到发现文物的报告后,应当在(　　)内赶赴现场。
　　　A. 2小时　　　B. 7小时　　　C. 24小时　　　D. 48小时

【例2】不涉及建筑活动的文物保护单位的修缮、迁移、重建,应当由(　　)的相应等级的单位承担。
　　A. 取得文物行政主管部门发给的文物保护工程资质证书
　　B. 取得文物保护主管部门发给的文物保护工程资质证书和建设行政主管部门发给的相应等级的资质证书
　　C. 取得文物保护主管部门发给的文物保护工程资质证书或建设行政主管部门发给的相应等级的资质证书
　　D. 建设行政主管部门发给的相应等级的资质证书

☞ **参考答案**

1. C; 2. A。

1Z306000 建设工程安全生产法律制度

☞ 考点分布及解析

知识点		2015年		2014年		2013年		2012年		2011年	
		单项选择题	多项选择题	单项选择题	多项选择题	单项选择题	多项选择题	单项选择题	多项选择题	单项选择题	多项选择题
建筑工程安全生产法律制度	施工安全生产许可证制度	2		1		3	4	1		2	2
	施工安全生产责任和安全生产教育培训制度	3	4	1	2	1	4	5	2	4	2
	施工现场安全防护制度	4	4	2	2	5		2		1	2
	施工安全事故的应急救援与调查处理	2	2	1	2	2	2	1	2	1	2
	建设单位和相关单位的建设工程安全责任制度	2		2	2	4	2	3	2	2	4

此章最近两年的考试分值在18~22分,每个部分都是重点内容,分布相对均匀。

1Z306010 施工安全生产许可证制度

☞ 考点精要

一、安全生产许可证的取得条件

1. 建立、健全安全生产责任制,制定完备的安全生产规章制度和操作规程。
2. 保证本单位安全生产条件所需资金的投入;满足以下安全生产支出【注意:不包括工伤赔偿用途】:
   (1) 完善、改造和维护安全设施、设备评价和管理制度;
   (2) 配备应急救援器材、设备支出;
   (3) 作业人员劳动防护用品支出;
   (4) 安全生产检查与评价支出;
   (5) 重大危险源、重大事故隐患的评估、整改、监控支出;
   (6) 安全技能培训支出;应急救援演练支出。
3. 设置安全生产管理机构,按照国家有关规定配备专职安全生产管理人员。
4. 主要负责人、项目负责人、专职安全生产管理人员经建设主管部门或者其他有关部门考核合格。

5. 特种作业人员经有关业务主管部门考核合格,取得特种作业操作资格证书。
6. 管理人员和作业人员每年至少进行1次安全生产教育培训并考核合格。
7. 依法参加工伤保险,依法为施工现场从事危险作业的人员办理意外伤害保险,为从业人员交纳保险费。
8. 施工现场的办公、生活区及作业场所和安全防护用具、机械设备、施工机具及配件符合有关安全生产法律、法规、标准和规程的要求。
9. 有职业危害防治措施,并为作业人员配备符合国家标准或者行业标准的安全防护用具和安全防护服装。
10. 有对危险性较大的分部分项工程及施工现场易发生重大事故的部位、环节的预防、监控措施和应急预案。
11. 有生产安全事故应急救援预案、应急救援组织或者应急救援人员,配备必要的应急救援器材、设备。

二、安全生产许可证

1. 申请提供的材料:安全生产许可证申请表;营业执照;与申请安全生产许可证相关的文件、资料。
2. 安全生产许可证的有效期为3年。
(1) 期满需要延期的,应当于期满前3个月向颁发机关办理延期手续。
(2) 企业在安全生产有效期内,严格遵守有关安全生产的法律法规,未发生死亡事故的,安全生产有效期届满时,经原安全生产许可证颁发管理机关同意,不再审查,有效期延期3年。
(3) 建筑施工企业变更名称、地址、法定代表人等,应当在变更后10日内,到原安全生产许可证颁发管理机关办理安全生产许可证变更手续。建筑施工企业破产、倒闭、撤销的,应当将安全生产许可证交回原安全生产许可证颁发管理机关予以注销。
(4) 建筑施工企业遗失安全生产许可证,应当立即向原安全生产许可证颁发管理机关报告,并在公众媒体上声明作废后,方可申请补办。

三、政府监管

1. 未取得安全生产许可证的,不得从事建筑施工活动。没有取得安全生产许可证的,不得颁发施工许可证。
2. 企业不得转让、冒用安全生产许可证或者使用伪造的安全生产许可证。
3. 企业取得安全生产许可证后,不得降低安全生产条件,并应当加强日常安全生产管理,接受安全生产许可证颁发管理机关的监督检查。
4. 可以撤销已经颁发的安全生产许可证的情形:
(1) 颁发管理机关工作人员滥用职权、玩忽职守;
(2) 超越法定职权颁发;
(3) 违反法定程序颁发;
(4) 对不具备条件的企业颁发。

四、法律责任【记忆要点,其他内容详见教材1Z306013】

1. 未取得安全生产许可证擅自进行生产的,责令停止生产,没收违法所得,并处10万元以上50万元以下的罚款;造成重大事故或其他严重后果,构成犯罪的,依法追究刑事责任。

2. 转让安全生产许可证的,也是处10万元以上50万元以下的罚款。

3. 有效期满未办理延期手续继续从事施工活动的,责令停止施工,限期补办手续,没收违法所得,并处5万元以上10万元以下罚款。

4. 以不正当手段取得安全生产许可证:

(1) 隐瞒有关情况或提供虚假材料:1年内不得申请。

(2) 以欺骗或贿赂等不正常手段:3年内不得申请。

☞ 典型考题

【例1】下列关于安全生产许可证申请与管理制度的说法,正确的是( )。
 A. 原颁证机关的审查是办理安全生产许可证延期的必经程序
 B. 原颁证机关发现施工单位不再具备相应条件的,应暂扣或吊销安全生产许可证
 C. 施工单位遗失安全生产许可证后,应于补办后立即登报声明原证作废
 D. 未取得施工许可证的,不能颁发安全生产许可证

【例2】安全生产许可证的有效期为( )年。
 A. 2   B. 3   C. 4   D. 5

【例3】下列选项中,属于建筑施工企业取得安全生产许可证应当具备的安全生产条件是( )。
 A. 在城市规划区的建筑工程已经取得建设工程规划许可证
 B. 依法参加工伤保险,依法为施工现场从事危险作业人员办理意外伤害保险,为从业人员交纳保险费
 C. 施工场地已基本具备施工条件,需要拆迁的,其拆迁进度符合施工要求
 D. 有保证工程质量和安全的具体措施

【例4】根据《建筑施工企业安全生产许可证管理规定》,( )不是施工企业取得安全生产许可证必须具备的条件。
 A. 建立、健全安全生产责任制
 B. 保证本单位安全生产条件所需资金的有效使用
 C. 设置安全生产管理机构
 D. 依法参加工伤保险

☞ 参考答案

1. B【要点:A选项中,如果没有发生死亡事故的,不再审查,因此不是必经程序】;
2. B; 3. B; 4. B。

1Z306020 施工安全生产责任和安全生产教育培训制度

考点精要

一、施工单位的安全生产责任

1. 方针：安全第一、预防为主、综合治理。

2. 安全生产责任制是施工单位最基本的安全管理制度，是施工单位安全生产的核心和中心环节。

3. 施工单位主要负责人依法对本单位的安全生产工作全面负责。（在这里，"主要负责人"并不仅限于施工单位的法定代表人）

职责：建立、健全本单位安全生产投入的有效实施；组织制定本单位安全生产规章制度和操作规程；保证本单位安全生产投入的有效实施；督促、检查本单位的安全生产工作，及时消除生产安全事故隐患；组织制定并实施本单位的生产安全事故应急救援预案；及时、如实报告生产安全事故；组织制定并实施本单位安全生产教育和培训计划。

国有大中型企业和规模以上企业要建立安全生产委员会，主任由董事长或总经理担任，董事长、党委书记、总经理对安全生产工作均负有领导责任，企业领导班子成员和管理人员实行安全生产"一岗双责"。

4. 矿山、金属冶炼、建筑施工、道路运输单位和危险物品的生产、经营、储存单位，应当设置安全生产管理机构或者配备专职安全生产管理人员。

生产经营单位的安全生产管理机构以及安全生产管理人员职责：组织或者参与拟订本单位安全生产规章制度、操作规程和生产安全事故应急救援预案；组织或者参与本单位安全生产教育和培训，如实记录安全生产教育和培训情况；督促落实本单位重大危险源的安全管理措施；组织或者参与本单位应急救援演练；检查本单位的安全生产状况，及时排查生产安全事故隐患，提出改进安全生产管理的建议；制止和纠正违章指挥、强令冒险作业、违反操作规程的行为；督促落实本单位安全生产整改措施。（特点是比较宏观的工作）

5. 项目专职安全生产管理人员的职责：负责施工现场安全生产日常检查并做好检查记录；现场监督危险性较大工程安全专项施工方案实施情况；对作业人员违规违章行为有权予以纠正或查处；对施工现场存在的安全隐患有权责令立即整改；对于发现的重大安全隐患，有权向企业安全生产管理机构报告；依法报告生产安全事故情况。（特点是比较具体的工作）

6. 建筑施工企业安全生产管理机构专职安全生产管理人员的配备：

	施工总承包（不少于）	专业承包（不少于）
特级	6	******
一级	4	3
二级及以下	3	2
	劳务分包企业（不少于）	分公司、区域公司等较大的分支机构（不少于）
不分级别	2	2

【记忆技巧:一"4";特"6";临界值是3;最小值是2】

7. 总承包单位、分包单位配备项目专职安全生产管理人员的要求:

	建筑面积配(建筑、装修)	造价配(土木工程等)	人数(不少于)
总承包单位	1万平方米以下 1万~5万平方米 5万平方米以上	5 000万元以下 5 000万~1亿元 1亿元以上	1 2 3(且按专业配专职安全管理人员)
专业承包	至少1人		
劳务分包	50人以下 50~200人 200人以上		1 2 3(且不得少于总人数的5‰)

8. 施工作业班组可以设置兼职安全巡查员。

9. 企业主要负责人和领导班子成员要轮流现场带班。

(1) 企业负责人带班检查是指建筑施工企业负责人带队实施对工程项目质量安全生产状况及项目负责人带班生产情况的检查。

(2) 建筑施工企业负责人,是指企业的法定代表人、总经理、主管质量安全和生产工作的副总经理、总工程师和副总工程师。

(3) 建筑施工企业负责人要定期带班检查,每月检查时间不少于其工作日的25%。

10. 事故隐患:物的不安全状态、人的不安全行为和管理上的缺陷。

(1) 重大安全隐患实行逐级挂牌督办、公告制度。

(2) 建筑施工企业是房屋市政工程生产安全重大隐患排查治理的责任主体。企业及工程项目的主要负责人对重大隐患排查治理工作全面负责。特别是对深基坑、高支模、地铁隧道等技术难度大、风险大的重要工程应重点定期排查。

11. 建立群防群治制度:充分发挥广大职工的积极性,加强群众性的监督检查工作。遵守法规,不得违章作业;对于危及生命安全和身体健康的行为有权提出批评、检举和控告。

二、施工项目负责人的安全责任

1. 项目负责人的安全责任主要包括:

(1) 对建设工程项目的安全施工负责;

(2) 落实安全生产责任制度、安全生产规章制度和操作规程;

(3) 确保安全生产费用的有效使用;

(4) 根据工程的特点组织制定安全施工措施,消除安全事故隐患;

(5) 及时、如实报告生产安全事故。

2. 项目负责人对项目的施工过程全面负责。项目负责人经施工单位法定代表人授权,选调技术、生产、材料、成本等管理人员组成项目管理班子,代表施工单位在本工程项目上履行管理职责。

3. 项目负责人是工程项目质量安全管理的第一责任人,应对工程项目落实带班制度负责。

(1) 项目负责人在同一时期只能承担一个工程项目的管理工作;

(2) 项目负责人每月带班生产时间不得少于本月施工时间的80%。

三、施工总承包单位和分包单位的安全责任

1. 施工现场安全由建筑施工企业负责。建设工程实行施工总承包的,由总承包单位对施工现场的安全生产负总责。分包单位向总包单位负责,服从总包单位对施工现场的安全生产管理。

2. 总承包单位的安全责任:

(1) 分包合同应当明确总分包双方的安全生产责任。

(2) 由总承包单位统一编制建设工程生产安全应急救援预案;总包和分包单位按照应急救援预案,各自建立应急救援组织或配备应急救援人员,配备救援器材、设备,并定期进行演练。

(3) 负责向有关部门上报生产安全事故。实行施工总承包的,由总承包单位负责上报事故。

(4) 自行完成建设工程主体结构施工。

(5) 总承包单位和分包单位对分包工程的安全生产承担连带责任。

3. 分包单位的安全责任:

(1) 分包单位向总承包单位负责,服从总包单位对施工现场的安全生产管理。

(2) 分包单位应当服从总承包单位的安全生产管理,分包单位不服从管理导致生产安全事故的,由分包单位承担主要责任。

四、安全生产中从业人员的权利和义务

1. 权利:

(1) 知情权和建议权:从业人员有权了解其作业场所和工作岗位存在的危险因素、防范措施及事故应急措施。施工单位应当向作业人员提供安全防护用具和安全防护服装,并书面告知危险岗位的操作规程和违章操作的危害。

(2) 施工安全防护用品的获得权。一般包括安全帽、安全带、安全网、安全绳和其他(防护鞋、防护服装、口罩)。

(3) 批评权和检举、控告权。作业人员对危及生命安全和人身健康的行为有权提出批评、检举和控告。

(4) 有权拒绝违章指挥和强令冒险作业。

(5) 紧急避险权:从业人员发现直接危及人身安全的紧急情况时,有权停止作业或者在采取可能的应急措施后撤离作业场所。但是,作业人员在行使这项权利时也不能滥用:一是危及人身安全的紧急情况必须有确实可靠的直接依据,仅凭个人猜测或者误判而实际并不属于危及人身安全的紧急情况除外;二是紧急情况必须直接危及人身安全,间接或可能危及人身安全的情况不应撤离,而应采取有效处理措施;三是出现紧急情况时,首先是停止作业,然后要采取可能的应急措施,在采取紧急措施无效时再撤离作业场所。

(6) 获得工伤保险和意外伤害保险赔偿的权利。

《建筑法》规定,建筑施工企业应当依法为职工参加工伤保险缴纳工伤保险费。鼓励企业为从事危险作业的职工办理意外伤害保险,支付保险费。

(7) 请求民事赔偿权:因生产安全事故受到损害的从业人员,除依法享有工伤社会保险外,依照有关民事法律尚有获得赔偿的权利的,有权向本单位提出赔偿要求。

2. 义务：

(1) 遵守安全生产规章制度的义务。从业人员在作业过程中，应当遵守本单位的安全施工的强制性标准、规章制度和操作规程，正确使用安全防护用具、机械设备等。

(2) 接受安全生产教育培训的义务。作业人员在进入新的岗位或者新的施工现场前，应当接受安全生产教育培训。

(3) 安全事故隐患报告的义务。作业人员发现事故隐患或其他不安全因素，应当立即向现场安全生产管理人员或本单位负责人报告；接到报告的人员应及时处理。

【注意：权利和义务的混合考法。】

五、安全生产教育培训

1. 生产经营单位的主要负责人和安全生产管理人员必须具备与本单位所从事的生产经营活动相应的安全生产知识和管理能力。建筑施工、道路运输单位的主要负责人和安全生产管理人员，应当由主管的负有安全生产监督管理职责的部门对其安全生产知识和管理能力考核合格，考核不得收费。

(1) 三类管理人员：主要负责人、项目负责人、专职安全生产管理人员经建设主管部门或其他有关部门考核合格方可任职。

(2) 施工单位的主要负责人要对本单位的安全生产工作全面负责，项目负责人对所负责的建设工程项目的安全生产工作全面负责，安全生产管理人员更是要具体承担本单位日常的安全生产管理工作。

2. 特种作业人员取得特种作业操作资格证书后，方可上岗作业。包括：垂直运输机械作业人员、安装拆卸工、爆破作业人员、起重信号工、登高架设作业人员等（还包括焊接与热切割、高处作业等）。

建筑施工特种作业还包括：建筑电工、建筑架子工、建筑起重信号司索工、建筑起重机械司机、建筑起重机械安装拆卸工、高处作业吊篮安装拆卸工。

3. 生产经营单位应当对从业人员进行安全生产教育和培训，保证从业人员具备必要的安全生产知识，熟悉有关的安全生产规章制度和安全操作规程，掌握本岗位的安全操作技能，了解事故应急处理措施，知悉自身在安全生产方面的权利和义务。未经安全生产教育和培训合格的从业人员，不得上岗作业。施工单位应当对管理人员和作业人员每年至少进行1次全员安全生产教育培训。

4. 作业人员进入新的岗位或者新的施工现场前，应当接受安全生产教育培训。建筑企业要对新职工进行至少32学时的安全培训，每年进行至少20学时的再培训。

5. 在采用新技术、新工艺、新设备、新材料时，应当对作业人员进行相应的安全生产教育培训。

6、高危企业新职工安全培训合格后，要在经验丰富的工人师傅带领下，实习至少2个月后方可独立上岗。工人师傅一般应当具备中级工以上技能等级，3年以上相应工作经历。

六、法律责任【记忆要点，其他详见教材 1Z306026】

1. 施工单位挪用列入建设工程概算的安全生产作业环境及安全施工措施所需费用的，责令限期改正,处挪用费用的20%以上50%以下的罚款。

2. 建设单位、设计单位、施工单位、工程监理单位违反国家规定,降低质量标准,造成重大安全事故的,对直接责任人员,处5年以下有期徒刑或拘役,并处罚金;后果特别严重的,处5年以上10年以下有期徒刑,并处罚金。

3. 施工单位的主要负责人、项目负责人有强令他人违章冒险作业的,或未履行安全管理职责的,尚不够刑事处罚的,处2万元以上20万元以下罚款或给予处分;自刑罚执行完毕或处分之日起,5年内不得担任任何施工单位的主要负责人、项目负责人。

4. 注册执业人员未执行法律、法规和工程建设强制性标准的,责令停止执业3个月以上1年以下;情节严重的,吊销执业资格证书,5年内不予注册;造成重大安全事故的,终身不予注册。

5. 强令他人违章冒险,因而发生重大伤亡事故的,处5年以下有期徒刑或拘役;情节特别恶劣的,处5年以上有期徒刑。

6. 安全生产设施或安全条件不符合国家规定,因而发生重大伤亡事故或其他严重后果的,对直接负责的主管人员和其他直接责任人员,处3年以下有期徒刑或拘役;情节特别恶劣的,处3年以上7年以下有期徒刑。

☞ 典型考题

【例1】下列关于施工单位安全生产责任制度的说法,正确的是(   )。
　　A. 施工单位主要负责人仅指施工单位法定代表人
　　B. 专职安全生产管理人员对项目的安全施工负责
　　C. 专职安全生产管理人员应常驻现场对安全生产进行监督检查
　　D. 规模较小,可以指定兼职的安全生产管理人员

【例2】根据《建设工程安全生产管理条例》的规定,属于施工单位安全责任的是(   )。
　　A. 提供相邻构筑物的有关资料
　　B. 编制安全技术措施及专项施工方案
　　C. 办理施工许可证时报送安全施工措施
　　D. 提供安全施工措施费用

【例3】下列职责中,不属于施工单位消防安全职责的是(   )。
　　A. 制定施工现场的消防安全制度　　B. 向有关部门报审消防设计图纸
　　C. 对施工人员进行消防宣传教育　　D. 定期检修施工现场的消防器材

【例4】不需要经有关主管部门对其安全生产知识和管理能力考核合格就可以任职的岗位是(   )。
　　A. 施工企业的总经理　　　　　　　B. 施工项目的负责人
　　C. 施工企业的技术负责人　　　　　D. 施工企业的董事

【例5】总承包单位将其承揽的工程依法分包给专业承包单位。工程主体结构施工过程中发生了生产安全事故,专业承包单位由此开始质疑总承包单位的管理能力,并一再违反总承包单位的安全管理指令,导致重大生产安全事故,则关于本工程的安全生产管理,下列

说法中,正确的有( )。

　　A. 总承包单位对施工现场的安全生产负总责

　　B. 专业承包单位应服从总承包单位的安全生产管理

　　C. 总承包单位与专业承包单位对全部工程的生产安全事故承担连带责任

　　D. 专业承包单位对该重大生产安全事故承担主要责任

　　E. 分包合同中应明确双方的安全生产方面的权利与义务

【例6】施工单位的项目负责人的安全生产责任主要包括( )。

　　A. 制定安全生产规章制度和操作规程　B. 确保安全生产费用的投入

　　C. 组织制定安全施工措施　　　　　　D. 消除安全事故隐患

　　E. 及时、如实报告生产安全事故

☞ **参考答案**

1. C；2. B；3. B；4. D；5. ABDE；6. CDE。

1Z306030 施工现场安全防护制度

☞ **考点精要**

一、施工单位在施工组织设计中应当编制安全技术措施和施工现场临时用电方案

　　1. 安全技术措施:在防护上、技术上和管理上采取的措施。

　　2. 可以分为防止事故发生的安全技术措施、减少事故损失的安全技术措施。

　　3. 临时用电方案。临时用电设备在5台及以上或设备总容量在50 kW及以上者,应编制用电组织设计;否则,应制定安全用电和电气防火措施。

二、编制安全专项施工方案

　　1. 对下列达到一定规模的危险性较大的分部分项工程编制专项施工方案,并附具安全验算结果,经施工单位技术负责人、总监理工程师签字后实施,由专职安全生产管理人员进行现场监督:(1) 基坑支护与降水工程;(2) 土方开挖工程;(3) 模板工程;(4) 起重吊装工程;(5) 脚手架工程;(6) 拆除、爆破工程。

　　2. 对前款所列工程中涉及深基坑、地下暗挖工程、高大模板工程的专项施工方案,施工单位还应当组织专家进行论证、审查。

　　3. 编制:

　　(1) 实行施工总承包的,专项方案应当由施工总承包单位组织编制。其中机械安装拆卸工程、深基坑工程、附着式升降脚手架等专业工程实行分包的,其专项方案可以由专业承包单位组织编制。

　　(2) 专项施工方案的内容包括:工程概况;编制依据;施工计划;施工工艺参数;施工安全保证措施;劳动力计划;计算书及相关图纸。

4. 审核：

(1) 实施施工总承包的，专项方案应当由总承包单位技术负责人及相关专业承包单位技术负责人签字。不需专家论证的，经施工单位审核合格后报监理单位，由项目总监理工程师审核签字。

(2) 超过一定规模的危险性较大的分部分项工程专项方案应当由施工单位组织召开专家论证会。实行施工总承包的，由施工总承包单位组织召开专家论证会。施工单位应当根据论证报告修改完善专项方案，并经施工单位技术负责人、项目总监理工程师、建设单位项目负责人签字后，方可组织实施。实行施工总承包的，应当由施工总承包单位技术负责人及相关专业承包单位技术负责人签字。

签字汇总	
专项方案（不需论证）	总承包单位技术负责人、相关专业承包单位技术负责人、总监理工程师
需论证	施工单位技术负责人、项目总监理工程师、建设单位项目负责人、专业承包单位技术负责人
需验收的危险性较大	施工单位项目技术负责人、项目总监理工程师

5. 实施：

(1) 施工单位技术负责人应当定期巡查专项方案实施情况。

(2) 需要验收的危险性较大的分部分项工程，施工单位、监理单位应当组织有关人员进行验收。验收合格的，经施工单位项目技术负责人及项目总监理工程师签字后，方可进入下一道工序的施工。

三、安全施工技术交底

1. 建设工程施工前，施工单位负责项目管理的技术人员应当对有关安全施工的技术要求向施工作业班组、作业人员作出详细说明，并由双方签字确认。

2. 安全技术交底通常包括：施工工种安全技术交底，分部分项工程施工安全技术交底，大型特殊工程单项安全技术交底，设备安装工程技术交底及使用新工艺、新技术、新材料施工的安全技术交底等。

四、施工现场安全防护的规定

1. 施工单位应当在施工现场入口处、施工起重机械、临时用电设施、脚手架、出入通道口、楼梯口、电梯井口、孔洞口、桥梁口、隧道口、基坑边沿、爆破物及有害危险气体和液体存放处等危险部位，设置明显的安全警示标志。安全警示标志是指提醒人们注意的各种标牌、文字、符号以及灯光等，由安全色、几何图形和图形符号构成。

2. 施工现场暂时停止施工的，施工单位应当做好现场防护，所需费用由责任方承担，或按照约定执行。

(1) 不论费用由谁承担，施工单位都必须做好现场防护。施工单位可以就此发生的费用向建设单位索赔。

(2) 应在每一建筑工地或者其附近地方，按照工人人数和工期长短提供和维护供工人在恶劣气候条件下暂停工作时躲避用的地方。

3. 施工现场临时设施的安全卫生要求：

(1) 施工单位应当将施工现场的办公、生活区与作业区分开设置，并保持安全距离；选址要符合安全性要求。

(2) 职工的膳食、饮水、休息场所等应当符合卫生标准。不得在尚未竣工的建筑物内设置员工集体宿舍。

(3) 施工现场临时搭建的建筑物应当符合安全使用要求。施工现场使用的装配式活动房屋应当具有产品合格证。

4. 施工单位对因建设工程施工可能造成损害的毗邻建筑物、构筑物和地下管线等，应当采取专项防护措施。在城市市区内的建设工程，施工单位应当对施工现场实行封闭围挡。包括：密目式安全网、围墙、围栏等方式。

5. 进行可能危及危险化学品管道安全的施工作业，施工单位应当在开工的7日前书面通知管道所属单位，并与管道所属单位共同制定应急预案，采取相应的安全防护措施。

6. 进行爆破、吊装等危险作业，应当安排专门人员进行现场安全管理，确保操作规程的遵守和安全措施的落实。

7. 安全防护设备管理：

(1) 施工单位采购、租赁的安全防护用具、机械设备、施工机具及配件，应当具有生产(制造)许可证、产品合格证，并在进入施工现场前进行查验。

(2) 施工现场的安全防护设备必须由专人管理，定期进行检查、维修和保养，并建立档案，并按照国家有关规定及时报废。

8. 起重机械设备管理：

(1) 施工单位在使用施工起重机械和整体提升脚手架、模板等自升式架设设施前，应当组织有关单位进行验收，也可以委托具有相应资质的检验检测机构进行验收；使用承租的机械设备和施工机具及配件的，由施工总承包单位、分包单位、出租单位和安装单位共同进行验收，验收合格的方可使用。

(2) 施工起重机械属于特种设备，使用单位应当在安全检验合格有效期届满前1个月，向特种设备检验检测机构提出定期检测要求。

五、施工单位安全生产费用的提取和使用管理

(1) 安全费用按照"政府提取、政府监管、确保需要、规范使用"的原则进行管理。

(2) 建筑施工企业以建筑安装工程造价为计提依据。矿山：2.5%；房屋建筑工程等：2.0%；市政公用工程等：1.5%。

(3) 总包单位应当将安全费用按比例直接支付分包单位并监督使用，分包单位不再重复提取。

(4) 建筑工程安全防护、文明施工措施费是由文明施工费、环境保护费、临时设施费、安全施工费组成。

(5) 投标方安全防护、文明施工措施费的报价，不得低于依据工程所在地工程造价管理机构测定费率计算所需费用总额的90%。

(6) 工期在1年以内的,建设单位预付的该费用不得低于50%;1年以上的,不得低于30%,其余按施工进度支付。

(7) 建筑工程:总承包单位与分包单位应当在分包合同中明确该费用由总承包单位统一管理;措施由分包单位实施的,由分包单位提出专项安全防护措施及施工方案,经总承包单位批准后及时支付所需费用。

六、特种设备安全管理

1. 安装、改造和修理:

(1) 特种设备安全工作应当坚持安全第一、预防为主、节能环保、综合治理的原则。

(2) 特种设备安装、改造、修理竣工后,安装、改造、修理的施工单位应当在验收后30日内将相关技术资料和文件移交特种设备使用单位。特种设备使用单位应当将其存入该特种设备的安全技术档案。

2. 使用:

(1) 特种设备使用单位应当使用取得许可生产并经检验合格的特种设备。禁止使用国家明令淘汰和已经报废的特种设备。

(2) 特种设备使用单位应当在特种设备投入使用前或者投入使用后30日内,向负责特种设备安全监督管理的部门办理使用登记,取得使用登记证书。登记标志应当置于该特种设备的显著位置。特种设备使用单位应当建立岗位责任、隐患治理、应急救援等安全管理制度,制定操作规程,保证特种设备安全运行。

(3) 特种设备使用单位应当建立特种设备安全技术档案。

(4) 特种设备的使用应当具有规定的安全距离、安全防护措施。

(5) 特种设备使用单位应当按照安全技术规范的要求,在检验合格有效期届满前1个月向特种设备检验机构提出定期检验要求。

(6) 特种设备安全管理人员应当对特种设备使用状况进行经常性检查,发现问题应当立即处理。特种设备进行改造、修理,按照规定需要变更使用登记的,应当办理变更登记,方可继续使用。

七、《消防法》规定

对建筑消防设施每年至少进行1次全面检测,确保完好有效,检测记录应当完整准确,存档备查。

1. 机关、团体、企业事业单位法定代表人是本单位消防安全第一责任人。《消防法》规定,单位的主要负责人是本单位的消防安全责任人。

2. 重点工程多定为消防重点建设单位,除了正常职责,还需要:

(1) 确定消防安全管理人,组织实施本单位的消防安全管理工作;

(2) 建立防火档案,确定消防安全重点部位,设置防火标志,实行严格管理;

(3) 实行每日防火巡查,并建立巡查记录;

(4) 对职工进行岗前消防安全培训,定期组织消防安全培训和消防演练。

3. 施工单位应当在施工现场建立消防安全责任制度,确定消防安全责任人,制定用火、用电、使用易燃易爆材料等各项消防安全管理制度和操作规程,设置消防通道、消防水源,配备消防设施和灭火器材,并在施工现场入口处设置明显标志。

4. 施工现场的消防安全要求:

(1) 公共建筑在营业、使用期间不得进行外保温材料施工作业,居住建筑进行节能改造作业期间应撤离居住人员,并设消防安全巡逻人员,严格分离用火用焊与保温材料施工,严禁在施工建筑内安排人员住宿。

(2) 外墙保温材料一律不得使用易燃材料,严格限制使用可燃材料。

(3) 施工现场要设置消防通道并保持畅通;要按规定设置消防水源。

(4) 禁止在具有火灾、爆炸危险的场所使用明火;需要进行明火作业的,办理审批手续。

【要点:明火没有做禁止性规定,必须是在"具有火灾、爆炸危险的场所"才禁止使用明火,比如说施工现场在进行电焊、气焊作业时,就具有火灾、爆炸危险。】

(5) 施工现场的办公、生活区与作业区应当分开设置,并保持安全距离;施工单位不得在尚未竣工的建筑物内设置员工集体宿舍。

(6) 建立施工现场消防组织,制定灭火和应急疏散预案,并至少每半年组织一次演练。

八、工伤处理的规定

1. 工伤情形:在工作时间和工作场合,因工作原因受到事故伤害的;患职业病的;因工外出期间,由于工作原因受到伤害或者发生事故下落不明的;在上下班途中,受到非本人主要责任的交通事故伤害的。其他:工作时间和工作岗位,突发疾病死亡或者在48小时内经抢救无效死亡;在抢险救灾中受伤的;已取得革命伤残军人证,到用人单位后旧伤复发的。

不能认定为工伤的情形包括:故意犯罪的;醉酒或吸毒的;自残或自杀的。

2. 工伤认定申请:

(1) 所在单位在伤害发生之日起或被鉴定为职业病之日起30日内,向有关部门提出工伤认定申请。

(2) 用人单位未按规定提出申请的,工伤职工或其近亲属、工会组织可以在伤害发生之日起或被鉴定为职业病之日起1年内,直接向有关部门提出。

(3) 社会保险行政部门应当自受理工伤认定之日起60日内作出工伤认定的决定。

3. 劳动能力鉴定:

(1) 劳动能力障碍分为10个伤残等级,最重的是1级,最轻的为10级。

(2) 生活自理障碍分为3个级别:生活完全不能自理、生活大部分不能自理、生活部分不能自理。

(3) 对设区的市级劳动能力鉴定委员会作出的鉴定结论不服的,可以在收到鉴定结论后15日内,向上一级委员会提出再次鉴定申请。上一级委员会作出的劳动能力鉴定结论为最终结论。

(4) 自劳动能力鉴定结论作出之日起1年后,认为伤残情况发生变化的,可以申请劳动能力复查鉴定。

4. 工伤医疗的停工留薪期:

(1) 需要暂停工作接受工作医疗的,在停工留薪期内,原工资福利待遇不变,由所在单位按月支付。停工留薪期一般不超过12个月。

(2) 生活不能自理的工伤职工在停工留薪期需要护理的,由所在单位负责。

5. 职工因工外出期间发生事故或者在抢险救灾中下落不明的,从事故发生之日起3个月内照发工资,从第4个月起停发。生活有困难的,可以预支一次性工亡补助金的50%。

九、办理意外伤害保险的规定

1. 《建筑法》规定,鼓励企业为从事危险作业的职工办理意外伤害保险,支付保险费。

2. 《建筑工程安全生产管理条例》进一步规定,施工单位应当为施工现场从事危险作业的人员办理意外伤害保险。意外伤害保险费由施工单位支付。实行施工总承包的,由总承包单位支付意外伤害保险费。

(1) 意外伤害保险期限自建设工程开工之日起至竣工验收合格日止。提前竣工的,保险责任自行终止;延长工期的,应当办理保险顺延手续。

(2) 工伤保险是社会保险的一种,实行实名制,并按工资总额计提保险费,较适用于企业的固定职工。建筑意外伤害保险,则是一种法定的商业保险,通常是按照施工合同额或建筑面积计提保险费,针对着施工现场从事危险作业的特殊人群,较适合施工现场作业人员包括从事危险作业人员流动性大的行业特点。

(3) 范围应当覆盖工程项目。已在企业所在地参加工伤保险的人员,从事现场施工时仍可参加意外伤害保险。

(4) 保险费应当列入建筑安装工程费用,保险费由施工单位支付,施工企业不得向职工摊派。

(5) 施工企业应在工程项目开工前,办理完投保手续。因为施工项目各工种调动频繁、用工流动性大,投保应实行不记名和不计人数的方式。项目中有分包单位的,由总包单位统一办理,分包单位合理承担投保费用。业主直接发包的,由承包企业直接办理。

(6) 目前还不能提供安全风险管理和事故预防的保险公司,应通过建筑安全服务中介组织向施工企业提供与建筑意外伤害保险相关的安全服务。

☞ 典型考题

【例1】《建设工程安全生产管理条例》规定,施工单位应当将施工现场的(　　)分开设置,并保持安全距离。
  A. 办公区与生活区　　　　　　　　B. 备料区与作业区
  C. 办公、生活区与备料区　　　　　D. 办公、生活区与作业区

【例2】施工单位应当对管理人员和作业人员每年至少进行(　　)安全生产教育培训。
  A. 1次　　　B. 2次　　　C. 3次　　　D. 4次

【例3】《建设工程安全生产管理条例》规定,施工单位采购的施工机具及配件,应当具有(　　),并在进入施工现场前进行查验。
  A. 使用许可证和产品合格证　　　　B. 产品合格证
  C. 生产许可证　　　　　　　　　　D. 生产许可证和产品合格证

【例4】对达到一定规模的危险性较大的分部分项工程,施工单位应编制专项施工方案,并附具安全验算结果,该方案经(　　)后实施。
　　A. 专业监理工程师审核、总监理工程师签字
　　B. 施工单位技术负责人、总监理工程师签字
　　C. 建设单位、施工单位、监理单位签字
　　D. 专家论证、施工单位技术负责人签字

【例5】《建设工程安全生产管理条例》规定,分包单位应当服从总承包单位的安全生产管理,分包单位不服从管理导致生产安全事故的,(　　)。
　　A. 由总承包单位承担主要责任
　　B. 由分包单位承担主要责任
　　C. 由总承包单位和分包单位共同承担主要责任
　　D. 由分包单位承担责任,总承包单位不承担责任

【例6】《建设工程安全生产管理条例》规定,建设工程施工前,施工单位负责项目管理的技术人员应当对有关安全施工的技术要求向(　　)作出详细说明。
　　A. 监理工程师　　　　　　B. 施工作业班组
　　C. 施工作业人员　　　　　D. 现场安全员
　　E. 现场技术员

【例7】《建设工程安全生产管理条例》规定,施工单位应当编制专项施工方案的分部分项工程有(　　)。
　　A. 基坑支护与降水工程　　B. 土方开挖工程
　　C. 起重吊装工程　　　　　D. 主体结构工程
　　E. 模板工程和脚手架工程

☞ **参考答案**

　　1. D; 2. A; 3. D; 4. B; 5. B; 6. BC; 7. ABCE。

1Z306040 施工安全事故的应急救援与调查处理

☞ **考点精要**

一、生产安全事故的分类

1. 死亡人数:(一般)3(较大)10(重大)30(特别重大);
2. 重伤人数:(一般)10(较大)50(重大)100(特别重大);
3. 直接经济损失:(一般)1 000万(较大)5 000万(重大)1亿(特别重大)。

【要点:记住两组数字,"3、10、30"和"10、50、100",直接经济损失是在第二组数字后面各加两个"0",即"1 000万、5 000万、1亿",三个数字把影响分为4个部分。以上临界值数字均不含上限,如3—10,3是下限,10是上限,则较大事故不包括死亡10人。】

4. 事故等级划分的因素：人员伤亡数量；直接经济损失；社会影响。

二、应急救援预案

1. 建筑施工单位应当建立应急救援组织或配备应急救援人员，配备必要的应急救援器材、设备，并定期组织演练。

2. 生产单位的应急预案按照针对情况的不同，分为综合应急预案、专项应急预案和现场处置方案。

（1）综合应急预案，应该包括本单位的应急组织机构及其职责、预案体系及相应程序、事故预防及应急保障、应急培训及预案演练等主要内容；

（2）专项应急预案，应当包括危险性分析、可能发生的事故特征、应急组织机构与职责、预防措施、应急处置程序和应急保障等内容；

（3）现场处置方案，应当包括危险性分析、可能发生的事故特征、应急处置程序、应急处置要点和注意事项等。

3. 施工单位的主要负责人有组织和制定本单位应急预案的职责。

（1）建筑施工单位应当组织专家对本单位编制的应急预案进行评审。

（2）评审应当形成书面纪要并附有专家名单。

（3）经评审后，由施工单位主要负责人签署公布。

（4）中央管理的总公司（总厂、集团公司、上市公司）的综合应急预案和专项应急预案，报国务院有关部门备案。其所属单位的应急预案报省、自治区、直辖市或设区的市人民政府备案。

4. 施工单位每年至少组织1次综合应急预案演练或专项应急预案演练；每半年至少组织1次现场处置方案演练。应急预案每3年修订一次。

5. 实行施工总承包的，由总承包单位统一组织编制应急预案，工程总承包单位和分包单位按照应急预案，各自建立应急救援组织或配备应急救援人员。

三、安全事故报告

1. 实行施工总承包的建设工程，由总承包单位负责上报事故。

2. 事故单位的报告：事故现场有关人员应当立即向本单位负责人报告；单位负责人接到报告后，应当于1小时内向事故发生地县级以上人民政府安全生产监督管理部门和负有安全生产监督管理职责的有关部门汇报。情况紧急时，事故现场有关人员可以直接向有关部门汇报。

3. 事故报告应当及时、准确、完整，任何单位和个人对事故不得迟报、漏报、谎报或瞒报。

4. 事故报告的内容要求：

（1）事故发生单位概况；

（2）事故发生的时间、地点以及事故现场的情况；

（3）事故的简要经过；

（4）事故已经造成或者可能造成的伤亡人数（包括下落不明的人数）和初步估计的直接经济损失；

（5）已经采取的措施；

（6）其他。

5. 自事故发生之日起30日内,事故造成的伤亡人数发生变化的,应当及时补报。道路交通事故、火灾事故自发生之日起7日内,事故造成的伤亡人数发生变化的,应当及时补报。

6. 发生安全事故后,施工单位应当采取措施防止事故扩大,保护事故现场。需要移动现场物品的,应当作出标记和书面记录,妥善保管有关证物。必要时将事故现场封锁起来,禁止一切人进入保护区。即使是保护现场的人员,也不要无故进入,更不能擅自进行勘查,或者随意触摸、移动事故现场的任何物品。

7. 特殊情况需要移动事故现场物件的,必须同时符合:
(1) 目的是出于抢救人员、防止事故扩大以及疏通交通的需要;
(2) 必须经过事故单位负责人或负责调查的有关部门的同意;
(3) 移动物件应当做出标记,绘制现场简图,拍摄现场照片,对被移动物件应当贴上标签,并作出书面记录;
(4) 移动物件应当尽量使现场少受破坏。

四、事故的调查

1. 特别重大事故由国务院或国务院授权有关部门组织事故调查组进行调查。

2. 重大事故、较大事故、一般事故分别由事故发生地的省级政府、设区的市级政府、县级政府负责调查。

3. 地域管辖:特别重大事故以下等级事故,事故发生地与事故发生单位不在同一个县级以上行政区域的,由事故发生地人民政府负责调查,事故发生单位所在地人民政府应当派人参加。事故调查组组长由负责事故调查的人民政府指定,事故调查组组长主持事故调查组的工作。事故调查组履行下列职责:
(1) 查明事故发生的经过、原因、人员伤亡情况及直接经济损失;(2) 认定事故的性质和事故责任;(3) 提出对事故责任者的处理建议;(4) 总结事故教训,提出防范和整改措施;(5) 提交事故调查报告。

4. 调查的时限:事故调查组应当自事故发生之日起60日内提交事故调查报告;特殊情况下,经负责调查的人民政府批准,可延长,但最长延长时间不超过60日。事故调查报告应当包括以下内容:
(1) 事故发生单位概况;
(2) 事故发生经过和事故救援情况;
(3) 事故造成的人员伤亡和直接经济损失;
(4) 事故发生的原因和事故性质;
(5) 事故责任的认定以及对事故责任者的处理建议;
(6) 事故防范和整改措施。

5. 需要进行技术鉴定的,应当委托具有国家规定资质的单位进行技术鉴定。技术鉴定的时间不计入事故调查期限。

6. 处理时限:
(1) 重大事故、较大事故、一般事故,收到事故调查报告后15日内批复。
(2) 特别重大事故,30日内,特殊情况下可延长,但延长时间不超过30日。

典型考题

【例1】 施工单位违反施工程序,导致一座13层在建楼房倒塌,致使一名工人死亡,直接经济损失达7 000余万元人民币,根据《生产安全事故报告和调查处理条例》规定,该事件属于( )事故。

  A. 特别重大　　B. 重大　　C. 较大　　D. 一般

【例2】 某建设工程施工过程中发生较大事故,该级事故应由( )负责调查。

  A. 国务院　　　　　　　　B. 省级人民政府

  C. 设区的市级人民政府　　D. 县级人民政府

【例3】 甲建设单位的项目,由取得安全生产许可证的乙施工单位总承包,由丁监理公司监理。乙经过甲同意将基础工程分包给丙施工单位。若该施工现场发生两起安全事故,应由( )负责上报当地安全生产监管部门。

  A. 甲建设单位　　B. 乙施工单位　　C. 丙施工单位　　D. 丁监理公司

参考答案

1. B；2. C；3. B。

1Z306050 建设单位和相关单位的建设工程安全责任制度

考点精要

一、建设单位的安全责任

1. 依法办理有关批准手续。有下列情形之一的,建设单位应当按照国家有关规定办理申请批准手续:

（1）需要临时占用规划批准范围以外场地的;

（2）可能损坏道路、管线、电力、邮电通信等公共设施的;

（3）需要临时停水、停电、中断道路交通的;

（4）需要进行爆破作业的。

2. 向施工单位提供真实、准确和完整的有关资料。

提供施工现场及毗邻区域内供水、排水、供电、供气、供热、通信、广播电视等地下管线资料、气象和水文观测资料;相邻建筑物和构筑物、地下工程的资料,并保证资料的真实、准确、完整。

3. 不得提出违法要求和随意压缩合理工期。

建设单位不得对勘察、设计、施工、工程监理等单位提出不符合建设工程安全生产法律、法规和强制性标准规定的要求,不得随意（单方面）压缩合同约定的工期。

4. 编制工程概算时应当确定建设工程安全费用。

5. 不得要求购买、租赁和使用不符合安全施工要求的用具设备等。

无论施工单位在购买、租赁还是使用有关安全生产的材料设备时,建设单位都不得明示或者暗示施工单位购买、租赁、使用不符合安全施工要求的安全防护用具、机械设备、施工机具及配件、消防设施和器材。

6. 申领施工许可证时应当提供有关安全施工措施的资料。

(1) 建设单位在申请领取施工许可证时,应当提供建设工程有关的安全施工措施的资料。一般包括:

中标通知书;施工合同;施工现场总平面布置图;临时设施规划方案和已搭建情况;施工现场安全防护设施搭设计划;施工进度计划;安全措施费用计划;专项安全施工组织设计;拟进入施工现场使用的施工起重机械设备(塔式起重机、物料提升机、外用电梯)的型号、数量;工程项目负责人、安全管理人员及特种作业人员持证上岗情况;建设单位安全监督人员名册、工程监理单位人员名册;以及其他应提交的材料。

(2) 依法批准开工报告的建设工程,建设单位应当自开工报告批准之日起15日内,将保证安全施工的措施报送建设工程所在地的县级以上人民政府建设行政主管部门或者其他有关部门备案。

7. 依法实施装修工程和拆除工程。

(1) 涉及建筑主体和承重结构变动的装修工程,建设单位应当在施工前委托原设计单位或具有相应资质的设计单位提出设计方案。

(2) 建设单位应当将拆除工程发包给具有相应资质等级的施工单位。建设单位应当在拆除工程施工15日前,将下列资料报送建设工程所在地的县级以上地方人民政府建设行政主管部门或者其他有关部门备案:施工单位资质等级证明;拟拆除建筑物、构筑物及可能危及毗邻建筑的说明;拆除施工组织方案;堆放、清除废弃物的措施。

8. 建设单位的法律责任。建设单位有下列行为之一的,责令限期改正,处20万元以上50万元以下的罚款:

(1) 提出不符合安全生产法律、法规和强制性标准规定的要求的;

(2) 压缩合同约定的工期;

(3) 将拆除工程发包给不具有相应资质等级的施工单位的。

二、勘察、设计单位的安全责任

1. 勘察单位的安全责任:

(1) 应当按照法律法规、工程建设强制性标准进行勘察,提供的勘察文件应当真实、准确,满足建设工程安全生产的需要。

(2) 在进行勘察作业时,应当严格遵守操作规程,采取措施保证各类管线、设施和周边建筑物、构筑物的安全。

2. 设计单位的安全责任:

(1) 按照法律法规和工程建设强制性标准进行设计。

(2) 提出防范生产安全事故的指导意见和措施建议:应当考虑施工安全操作和防护的需要,对涉及施工安全的重点部位和环节在设计文件中注明,并对防范安全生产事故提出指导意见;采用新结构、新材料、新工艺的建设工程和特殊结构的建设工程,设计单位应当在设计中提出保障施工作业人员安全和预防生产安全事故的措施建议。

(3) 对设计成果负责：设计单位和注册建筑师等注册执业人员应当对其设计负责；建筑师、结构工程师等注册执业人员应当在设计文件上签字盖章，对设计文件负责，也要承担相应的法律责任。

3. 勘察单位、设计单位有下列行为之一的，责令限期改正，处10万元以上30万元以下的罚款；情节严重的，责令停业整顿，降低资质等级，直至吊销资质证书；造成重大安全事故，构成犯罪的，对直接责任人员，依照刑法有关规定追究刑事责任；造成损失的，依法承担赔偿责任：

(1) 未按照法律、法规和工程建设强制性标准进行勘察、设计的；

(2) 采用新结构、新材料、新工艺的建设工程和特殊结构的建设工程，设计单位未在设计中提出保障施工作业人员安全和预防生产安全事故的措施建议的。

4. 注册执业人员(也包括监理工程师)未执行法律、法规和工程建设强制性标准的：责令停止执业3个月以上1年以下；情节严重的，吊销执业资格证书，5年内不予注册；造成重大安全事故的，终身不予注册。

三、监理单位的安全责任

1. 监理单位的安全责任：

(1) 审查施工组织设计中安全技术措施或者专项施工方案是否符合工程建设强制性标准。

(2) 对安全事故隐患进行处理的责任：工程监理单位在实施监理过程中，发现存在安全事故隐患的，应当要求施工单位整改；情况严重的，应当要求施工单位暂时停止施工，并及时报告建设单位。

(3) 对建设工程安全生产承担监理责任。

2. 工程监理单位有下列行为之一的，责令限期改正；逾期未改正的，责令停业整顿，并处10万元以上30万元以下的罚款；情节严重的，降低资质等级，直至吊销资质证书；造成重大安全事故，构成犯罪的，对直接责任人员，依照刑法有关规定追究刑事责任；造成损失的，依法承担赔偿责任：

(1) 未对施工组织设计中的安全技术措施或者专项施工方案进行审查的；

(2) 发现安全事故隐患未及时要求施工单位整改或者暂时停止施工的；

(3) 施工单位拒不整改或者不停止施工，未及时向有关主管部门报告的；

(4) 未依照法律、法规和工程建设强制性标准实施监理的。

【法律责任记忆要点：安全责任中，关于监理单位、勘察设计单位的罚款，都是10万元以上30万元以下。】

四、检验检测单位的安全责任

1. 检验检测机构对检测合格的施工起重机械和整体提升脚手架、模板等自升式架设设施，应当出具安全合格证明文件，并对检测结果负责。

2. 特种设备的监督检验、定期检验、型式试验和无损检测，应当经核准的特种设备检验检测机构进行。

3. 发现严重事故隐患或者能耗严重超标的,应当及时告知特种设备使用单位,并立即向特种设备安全监督管理部门报告。

4. 法律责任【记忆要点,其他详见教材1Z306053】

(1) 对特种设备检验检测机构处2万元以上10万元以下的罚款:发现严重事故隐患或者能耗严重超标的,未及时告知特种设备使用单位,并立即向特种设备安全监督管理部门报告的。

(2) 对特种设备检验检测机构处5万元以上20万元以下的罚款:出具虚假检测结构、检测结论,或检测结果、结论严重失实的。

(3) 对检测人员处5 000元以上5万元以下罚款:出具虚假检测结论、检测结论,或检测结果、结论严重失实的。

五、机械设备等单位的安全责任

1. 提供机械设备和配件供应单位:应当按照安全施工的要求配备齐全有效的保险、限位等安全设施和装置。

2. 出租机械设备和施工机具及配件单位:应当具有生产(制造)许可证、产品合格证,并应当对出租的机械设备和施工机具及配件的安全性能进行检测,在签订租赁协议时,应当出具检测合格证明。禁止出租检测不合格的机械设备和施工机具及配件。

3. 施工起重机械(包括塔式起重机、施工外用电梯、物料提升机等)和自升式架设设施(包括整体提升脚手架、模板等安装、拆卸单位):

(1) 必须具备相应的资质。从事起重机械安装、附着升降脚手架等施工活动的单位,应当按照资质条件申请资质,经审查合格,取得专业承包资质证书后,方可在其资质等级许可范围内从事安装、拆卸活动。

(2) 应当编制拆装方案、制定安全措施,并由专业技术人员现场监督。

实行施工总承包的,施工总承包单位应当与安装单位签订建筑施工机械安装、拆卸工程安全协议书。

安装单位职责:编制专项施工方案,由本单位技术负责人签字;检查建筑起重机械及现场施工条件;组织安全施工技术交底并签字确认;制定应急救援预案;将人员名单、时间等材料报施工总承包单位和监理单位审核后,告知工程所在地的建设主管部门。

安装单位的专业技术人员、专职安全管理人员应当现场监督,技术负责人应当定期巡查。

(3) 安装完毕后,安装单位应当出具自检合格证明,并向施工单位进行安全使用说明,办理验收手续并签字。

(4) 使用单位应当组织出租、安装、监理等单位进行验收,或委托具有相应资质的检验检测机构进行验收。实行施工总承包的,由施工总承包单位组织验收。

六、政府部门安全监督管理

1. 国务院建设行政主管部门对全国建设工程安全生产实施监督管理。国务院铁路、交通、水利等有关部门按照国务院规定的职责分工,负责有关专业建设工程安全生产的监督管理。县级以上有关部门对本行政区域内的建设工程安全生产实施监督管理。建设行政主管部门或者其他有关部门可以将施工现场的监督检查委托给建设工程安全监督机构具体实施。

2. 建设行政主管部门在审核发放施工许可证时,应当对建设工程是否有安全施工措施进行审查,对没有安全施工措施的,不得颁发施工许可证。建设行政主管部门或者其他有关部门对建设工程是否有安全施工措施进行审查时,不得收取费用。

3. 履行安全监督检查职责时有权采取的措施:

(1) 要求被检查单位提供文件和资料;

(2) 进入生产经营单位进行检查,调阅有关资料,向有关单位和人员了解情况。

(3) 纠正安全生产违法行为。

(4) 对检查中发现的事故隐患,应当责令立即排除;重大事故隐患排除前或者排除过程中无法保证安全的,应当责令从危险区域内撤出作业人员,责令暂时停产停业或者停止施工。

4. 组织制定特大事故应急救援预案和重大生产安全事故的抢救工作。

(1) 县级以上地方人民政府应当组织有关部门制定本行政区域内特大事故应急救援预案,建立应急救援体系。(2) 接到重大生产安全事故报告后,应当立即赶到事故现场,组织事故抢救。

5. 淘汰严重危及施工安全的工艺设备材料及受理(安全事故及安全事故隐患的)检举、控告和投诉。

☞ 典型考题

【例1】按照《建设工程安全生产管理条例》规定,下列不属于建设单位责任的是( )。

  A. 对拆除工程进行备案　　B. 提供安全生产费用

  C. 审查施工方案　　　　　D. 向施工单位提供资料

【例2】在施工现场安装、拆卸施工起重机械,整体提升脚手架,模板等自升式架设设施,必须由( )承担。

  A. 总承包单位　　　　　　B. 使用设备的分包单位

  C. 具有相应资质的单位　　D. 设备出租单位

【例3】《建设工程安全生产管理条例》规定,不属于监理单位安全生产管理责任和义务的是( )。

  A. 编制安全技术措施及专项施工方案

  B. 审查安全技术措施及专项施工方案

  C. 安全生产事故隐患处理

  D. 承担建设工程安全生产监理责任

【例4】安全生产监督检查人员的职权之一是( )。

  A. 财务报表审查权　　B. 责令紧急避险权

  C. 现场调解裁决权　　D. 设备物资检验权

【例5】监理工程师发现施工现场料堆偏高,有可能滑塌,存在安全事故隐患,则监理工程师应当( )。

  A. 要求施工单位整改

  B. 要求施工单位停止施工

C. 向安全生产监督行政主管部门报告
D. 向建设工程质量监督机构报告

【例6】建设单位的安全责任包括(　　)。
A. 向施工单位提供地下管线资料　　B. 不得任意压缩合理工期
C. 提供安全生产费用　　D. 不推销劣质材料设备
E. 对分包单位安全生产全面负责

☞ 参考答案

1. C；2. C；3. A；4. B；5. A；6. ABCD。

1Z307000 建设工程质量法律制度

☞ **考点分布及解析**

<table>
<tr><td rowspan="2" colspan="2">知识点</td><td colspan="2">2015 年</td><td colspan="2">2014 年</td><td colspan="2">2013 年</td><td colspan="2">2012 年</td><td colspan="2">2011 年</td></tr>
<tr><td>单项选择题</td><td>多项选择题</td><td>单项选择题</td><td>多项选择题</td><td>单项选择题</td><td>多项选择题</td><td>单项选择题</td><td>多项选择题</td><td>单项选择题</td><td>多项选择题</td></tr>
<tr><td rowspan="5">建设工程质量法律制度</td><td>工程建设标准</td><td>1</td><td>2</td><td>2</td><td></td><td>1</td><td>2</td><td>1</td><td></td><td></td><td>2</td></tr>
<tr><td>施工单位的质量责任和义务</td><td>2</td><td>2</td><td>1</td><td>4</td><td>3</td><td>6</td><td>5</td><td>2</td><td>1</td><td>4</td></tr>
<tr><td>建设单位及相关单位的质量责任和义务</td><td>1</td><td>2</td><td>1</td><td>4</td><td>4</td><td></td><td>2</td><td>4</td><td>2</td><td>4</td></tr>
<tr><td>建设工程竣工验收制度</td><td>1</td><td>2</td><td>1</td><td>2</td><td>2</td><td></td><td>7</td><td>2</td><td>6</td><td>2</td></tr>
<tr><td>建设工程质量保修制度</td><td>2</td><td></td><td>4</td><td>2</td><td>2</td><td></td><td>2</td><td>2</td><td>2</td><td>2</td></tr>
</table>

此章最近两年的考试分值在 25～27 分,每个部分都是重点内容,分布相对均匀。

1Z307010 工程建设标准

☞ **考点精要**

一、工程建设标准的分类

1. 分为<u>国家标准、行业标准、地方标准和企业标准</u>。国家标准、行业标准分为<u>强制性标准</u>和<u>推荐性标准</u>。

2. <u>保障人体健康,人身、财产安全的标准和法律、行政法规规定强制执行</u>标准是<u>强制性</u>标准,其他是推荐性标准。

3. 工程建设标准也分为强制性标准和推荐性标准。强制性标准,<u>必须执行</u>。推荐性标准,<u>国家鼓励企业自愿采用</u>。

4. 工程建设国家标准的<u>强制性</u>标准【技巧:"通用的":综合标准;安全、卫生和环境保护;其他,都是"重要的通用的",如质量等】。

(1) 国家标准由国务院工程建设行政主管部门审查批准;

(2) 强制性国家标准的代号为<u>GB</u>,推荐性国家标准的代号为<u>GB/T</u>。

(3) 复审一般在国家标准实施后<u>5 年</u>进行 1 次。

5. <u>行业标准</u>:<u>没有国家标准</u>,而又需要在全国某个行业范围内统一的技术要求,可以制定行业标准。

(1) 国家标准公布后,该项行业标准即行废止。

(2) 行业标准中的强制性标准【技巧:"专用的":综合性标准;安全、卫生和环境保护;其他,都是"重要的行业专用的",如质量等】。

6. 工程建设地方标准:

(1) 在公布国家标准或行业标准后,该项地方标准即行废止。

(2) 不得与国家标准、行业标准相抵触。

(3) 工程建设地方标准应报国务院建设行政主管部门备案。未经备案的工程建设地方性标准,不得使用。

(4) 地方标准中,对直接涉及人民生命财产安全、人身健康、环境保护和公共利益的条文,经国务院建设行政主管部门确定后,可以作为强制性条文。

7. 工程建设企业标准

(1) 已有国家标准或行业标准的,国家鼓励企业制定严于国家标准或者行业标准的企业标准,在企业内部使用。

(2) 企业标准一般包括:技术标准、管理标准和工作标准。

(3) 标准、规范、规程都是标准的表现方式,习惯上统称为标准。

二、实施和监督

1. 工程监理人员认为工程施工不符合工程设计要求、施工技术标准和合同约定的,有权要求建筑施工企业改正。工程监理人员发现工程设计不符合建筑工程质量标准或合同约定的,应当报告建设单位要求设计单位改正。

2. 工程建设标准的条文中,使用"必须、严禁、应、不应、不得"等属于强制性标准的用词,而使用"宜、不宜、可"等一般不是强制性标准的规定。

3. 我国目前实行的强制性标准包含三部分:

(1) 批准发布时已经明确为强制性标准的;

(2) 批准发布时虽未明确为强制性标准,但其编号中不带"/T",仍为强制性标准;

(3) 自2000年后批准发布的标准,批准时虽未明确为强制性标准,但其中有必须严格执行的强制性条文(黑体字),编号也不带"/T",也应视为强制性标准。

4. 工程建设强制性标准实施的特殊情况:

(1) 工程建设中拟采用的新技术、新工艺、新材料,不符合现行强制性标准规定的,应当由拟采用单位提请建设单位组织专题技术论证,报批准标准的建设行政主管部门或者国务院有关主管部门审定。

(2) 工程建设中采用国际标准或者国外标准,现行强制标准未做规定的,建设单位应当向国务院建设行政主管部门或者国务院有关行政主管部门备案。

5. 实施工程建设强制性标准的监督管理:

(1) 建设项目规划审查机关应当对工程建设规划阶段执行强制性标准的情况实施监督。

(2) 施工图设计审查单位应当对工程建设勘察、设计阶段执行强制性标准的情况实施监督。

(3) 建筑安全监督管理机构应当对工程建设施工阶段执行施工安全强制性标准的情况实施监督。

(4) 工程质量监督机构应当对工程建设施工、监理、验收等阶段执行强制性标准的情况实施监督。

6. 监督的方式和内容：

(1) 工程建设标准批准部门应当对工程项目执行强制性标准情况进行监督，采取重点检查、抽查和专项检查的方式。

(2) 强制性标准监督检查的内容包括：工程技术人员是否熟悉、掌握强制性标准；工程项目的规划、勘察、设计、施工、设计、验收等是否符合强制性标准的规定；工程项目采用的材料、设备是否符合强制性标准的规定；工程项目的安全、质量是否符合强制性标准的规定；工程项目采用的导则、指南、手册、计算机软件的内容是否符合强制性标准的规定。

(3) 建设行政主管部门在处理重大事故时，应当有工程建设标准方面的专家参加，工程事故报告应当包含是否符合工程建设强制性标准的意见。

三、法律责任【记忆要点，其他详见教材1Z306051、1Z306052、1Z306053】

1. 对建设单位处20万元以上50万元以下的罚款：明示或暗示设计单位或施工单位违反工程强制性标准，降低工程质量的。

2. 对勘察、设计单位处10万元以上30万元以下的罚款：未按强制性标准进行勘察和设计的。

3. 对施工单位处合同价款2%以上4%以下的罚款：偷工减料,使用不合格的材料、构配件和设备，或不按照工程设计图纸或施工技术标准施工的。

4. 对监理单位处50万元以上100万元以下罚款：违反强制性标准规定，将不合格的材料、构配件和设备按合格签字的。

☞ 典型考题

【例1】涉及保障人体健康、人身财产安全的标准应当是（　　）。
　　A. 国家标准　　　　　　　　B. 行业标准
　　C. 强制性标准　　　　　　　D. 推荐性标准

【例2】根据《标准化法》规定，以下说法错误的是（　　）。
　　A. 建设项目规划审查机关应当对工程建设规划阶段执行强制性标准的情况实施监督
　　B. 施工图设计审查单位应当对工程建设勘察、设计阶段执行强制性标准的情况实施监督
　　C. 工程质量监督机构应当对工程建设施工、监理、验收等阶段执行强制性标准的情况实施监督
　　D. 工程建设标准批准部门应当对工程建设施工阶段执行施工安全强制性标准的情况实施监督

【例3】关于推荐标准，下面说法正确的是（　　）。

A. 不管是什么级别的推荐性标准,都可以不执行

B. 如果是推荐性地方标准,也必须要执行

C. 如果是推荐性行业标准,也必须要执行

D. 如果是推荐性国家标准,也必须要执行

【例4】某建设项目施工单位拟采用的新技术与现行强制性标准规定不符,应由(　　)组织专题技术论证,并报批准该项标准的建设行政主管部门或国务院有关主管部门审定。

A. 建设单位　　　B. 施工单位　　　C. 监理单位　　　D. 设计单位

【例5】由国务院建设、铁路、交通、水利等行政主管部门各自审批、编号和发布的标准,属于(　　)。

A. 国家标准　　　B. 行业标准　　　C. 地方标准　　　D. 企业标准

【例6】下列工程建设标准,属于强制性标准的是(　　)。

A. 工程建设通用的综合标准　　　B. 工程建设通用的安全标准

C. 工程建设通用的制图方法标准　　　D. 工程建设行业专用的实验标准

E. 工程建设行业专用的信息技术标准

☞ **参考答案**

1. C；　2. D；　3. A；　4. A；　5. B；　6. AB。

1Z307020 施工单位的质量责任和义务

☞ **考点精要**

一、对施工质量负责

施工单位应当建立质量责任制,确定工程项目的项目经理、技术负责人和施工管理负责人。

二、总分包单位的质量责任

1. 建筑工程实行总承包的,工程质量由工程总承包单位负责。总承包单位依法将建设工程分包给其他单位的,分包单位应当按照分包合同的约定对其分包工程的质量向总承包单位负责,总承包单位与分包单位对分包工程的质量承担连带责任。分包单位应当接受总承包单位的质量管理。

2. 当分包工程发生质量问题时,建设单位既可以向分包单位请求赔偿,也可以向总包单位请求赔偿;进行赔偿的那一方,有权依据分包合同的约定,对不属于自己责任的那部分赔偿向对方追偿。

【1Z307021 案例要点】

要点:总包和分包对工程质量承担连带责任。

三、按照设计图纸施工和施工技术标准施工的责任

1. 施工单位必须按照工程设计图纸和施工技术标准施工，不得偷工减料。
2. 施工单位在施工过程中发现设计文件和图纸有差错的，应当及时提出意见和建议。

四、对建筑材料、设备等进行检验的责任

1. 施工单位必须按照工程设计要求、施工技术标准和合同约定，对建筑材料、建筑构配件、设备和商品混凝土进行检验，检验应当有书面记录和专人签字；未经检验或者检验不合格的，不得使用。
2. 施工人员对涉及结构安全的试块、试件以及有关材料，应当在建设单位或者工程监理单位监督下现场取样，并送具有法定资格的质量检测单位进行检测。
3. 见证取样和送检的比例不得低于有关技术标准中规定应取样数量的30%。下列试块、试件和材料必须见证取样和送检：
   (1) 承重结构的混凝土试块；
   (2) 承重墙体的砌筑砂浆试块；
   (3) 承重结构的钢筋及连接接头试件；
   (4) 承重墙的砖、混凝土小型砌块；
   (5) 拌制混凝土和砌筑砂浆的水泥；
   (6) 承重结构的混凝土中使用的掺加剂；
   (7) 地下、屋面、厕浴间使用的防水材料。
4. 见证人员和取样人员：
   (1) 见证人员应当由建设单位或监理单位中具备施工试验知识的专业技术人员担任，并由建设单位或监理单位书面通知施工单位、检测单位和质量监督机构。
   (2) 取样人员应在试样或其包装上作出标识、标志。标识和标志应标明工程名称、取样部位、取样日期、样品名称和样品数量，并由见证人和取样人签字，二者对试样的代表性和真实性负责。
5. 检测单位和检测报告：
   (1) 工程质量检测机构是具有独立法人资格的中介机构。按照其承担的检测业务内容分为专项检测机构资质和见证取样检测机构资质。未取得相应的资质证书，不得承担本办法规定的质量检测业务。
   (2) 检测报告经检测人员签字、检测机构法定代表人或其授权的签字人签署，并加盖机构公章或检测专用章后生效。
   (3) 检测人员不得同时受聘于两个或者两个以上的检测机构。检测机构或检测人员不得推荐或者监制建筑材料、构配件和设备。检测机构不得与管理公共事务职能的组织、所检测工程项目的设计单位、施工单位、监理单位有隶属关系或利害关系。检测机构不得转包检测任务。

五、施工质量检验和返修【注意：和保修的区别】

1. 施工质量检验，通常是指工程施工过程中工序质量检验（或称为过程检验），包括预检、

自检、交接检、专职检、分部工程中间检验以及隐蔽工程检验等。

2. 施工单位必须建立、健全施工质量的检验制度，严格工序管理，做好隐蔽工程的质量检查和记录。隐蔽工程在隐蔽前，施工单位应当通知建设单位（实施监理的为监理单位）和建设工程质量监督机构。

3. 工程具备隐蔽条件或中间验收部位，施工单位进行自检，并在隐蔽或中间验收前48小时以书面形式通知监理工程师验收。如果工程质量符合标准规范和设计图纸等要求，验收24小时后，监理工程师不在验收记录上签字的，视为已经批准，施工单位可继续进行隐蔽或施工。

4. 对已覆盖的隐蔽工程的检查

（1）承包人覆盖工程隐蔽部位后，发包人或监理人对质量有疑问的，可要求承包人对已覆盖的部位进行钻孔探测或揭开重新检查，承包人应当遵照执行，并在检查后重新覆盖恢复原状。由此增加的费用和延误的工期，视检查的结果而定：经检查证明工程质量符合合同要求的，由发包人承担；经检查不符合要求的，由承包人承担。

（2）承包人未通知监理人到场，私自将工程隐蔽部位覆盖的，监理人有权指示承包人钻孔探测或揭开检查，无论工程隐蔽部位质量是否合格，由此增加的费用和延误的工期均由承包人承担。

5. 对已发现的质量缺陷，施工单位应当修复。施工单位对施工中出现质量问题的建设工程或者竣工验收不合格的建设工程，应当负责返修。

（1）因施工人原因致使建设工程质量不符合约定的，发包人有权要求施工人在合理期限内无偿修理或者返工、改建。

（2）对于非施工单位原因造成的质量问题，施工单位也应当返修，但是造成的损失及返修费用由责任方承担，施工单位有权向建设单位索赔。

六、建立健全职工教育培训制度

施工单位应当建立、健全教育培训制度，加强对职工的教育培训；未经教育培训或者考核不合格的人员，不得上岗作业。必须先培训、后上岗。特别是与质量工作有关的人员，如总工程师、项目经理、质量体系内审员、材料试验及检测人员，关键技术工种如焊工、钢筋工、混凝土工等，未经培训或培训考核不合格的人员，不得上岗工作或作业。

七、质量责任【记忆要点，其他内容详见教材1Z307026】

1. 施工单位未对建筑材料、建筑构配件、设备和商品混凝土进行检验，或者未对涉及结构安全的试块、试件以及有关材料取样检测的，责令改正，处10万元以上20万元以下的罚款；情节严重的，责令停业整顿，降低资质等级或者吊销资质证书；造成损失的，依法承担赔偿责任。

2. 对施工单位处合同价款2%以上4%以下的罚款：偷工减料、使用不合格的材料、构配件和设备，或不按照工程设计图纸或施工技术标准施工的。

☞ 典型考题

【例1】《建设工程质量管理条例》规定，施工单位必须建立、健全工程（　　）制度，严格工序管理,做好隐蔽工程的质量检查和记录。

  A. 合同管理   B. 施工技术交底
  C. 质量的预控   D. 质量的检验

【例2】《建设工程质量管理条例》规定,施工人员对涉及结构安全的试块、试件以及有关材料,应当在( )监督下现场取样,并送具有相应资质等级的质量检测单位进行检验。

  A. 施工单位质检人员   B. 建设单位或监理单位
  C. 监理单位和施工单位   D. 工程质量监理机构

【例3】施工单位必须按照工程设计要求、施工技术标准和合同约定,对( )进行检验,未经检验或检验不合格的,不得使用。

  A. 建筑材料   B. 周转材料   C. 建筑构配件   D. 设备
  E. 商品混凝土

【例4】下列选项中,对施工单位的质量责任和义务表述正确的是( )。

  A. 施工总承包单位不得将主体工程对外分包
  B. 分包单位应当按照分包合同的约定对建设单位负责
  C. 总承包单位与每一分包单位就各自分包部分的质量承担连带责任
  D. 施工单位在施工中发现设计图纸有差错时,应当按照国家标准施工
  E. 在建设工程竣工验收合格之前,施工单位应当对质量问题履行保修义务

☞ 参考答案

  1. D; 2. B; 3. ACDE; 4. AC。

1Z307030 建设单位及相关单位的质量责任和义务

☞ 考点精要

一、建设单位质量责任

 1. <u>依法发包工程</u>。
 (1) 建设单位应当将工程发包给<u>具有相应资质等级</u>的单位。
 (2) 不得将工程<u>肢解</u>发包。
 (3) 对勘察、设计、施工、监理单位以及重要设备、材料等的采购进行<u>招标</u>。
 2. 依法向有关单位提供<u>原始资料</u>的责任。原始资料必须<u>真实、准确、齐全</u>。
 3. 限制<u>不合理的干预行为</u>:
 (1) <u>不得迫使承包方以低于成本价格竞标</u>;
 (2) 建设单位<u>不得任意压缩合理工期</u>;
 (3) 不得明示或者暗示设计单位或者施工单位<u>违反工程建设强制性标准</u>,降低建设工程质量。
 4. <u>依法报审施工图设计文件</u>:建设单位应当将施工图设计文件报县级以上人民政府建设

行政主管部门或者其他有关部门审查。施工图设计文件未经审查批准的,不得使用。

5. 依法实行工程监理。建设单位应当委托具有相应资质等级的工程监理单位进行监理,也可以委托具有工程监理相应资质等级并与被监理工程的施工承包单位没有隶属关系或其他利害关系的该工程的设计单位进行监理。必须监理的包括:

(1) 国家重点建设项目;
(2) 大中型公用事业工程(3 000万元以上);
(3) 成片开发建设的住宅小区工程(5万平方米以上);
(4) 利用外国政府或者国际组织贷款、援助资金的工程;
(5) 国家规定必须实行监理的其他工程(3 000万元以上的基础设施;学校、影剧院、体育场馆)。

6. 依法办理工程质量监督手续。

(1) 不办理质量监督手续的,不发施工许可证,不得开工。
(2) 依法到建设行政主管部门或铁路、交通、水利等有关管理部门,或其委托的工程质量监督机构办理。

7. 依法保证建筑材料等符合要求。

(1) 按照合同约定,由建设单位采购的,建设单位应当保证其符合要求。
(2) 建设单位不得明示或暗示施工单位使用不合格的建筑材料、建筑构配件和设备。
(3) 对于建设单位负责提供的材料设备,在使用前施工单位应当按照规定对其进行检验和试验,如果不合格,不得在工程上使用,并应通知建设单位予以更换。

8. 依法进行装修工程。

(1) 涉及建筑主体和承重结构变动的装修工程,建设单位应当在施工前委托原设计单位或者具有相应资质等级的设计单位提出设计方案;没有设计方案的,不得施工。
(2) 房屋建筑使用者在装修过程中,不得擅自变动房屋建筑主体和承重结构,如拆除隔墙、窗洞改门洞等。

9. 法律责任。建设单位要求建筑设计单位或建筑施工企业违反建筑工程质量、安全标准,降低工程质量的,责令改正,可以处以罚款;构成犯罪的,依法追究刑事责任。建设单位有下列行为之一的,责令改正,处20万元以上50万元以下的罚款:

(1) 迫使承包方以低于成本的价格竞标的;
(2) 任意压缩合理工期的;
(3) 明示或者暗示设计单位或者施工单位违反工程建设强制性标准,降低工程质量的;
(4) 施工图设计文件未经审查或者审查不合格,擅自施工的;
(5) 建设项目必须实行工程监理而未实行工程监理的;
(6) 未按照国家规定办理工程质量监督手续的;
(7) 明示或者暗示施工单位使用不合格的建筑材料、建筑构配件和设备的;
(8) 未按照国家规定将竣工验收报告、有关认可文件或者准许使用文件报送备案的。

二、勘察、设计单位质量责任

1. 必须按照工程建设强制性标准进行勘察设计,并对其勘察、设计的质量负责。

2. 勘察、设计单位实行单位与执业注册人员双重责任,即勘察、设计单位对其勘察、设计文件的质量负责,注册建筑师、注册结构工程师等专业人士对其签字的设计文件负责。

3. 依法承揽勘察、设计:

(1) 应当依法取得相应等级的资质证书,并在其资质等级许可的范围内承揽工程;

(2) 禁止允许其他单位或个人以本单位的名义承揽工程;

(3) 不得转包或违法分包所承揽的工程。

4. 勘察单位提供的地质、测量、水文等勘察成果必须真实、准确。

5. 设计依据和设计深度。应当根据勘察成果文件进行建设工程设计,符合国家规定的设计深度,注明工程合理使用年限。合理使用年限,是指从工程竣工验收合格之日起,工程的地基基础、主体结构能保证在正常情况下安全使用的年限。

6. 依照规范设计对建筑材料等的选用:

(1) 设计单位在设计文件中选用的建筑材料、建筑构配件和设备,应当注明规格、型号、性能等技术指标,其质量要求必须符合国家规定的标准。

(2) 除有特殊要求的建筑材料、专用设备、工艺生产线等外,设计单位不得指定生产厂、供应商。

7. 依法对设计文件进行技术交底。设计单位应当就审查合格的施工图设计文件向施工单位作出详细说明。

8. 依法参与质量事故分析。对因设计造成的质量事故,原设计单位必须提出相应的技术处理方案,这是法定义务。

9. 有下列行为之一的,责令改正,处10万元以上30万元以下的罚款:

(1) 勘察单位未按照工程建设强制性标准进行勘察的;

(2) 设计单位未根据勘察成果文件进行工程设计的;

(3) 设计单位指定建筑材料、建筑构配件的生产厂、供应商的;

(4) 设计单位未按照工程建设强制性标准进行设计的。

有上述所列行为,造成重大工程质量事故的,责令停业整顿,降低资质等级;情节严重的,吊销资质证书;造成损失的,依法承担赔偿责任。

三、监理单位的质量责任

1. 依法承揽业务的责任:

(1) 禁止超越资质范围承揽业务;禁止借其他单位资质承揽业务;禁止允许其他单位借自己单位资质承揽业务;

(2) 监理单位不得转让工程监理业务。

2. 对有隶属管理和其他利害关系的回避。工程监理单位与被监理工程的施工承包单位以及建筑材料、建筑构配件和设备供应单位有隶属关系或者其他利害关系,不得承担该项建设工程的监理业务。

3. 监理的依据:(1) 法律、法规;(2) 有关的技术标准;(3) 设计文件;(4) 建设工程承包合同。

4. 监理的职责和权限:

(1) 未经监理工程师签字,建筑材料、建筑构配件和设备不得在工程上使用或者安装,施工单位不得进行下一道工序的施工。

(2) 未经总监理工程师签字,建设单位不拨付工程款,不进行竣工验收。

5. 监理的形式:旁站、巡视和平行检验等形式,对建设工程实施监理。

6. 违反公正监理的法律责任。工程监理单位有下列行为之一的,责令改正,处50万元以上100万元以下的罚款,降低资质等级或者吊销资质证书;有违法所得的,予以没收;造成损失的,承担连带赔偿责任:

(1) 与建设单位或者施工单位串通,弄虚作假、降低工程质量的;

(2) 将不合格的建设工程、建筑材料、建筑构配件和设备按照合格签字的。

四、政府部门质量监督

1. 国务院建设行政主管部门对全国的建设工程质量实施统一的监督管理。国务院铁路、交通、水利等有关部门按照国务院规定的职责分工,负责有关专业建设的质量监督管理。县级以上有关部门对本行政区域内的建设工程质量实施监督管理。建设行政主管部门或者其他有关部门可以将施工现场的监督检查委托给建设工程质量监督机构具体实施。

2. 工程质量监督机构,经考核合格后,方可实施质量监督。

3. 有权采取的措施:

(1) 要求被检查单位提供有关工程质量的文件和资料;

(2) 进入被检查单位的施工现场进行检查;

(3) 发现有影响工程质量的问题时,责令改正。

4. 不得明示或暗示建设单位、施工单位购买其指定的生产供应单位的建筑材料、建筑构配件和设备。

5. 建设工程发生质量事故,有关单位应当在24小时内向当地建设行政主管部门和当地有关部门报告。

6. 特别重大事故、重大事故逐级上报至国务院安全生产监督管理部门和负有安全生产监督管理职责的有关部门。每级上报时间不得超过2小时。必要时,有关部门可以越级上报事故。

7. 法律责任:

(1) 发生重大事故隐瞒不报、谎报或者拖延报告期限的,对直接负责的主管人员和其他责任人员给予行政处分。

(2) 明示或暗示购买其指定单位的物资的,责令改正。

(3) 国家机关工作人员玩忽职守、滥用职权、徇私舞弊,构成犯罪的,依法追究刑事责任;尚不构成犯罪的,依法给予行政处分。

☞ 典型考题

【例1】《建设工程质量管理条例》规定,建设工程发包单位不得迫使承包方以( )。

A. 低于市场的价格竞标,不得任意压缩合理工期

B. 低于成本的价格竞标,不得任意压缩合理工期

C. 低于预算的价格竞标,不得降低工程质量

D. 低于标底的价格竞标,不得降低工程质量

【例2】下列关于建设单位质量责任和义务的表述中,错误的是( )。

A. 建设单位不得将建设工程肢解发包

B. 建设工程发包方不得迫使承包方以低于成本的价格竞标

C. 建设单位不得任意压缩合同工期

D. 涉及承重结构变动的装修工程施工前,只能委托原设计单位提交设计方案

【例3】根据《建设工程质量管理条例》规定,下列关于监理单位的表述错误的是( )。

A. 应当依法取得相应等级的资质证书

B. 不得转让工程监理业务

C. 可以是建设单位的子公司

D. 应与监理分包单位共同向建设单位承担责任

【例4】《建设工程质量管理条例》规定,监理工程师应当按照工程监理规范的要求,采取( )等形式,对建设工程实施监理。

A. 巡视　　　　　　　　B. 工地例会

C. 设计与技术交底　　　D. 平行检验

E. 旁站

【例5】《建设工程质量管理条例》中,关于工程监理单位的质量责任和义务包括( )。

A. 工程监理单位应当依法取得相应等级的资质证书,并在其资质等级许可的范围内承担工程监理业务

B. 禁止工程监理单位允许其他单位或者个人以本单位的名义承担工程监理业务

C. 未经监理工程师签字,建筑材料、建筑构配件和设备可以在工程上使用或者安装

D. 未经监理工程师签字,建筑材料、建筑构配件和设备不得在工程上使用或者安装

E. 未经总监理工程师签字,建设单位不拨付工程款,不进行竣工验收

【例6】《建设工程质量管理条例》规定任何单位和个人对建设工程的质量事故、质量缺陷都有( )。

A. 检举权　　B. 处理权　　C. 控告权　　D. 投诉权

E. 检验权

【例7】《建筑法》规定,工程监理人员认为工程施工不符合( )的,有权要求建筑施工企业改正。

A. 工程设计规范　　　　B. 工程设计要求

C. 施工技术标准　　　　D. 施工成本计划

E. 承包合同约定

参考答案

1. B; 2. D; 3. D; 4. ADE; 5. ABDE; 6. ACD;

7. BCE【要点:A是设计人员遵守的,监理人员遵守的是设计要求】

1Z307040 建设工程竣工验收制度

☞ 考点精要

一、竣工验收的主体和法定条件

1. 建设单位收到建设工程竣工报告后,应当组织设计、施工、工程监理等有关单位进行竣工验收。

2. 建设工程竣工验收应当具备下列条件:

(1) 完成建设工程设计和合同约定的各项内容;也包括监理工程师签发的变更通知单中所确定的工作内容。

(2) 有完整的技术档案和施工管理资料:主要包括工程项目竣工验收报告;分项、分部工程和单位工程技术人员名单;图纸会审和技术交底记录;设计变更通知单、技术变更审核单;工程质量事故发生后调查和处理资料;隐蔽验收记录及施工日志;竣工图;质量检验评定资料等;合同约定的其他内容。

(3) 有工程使用的主要建筑材料、建筑构配件和设备的进场试验报告;

(4) 有勘察、设计、施工、工程监理等单位分别签署的质量合格文件;

(5) 有施工单位签署的工程保修书。

3. 建设单位应当严格按照国家有关档案管理的规定,及时收集、整理建设项目各环节的文件资料,建立健全建设项目档案,并在建设工程竣工验收后,及时向建设行政主管部门或其他部门移交。

(1) 建设单位应当在工程竣工验收后3个月内,向城建档案馆报送一套符合规定的工程档案。

(2) 施工单位应当按照归档要求制作统一目录,有专业分包工程的,分包单位要按照总承包单位的总体安排做好各项资料整理工作,最后再由总包进行审核、汇总。

(3) 施工单位一般应当提交的档案资料是:工程技术档案资料;工程质量保证资料;工程检验评定资料;竣工图等。

二、建设单位应当自建设工程竣工验收合格之日起15日内,将建设工程竣工验收报告和规划、公安消防、节能、环保等部门出具的认可文件或者准许使用文件报建设行政主管部门或者其他有关部门备案

1. 建设工程竣工规划验收:

(1) 竣工后,建设单位依法向城乡规划行政主管部门提出竣工规划验收申请,由其按照选址意见书、建设用地规划许可证、建设工程规划许可证、乡村建设规划许可证及其有关规划的要求,对建设工程进行规划验收,包括对建设用地范围内的各项工程建设情况、建筑物的使用性质、位置、间距、层数、标高、平面、立面、外墙装饰材料和色彩、各类配套服务设施、临时施工用房、施工场地等进行全面核查,并作出验收记录。对于验收合格的,由城乡规划行政主管部门出具规划认可文件或核发建设工程竣工规划验收合格证。

(2) 建设单位应当在竣工验收后6个月内向城乡规划主管部门报送有关竣工验收文件。

未报送的,责令补报;逾期不补报的,处1万元以上5万元以下罚款。

2. 建设工程消防竣工验收和备案:

(1) 属国务院公安部门规定的大型人员密集场所和其他特殊工程,建设单位应当向公安机关消防机构申请消防验收。提供下列材料:建设工程消防验收申报表;工程竣工验收报告;消防产品质量合格证明文件;有防火性能要求的建筑构件、建筑材料、室内装修装饰材料符合国家标准或者行业标准的证明文件、出场合格证;消防设施、电气防火技术检测合格证明文件;施工、工程监理、检测单位的合法身份证明和资质等级证明文件;其他。

(2) 需要进行消防设计的工程中,除上述工程外,建设单位应当向公安机关消防机构备案,公安消防机构应当进行抽查。经依法抽查不合格的,应当停止使用。

(3) 施工单位应当保证在建工程竣工验收前消防通道、消防水源、消防设施和器材、消防安全标志等完好有效。

(4) 公安消防机构应当自受理消防验收申请之日起20天内组织消防验收,并出具消防验收意见。

(5) 应当进行消防验收而未验收的,或验收不合格、擅自投入使用的,由公安消防机构责令停止施工、停止使用或停产停业,并处3万元以上30万元以下罚款。

3. 建设工程竣工环保验收:建设单位应当向审批该建设项目环境影响报告书、环境影响报告表或环境影响登记表的环境保护行政主管部门,申请配套建设的环境保护设施竣工验收。

(1) 环境保护设施竣工验收,应当与主体工程竣工验收同时进行。需要进行试生产的,建设单位应当自建设项目投入试生产之日起3个月内,申请配套的环保设施的竣工验收。分期建设、分期投入生产或使用的建设项目,其相应的环境保护设施应当分期验收。

(2) 环境保护行政主管部门,应当自收到验收申请之日起30日内,完成验收。

(3) 自建设项目投入试生产之日起3个月内,未申请竣工验收的,责令限期办理;逾期未办理的,责令停止试生产,可以处5万元以下的罚款。

(4) 需要配套建设的环保设施未建成、未检验或验收不合格,主体工程正式投入使用的,责令停止使用,可以处10万元以下罚款。

4. 建设工程节能验收:不符合建筑节能标准的建筑工程,建筑主管部门不得批准开工建设;已经开工建设的,应当责令停止施工,限期改正;已经建成的,不得销售或者使用。

(1) 单位工程竣工验收应在建筑节能分部工程验收合格后进行。

(2) 建筑节能工程应当按照分项工程验收,如墙体节能工程、幕墙、门窗、屋面等等。

(3) 当分项工程量较大时,可以将分项工程划分为若干个检验批进行验收。

(4) 节能工程的检验批验收和隐蔽工程验收应由监理工程师主持,施工单位相关专业的质量检查员和施工员参加;

节能分项工程验收应由监理工程师主持,施工单位项目技术负责人、相关专业的质量检查员和施工员参加;

节能分部工程验收应由总监理工程师(建设单位项目负责人)主持,施工单位项目经理、项目技术负责人、相关专业的质量检查员和施工员参加,施工单位的质量或技术负责人应参加,设计单位节能设计人员应参加。

(5) 不得组织节能工程验收:未完成节能工程设计内容的;隐蔽验收记录等技术档案和施

工管理资料不完整的;工程使用的主要建筑材料、建筑构配件和设备未提供进场检验报告的;未提供相关的节能性能检测报告的;工程存在违反强制性条文的质量问题而未整改完毕的;对监督机构发出的责令整改内容未整改完毕的;存在其他违反法律、法规行为而未处理完毕的。

(6) 重新组织节能工程验收:验收组织机构不符合法规及规范要求的;参加验收人员不具备相应资格的;参加验收各方主体验收意见不一致的;验收程序和执行标准不符合要求的;各方提出的问题未整改完毕的。

(7) 建设单位对不符合民用建筑节能强制性标准的民用建筑项目出具竣工验收合格报告的,由县级以上有关部门责令改正,处合同价款2%以上4%以下的罚款;造成损失的,依法承担赔偿责任。

三、工程竣工结算

1. 工程竣工结算分为单位工程竣工结算、单项工程竣工结算和建设项目竣工总结算。

(1) 单位工程竣工结算由承包人编制,发包人审查;实行总承包的工程,由具体承包人编制,在总包人审查的基础上,发包人审查。

(2) 单项工程竣工结算或建设项目竣工总结算由总包人编制,发包人可直接进行审查,也可以委托具有相应资质的工程造价咨询机构进行审查。政府投资项目,由同级财政部门审查。经发、承包方签字盖章后有效。

2. 审查期限:单项工程竣工后,承包人应在提交竣工验收报告的同时,向发包人递交竣工结算报告及完整的结算资料。

(1) 发包人应当在下列时间内进行审查并提出意见(合同有约定的,从其约定):

规模	收到资料后,时间(天内)
500万元以内	20
500万~2 000万元	30
2 000万~5 000万元	45
5 000万元以上	60

【记忆技巧:记住临界值5、2、5;2、3、4、5、6】

(2) 建设项目竣工总结算在最后一个单项工程竣工结算审查确认后15天内汇总,送发包人后30天内审查完成。

3. 竣工价款结算:

(1) 发包人根据确认的竣工结算报告向承包人支付工程竣工结算价款,保留5%左右的质量保修金。待工程交付使用1年质保期到期后清算(合同另有约定的,从其约定)。

(2) 工程竣工结算以合同工期为准,实际施工工期比合同工期提前或延后,发、承包双方应按合同约定的奖惩办法执行。

4. 索赔及合同以外零星项目工程价款结算:

(1) 发包人要求承包人完成合同以外零星项目,承包人应当在接受发包人要求的7天内就用工数量和单价、机械台班数量和单价、使用材料和金额等向发包人提出施工签证,发包人签证后施工。

（2）如发包人未签证，承包人施工后发生争议的，责任由承包人自负。

5. 发包人收到竣工结算报告及完整的结算资料后，在规定或合同约定期限内，对结算报告及资料没有提出意见，则视同认可。承包人如未在规定时间内提供完整的工程竣工结算资料，经发包人催促后14天内仍未提供或没有明确答复，发包人有权根据已有资料进行审查，责任由承包人自负。

6. 根据确认的竣工结算报告，承包人向发包人申请支付工程竣工结算款。发包人应在收到申请后15日内支付结算款，到期没有支付的应承担违约责任。

7. 发包人对工程质量有异议：

（1）已竣工验收或已竣工未验收但实际投入使用的工程，其质量争议按该工程保修合同执行；

（2）已竣工未验收且未实际投入使用的工程以及停工、停建工程的质量争议，应当就有争议部分的竣工结算暂缓办理，双方可就有争议的工程委托有资质的检测鉴定机构进行检测，根据检测结果确定解决方案，或按工程质量监督机构的处理决定执行，其余部分的竣工结算依照约定办理。

8. 当事人对建设工程的计价标准或计价方法有约定的，按照约定结算工程价款。因设计变更导致建设工程的工程量或质量标准发生变化，当事人对部分工程价款不能协商一致的，可以参照签订建设施工合同时当地建设行政主管部门发布的计价方法或计价标准结算工程价款。

9. 工程竣工后，发承包双方应及时办理工程竣工结算。否则，工程不得交付使用。

10. 竣工工程质量争议的处理：

（1）竣工时只要发现质量问题或缺陷，无论是建设单位的责任还是施工单位的责任，施工单位都有义务进行修复或返修。但是，对于非施工单位原因出现的质量问题或缺陷，其返修的费用和造成的损失都应由责任方来承担。

（2）因承包人的过错造成建设工程质量不符合约定，承包人拒绝修理、返工或改建，发包人请求减少支付工程价款的，应予支持。

（3）发包人应承担过错责任的情况：提供的设计有缺陷；提供或指定购买的建筑材料、构配件、设备不符合强制性规定；直接指定分包人分包专业工程。

11. 建设工程未经竣工验收，发包人擅自使用后，又以使用部分质量不符合约定为由主张权利的，不予支持；但是承包人应当在建设工程的合理使用寿命内对地基基础工程和主体结构质量承担民事责任。

【1Z307044 案例要点】

要点：建设工程未经竣工验收，发包人擅自使用后，又以使用部分质量不符合约定为由主张权利的，不予支持；但是承包人应当在建设工程的合理使用寿命内对地基基础工程和主体结构质量承担民事责任。

四、竣工验收报告备案的规定

1. 建设单位应当自建设工程竣工验收合格之日起15日内，向工程所在地的建设行政主管部门备案。

2. 建设单位办理竣工验收备案应当提交下列文件：

(1) 工程竣工验收备案表；

(2) 工程竣工验收报告：包括工程报建日期；施工许可证号；施工图设计文件审查意见；勘察、设计、施工、工程监理等单位分别签署的质量合格文件及验收人员签署的竣工验收原始文件；市政基础设施的有关质量检测和功能性试验资料以及备案机关认为需要提供的有关资料；

(3) 由规划、环保等部门出具的认可文件或准许使用文件；

(4) 由公安消防部门出具的对大型的人员密集场所和其他特殊工程验收合格的证明文件；

(5) 施工单位签署的工程质量保修书；

(6) 住宅工程还应当提交《住宅质量保证书》和《住宅使用说明书》。

3. 工程竣工验收备案表一式两份，一份由建设单位保存，一份留备案机关留存。

4. 工程质量监督机构应当在工程竣工验收之日起5日内，向备案机关提交工程质量监督报告。

5. 法律责任：

(1) 对建设单位处工程合同价款2%以上4%以下的罚款：擅自使用未经竣工验收合格的工程。

(2) 对建设单位处20万元以上50万元以下的罚款：建设单位在工程竣工验收合格之日起15日内没有办理备案的；采用虚假证明文件办理备案的。

☞ 典型考题

【例1】建设单位应当自建设工程竣工验收合格之日起（　　）日内，向工程所在地的建设行政主管部门备案。

　　A. 7日　　　　B. 10日　　　　C. 15日　　　　D. 30日

【例2】根据相关司法解释的规定，建设工程未经竣工验收，发包人擅自使用后，又以使用后的（　　）工程质量不符合约定为由主张权利的，法院应予以支持。

　　A. 主体结构　　B. 电气　　　　C. 装饰　　　　D. 暖通

【例3】建设工程竣工验收应当具备（　　）等条件。

　　A. 完整的技术档案资料和施工管理资料

　　B. 工程所用的主要建筑材料、建筑构配件和设备等进场试验报告

　　C. 勘察、设计、施工、监理等单位共同签署的质量合格文件

　　D. 已付清所有款项

　　E. 有施工单位签署的工程保修书

☞ 参考答案

1. C；2. A；3. ABE。

1Z307050 建设工程质量保修制度

☞ **考点精要**

一、工程质量保修书

1. 质量保修制度,是指建设工程竣工经验收后,在规定的保修期限内,因勘察、设计、施工、材料等原因造成的质量缺陷,应当由施工承包单位负责维修、返工或更换,由责任单位负责赔偿损失的法律制度。

2. 建设工程承包单位在向建设单位提交工程竣工验收报告时,应当向建设单位出具质量保修书。质量保修书中应当明确建设工程的保修范围、保修期限和保修责任。

3. 保修范围应当包括地基基础工程、主体结构工程、屋面防水和其他土建工程,以及电气管线、上下水管线的安装工程,供热、供冷系统工程等项目。

4. 如果是建设单位或用户使用不当或擅自改动结构、设备位置以及不当装修等造成质量问题的,施工单位不承担保修责任。

二、保修范围和最低保修期限

1. 最低保修期:

(1) 基础设施工程、房屋建筑的地基基础工程和主体结构工程,为设计文件规定的该工程的合理使用年限;

(2) 屋面防水工程、有防水要求的卫生间、房间和外墙面的防渗漏,为5年;

(3) 供热与供冷系统,为2个采暖期、供冷期;

(4) 电气管线、给水排水管道、设备安装和装修工程,为2年。

2. 上述保修范围属于法律强制性规定。其他范围不是强制的,可以由双方约定。保修期限也可以约定,但是不能低于法定的最低保修期。

(1) 保修期的起始日是竣工验收合格之日。

(2) 建设工程在超过合理使用年限后需要继续使用的,产权所有人应当委托具有相应资质等级的勘察、设计单位鉴定,并根据鉴定结果采取加固、维修等措施,重新界定使用期。

三、保修责任

建设工程在保修范围和保修期内发生质量问题的,施工单位应当履行保修义务,并对造成的损失承担赔偿责任。

1. 保修费用由造成质量缺陷的责任方承担。由于第三方原因(如设计、监理等)导致的,承包单位只能向建设单位提出索赔,再由建设单位去向责任方追偿。

2. 如果质量缺陷是由于施工单位未按照工程建设强制性标准和合同要求施工造成的,则施工单位不仅要负责保修,还要承担保修费用。

3. 如果质量缺陷是由于设计单位、勘察单位或建设单位、监理单位的原因造成的,施工单位仅负责保修,其有权对由此发生的保修费用向建设单位索赔。建设单位向施工单位承担赔偿责任后,有权向造成质量缺陷的责任方追偿。

四、建设工程质量保证金

1. 建设工程质量保证金(保修金)是指发包人与承包人在建设工程承包合同中约定,从应付的工程款中预留,用以保证承包人在<u>缺陷责任期内</u>对建设工程出现的缺陷进行维修的资金。<u>缺陷</u>:指建设工程质量不符合工程建设强制性标准、设计文件,以及承包合同的约定。

2. 缺陷责任期:从工程<u>通过竣工验收之日</u>起计,由于发包人原因导致工程无法按规定期限进行竣工验收的,在承包人提交竣工验收报告<u>90天后</u>,工程<u>自动进入缺陷责任期</u>。一般为6个月、12个月或者24个月,具体由发、承包双方在合同中约定。

3. 缺陷责任期内,由承包人造成的缺陷,承包人应负责维修,并承担鉴定及维修费用。如承包人不维修也不承担费用,发包人可以按合同约定扣除保证金,并由承包商承担违约责任。

4. 由他人原因造成的缺陷,发包人负责组织维修,承包人不承担费用,且发包人不得从保证金中扣除费用。

5. 全部或者部分使用政府投资的项目,按工程价款结算总额的5%左右的比例预留保证金。

6. 缺陷责任期内,承包人认真履行合同约定的责任,到期后,承包人向发包人申请<u>返还保证金</u>。发包人在接到承包人返还保证金申请后,应于14日内会同承包人按照合同约定的内容进行核实。如无异议,发包人应当在核实后14日内将保证金返还给承包人,逾期支付的,从逾期之日起,按照同期银行贷款利率计付利息,并承担违约责任。发包人在接到承包人返还保证金申请后14日内不予答复,经催告后14日内仍不予答复,视同认可承包人的返还保证金申请。

五、法律责任

1. 施工单位<u>不履行保修义务</u>或者<u>拖延履行保修义务</u>的,责令改正,处<u>10万元以上20万元以下</u>的罚款,并对在保修期内因质量缺陷造成的损失承担赔偿责任。

2. 建筑业企业申请晋升资质等级或主项资质以外的资质,在申请之日前<u>1年内</u>有<u>未履行保修义务</u>,造成严重后果的情形,建设行政主管部门不予批准。

☞ 典型考题

【例1】某工程已具备竣工条件,2005年3月2日施工单位向建设单位提交竣工报告,3月7日经验收不合格,施工单位返修后,于3月20日再次验收合格,3月31日,建设单位将有关资料报送建设行政主管部门备案,则该工程质量保修自(　　)开始。
  A. 2005年3月2日　　　　　　　B. 2005年3月7日
  C. 2005年3月20日　　　　　　D. 2005年3月31日

【例2】建设工程承包单位在向建设单位提交竣工验收报告时,应当向建设单位出具(　　)。
  A. 质量保证书　B. 咨询评估书　C. 使用说明书　D. 质量保修书

【例3】《建设工程质量管理条例》规定,建设工程质量保修期限应当由(　　)。
  A. 法律直接规定　　　　　　B. 发包人与承包人自主决定

C. 法律规定和发承包人双方约定　　D. 发包人规定

【例4】《建设工程质量管理条例》规定,装修工程和主体结构工程的最低保修期限为(　　)。
   A. 2年和3年　　　　　　　　　B. 2年和50年
   C. 2年和5年　　　　　　　　　D. 2年和合理使用年限

【例5】依据《建设工程质量管理条例》,工程承包单位在(　　)时,应当向建设单位出具质量保修书。
   A. 工程价款结算完毕　　　　　B. 施工完毕
   C. 提交工程竣工验收报告　　　D. 竣工验收合格

【例6】施工单位于6月1日提交竣工验收报告,建设单位因故迟迟不予组织竣工验收;同年10月8日建设单位组织竣工验收时因监理单位的过错未能正常进行;10月20日建设单位实际使用该工程。则施工单位承担的缺陷责任期应于(　　)起计算。
   A. 6月1日　　　　　　　　　　B. 8月30日
   C. 10月8日　　　　　　　　　 D. 10月20日

【例7】《建设工程质量管理条例》规定,建设工程承包单位的质量保修书中应当明确建设工程的保修(　　)等。
   A. 主体　　　B. 范围　　　C. 内容　　　D. 期限
   E. 责任

☞ 参考答案

1. C; 2. D; 3. C; 4. D; 5. C;

6. B【要点:发包人原因导致拖延验收的,从提交报告90天后自动进入缺陷责任期】;

7. BDE。

1Z308000 解决建设工程纠纷法律制度

考点分布及解析

知识点		2015年		2014年		2013年		2012年		2011年	
		单项选择题	多项选择题	单项选择题	多项选择题	单项选择题	多项选择题	单项选择题	多项选择题	单项选择题	多项选择题
解决建设工程纠纷法律制度	建设工程纠纷主要种类和法律解决途径			1		1		1	2		
	民事诉讼制度	3	4	2	2	1	2	4	4	3	2
	仲裁制度	2		2	6	1	2	2	6	5	2
	调解、和解制度与争议评审				2		1				
	行政复议和行政诉讼制度	3		1	2	1	2	1	2		

此章最近两年的考试分值在 14~22 分。其中最重要的三个部分是"和解、调解"的内容(3 分),以及"1Z308020 民事诉讼制度"(5~8 分)、"1Z308030 仲裁制度"(7~8 分)。

1Z308010 建设工程纠纷主要种类和法律解决途径

1Z308040 和解、调解和争议评审

考点精要

一、建设工程纠纷的主要种类

1. 民事纠纷的特点:
(1) 主体之间的<u>法律地位</u>平等;
(2) 内容是对<u>民事权利义务</u>的争议;
(3) <u>可处分性</u>(这主要针对<u>财产关系</u>的纠纷;人身关系纠纷多具有不可处分性)。
2. 建设工程民事纠纷:(1) 各种<u>合同</u>纠纷;(2) 侵权纠纷(<u>施工中未采取措施造成他人损害;未经许可使用专利、工法</u>等)。
3. 民事纠纷解决的途径:<u>和解、调解、仲裁、诉讼</u>。
4. 行政机关的行政行为的特征:
(1) 执行<u>法律</u>的行为;

（2）具有一定的裁量性；
（3）具有单方面意志性，不需要征得对方同意；
（4）以国家强制力保障实施，具有强制性；
（5）以无偿为原则，有偿为例外。
5. 容易引起行政纠纷的行政行为主要包括：行政许可；行政处罚；行政奖励；行政裁决。
6. 行政纠纷的法律解决途径主要有两种：行政复议和行政诉讼。

二、和解

是指当事人在自愿互谅的基础上，就已经发生的争议进行协商并达成协议，自行（无第三方参与劝说）解决争议的一种方式。

1. 和解可以在民事纠纷发生的任何阶段进行，无论是否已经进入诉讼或仲裁程序。
2. 当事人申请仲裁后，自行和解，达成和解协议的，可以请求仲裁庭根据和解协议作出裁决书或调解书。也可以撤回仲裁申请，这种情况就无法律效力，撤回仲裁申请后反悔的，可以根据仲裁协议申请仲裁。
3. 诉讼中和解的，可以请求法院制作调解书，产生法律效力；或者由当事人双方达成和解协议，由法院记录在案。
4. 执行中和解的，双方当事人在自愿协商的基础上，达成的和解协议，产生结束执行程序的效力。如果一方当事人不履行或者反悔，对方当事人只能够申请人民法院按照原生效法律文书强制执行。
5. 和解达成的协议不具有强制执行力。如果一方当事人不按照和解协议执行，另外一方当事人不可以请求法院强制执行，但可以要求对方承担违约责任。

三、调解

是指第三人（即调解人）应纠纷当事人的请求，依法或依合同约定，对双方当事人进行说服教育，居中调停，使其在互相谅解、互相让步的基础上解决其纠纷的一种途径。

1. 人民调解：
（1）人民调解委员会是村民委员会和居民委员会下设的调解民间纠纷的群众性自治组织。
（2）经人民调解委员会调解达成协议的，可以制作调解协议书，具有法律约束力（注意，不是强制执行力）。当事人对调解协议的履行或内容发生争议的，一方可以向法院提起诉讼。
（3）经人民调解委员会调解达成协议的，双方当事人认为有必要的，可以自调解协议生效之日起30日内，共同向人民法院申请司法确认。人民法院依法确认调解协议有效，一方当事人拒绝履行或者未全部履行的，对方当事人可以向人民法院申请强制执行。
2. 行政调解：国家行政机关进行的调解。行政调解达成的协议不具有强制约束力。
3. 仲裁调解：
（1）当事人自愿调解的，仲裁庭应当调解。调解不成的，应当及时作出裁决。
（2）调解达成协议的，仲裁庭应当制作调解书，或者根据达成的协议制作裁决书。调解书与裁决书具有同等效力。

(3) 仲裁调解书经当事人签收后,即发生法律效力,在调解书签收前当事人反悔的,仲裁庭应当及时作出裁决。而裁决书是从作出之日起,就发生法律效力。

4. 法院调解:
(1) 调解达成协议,必须双方自愿,不得强迫。
(2) 调解达成协议的,人民法院应当制作调解书。调解书应当写明诉讼请求、案件的事实和调解结果。调解书由审判员、书记员署名,加盖人民法院印章,送达双方当事人。
(3) 调解书经双方当事人签收后,具有法律效力。未达成协议或送达前当事人反悔的,法院应当及时判决。

5. 专业机构调解:具有独立调解规则的机构按照其调解规则进行调解。没有执行力。

【1Z308041 案例要点】

1. 仲裁庭在作出裁决前,可以先行调解。当事人自愿调解的,仲裁庭应当调解。但是仲裁庭不能强行调解。
2. 调解不成,或者调解书签收前当事人反悔的,仲裁庭应当及时作出裁决。
3. 调解书与裁决书具有同等法律效力。但是,调解书经双方当事人签收后,才发生法律效力。而裁决书是从作出之日起,就具有法律效力。

【1Z308042 案例要点】

1. 诉讼过程中,可以和解,但和解协议是没有法律效力的。
2. 可以请求法院根据和解协议制作调解书,经双方当事人签收后,即具有法律效力。

四、仲裁的特点

1. 不受仲裁法调整的范围:
(1) 劳动争议仲裁;(2) 依法应当由行政机关处理的行政争议等。
2. 特点:
(1) 自愿性:只有存在有效的仲裁协议才能申请仲裁;
(2) 专业性:专家仲裁。
(3) 保密性:仲裁以不公开审理为原则。
(4) 快捷性:仲裁实行一裁终局制度,仲裁裁决一经作出即发生法律效力。
(5) 裁决在国际上得到承认和执行。
(6) 协议管辖:仲裁协会是独立的社团法人。

五、诉讼的基本特征

1. 公权性:人民法院代表国家行使司法审判权;
2. 程序性:按照法定程序进行。
3. 强制性:起诉、执行。(不需要双方达成一致)

六、争议评审机制

1. 在工程开始时或工程进行中当事人选择独立于任何一方当事人的争议评审专家(通常

是3人,小型工程1人)组成评审小组,就当事人发生的争议及时提出解决问题的建议或作出决定的实时争议解决方式。

2. 优势：专业性、快速反应、现场解决问题、创造良好气氛、<u>不需要律师介入</u>、双方最终保留诉讼或仲裁的救济途径(评审组的意见<u>不具有法律约束力</u>)。

【1Z308043 案例要点】

1. 评审组的意见不具有法律约束力,发包方可以拒绝执行评审组的意见。
2. 当事人一方不接受评审意见,可按照合同的约定,将争议提交仲裁或诉讼。

☞ 典型考题

【例1】以下不属于民事纠纷处理方式的是( )。
    A. 当事人自行和解   B. 行政复议
    C. 行政机关调解   D. 商事仲裁

【例2】下列选项中,对调解的理解错误的是( )。
    A. 当事人庭外和解的,可以请求法院制作调解书
    B. 仲裁调解生效后产生执行效力
    C. 仲裁裁决生效后可以进行仲裁调解
    D. 法院在强制执行时一般不能制作调解书

【例3】施工单位与物资供应单位因采购的防水材料质量问题发生争议,双方多次协商,但没有达成和解,则关于此争议的处理,下列说法中,正确的是( )。
    A. 双方依仲裁协议申请仲裁后,仍可以和解
    B. 如果双方在申请仲裁后达成了和解协议,该和解协议即具有法律强制执行力
    C. 如果双方通过诉讼方式解决争议,不能再和解
    D. 如果在人民法院执行中,双方当事人达成和解协议,则原判决书终止执行

【例4】建设工程民事纠纷经不同主体调解成功并制作了调解书,其中可以强制执行的是( )。
    A. 双方签收的由人民调解委员会制作的调解书
    B. 双方签收的仲裁调解书
    C. 人民法院依法作出但原告方拒绝签收的调解书
    D. 双方签收的由人民政府职能部门依法作出的调解书

【例5】仲裁案件当事人申请仲裁后自行达成和解协议的,可以( )。
    A. 请求仲裁庭根据和解协议制作调解书
    B. 请求仲裁庭根据和解协议制作裁决书
    C. 撤回仲裁申请书
    D. 请求强制执行
    E. 请求法院判决

☞ 参考答案

1. B； 2. C；
3. A【要点：D选项中，"终止"错误，原文是"结束"。因为一方反悔的话，仍然可以向法院申请按照原生效文书强制执行】；
4. B； 5. ABC。

1Z308020 民事诉讼制度

☞ 考点精要

一、诉讼管辖

1. 级别管辖：我国法院有四级，分别是基层人民法院、中级人民法院、高级人民法院和最高人民法院，每一级均受理一审民事案件。主要根据案件的性质、复杂程度和案件影响来确定管辖。实践中，争议标的金额也是重要依据。

2. 地域管辖

（1）一般地域管辖：通常实行"原告就被告"原则，即以被告住所地作为确定管辖的标准。公民的住所地是指该公民的户籍所在地；经常居住地是指公民离开住所至起诉时已经连续居住满1年的地方，但公民住院就医的地方除外。

被告住所地是指法人或其他组织的主要办事机构所在地或主要营业地。不能确定的，其注册地或登记地为住所。

同一诉讼的几个被告住所地、经常居住地在两个以上人民法院辖区的，原告可以向任何一个被告住所地或经常居住地人民法院起诉。

（2）特殊地域管辖：指以被告住所地，诉讼标的所在地、法律事实所在地为标准确定的管辖。因合同纠纷提起的诉讼，由被告住所地或者合同履行地人民法院管辖。

合同约定履行地点的，以约定的履行地点为合同履行地。合同对履行地点没有约定或者约定不明确，争议标的为给付货币的，接收货币一方所在地为合同履行地；交付不动产的，不动产所在地为合同履行地；其他标的，履行义务一方所在地为合同履行地。即时结清的合同，交易行为地为合同履行地。合同没有实际履行，当事人双方住所地都不在合同约定的履行地的，由被告住所地人民法院管辖。

（3）专属管辖：因不动产纠纷提起的诉讼，由不动产所在地人民法院管辖，如房屋买卖纠纷、土地使用权转让纠纷等。建设施工合同纠纷按照不动产纠纷确定管辖。

（4）协议管辖制度：仅适用于合同纠纷或其他财产权益纠纷，其他财产权益纠纷包括因物权、知识产权中的财产权而产生的民事纠纷管辖。合同的当事人可以在书面合同中协议选择被告住所地、合同履行地、合同签订地、原告住所地、标的物所在地人民法院管辖，但不得违反对级别管辖和专属管辖的规定。

【分析思路：是专属管辖范围吗？若不是，是特殊地域管辖范围吗？仍不是，则适用一般地

域管辖。】

二、民事诉讼当事人和代理人

1. 狭义的民事诉讼当事人包括原告和被告。广义的民事诉讼当事人包括:原告和被告;共同诉讼人;第三人。

(1) 公民、法人和其他组织可以作为民事诉讼的当事人。法人由其法定代表人进行诉讼。其他组织由其主要负责人进行诉讼。

(2) 共同诉讼人,指当事人一方或双方为2人以上(含2人)。

2. 诉讼代理人:是指根据法律规定或当事人的委托,代理当事人进行民事诉讼活动的人。

(1) 委托诉讼代理人可以是:律师、基层法律服务工作者;当事人的近亲属或工作人员;当事人所在社区、单位以及有关社会团体推荐的公民。

(2) 授权委托书仅写"全权代理"而无具体授权的情形下不能认定为诉讼代理人已获得特别授权,即诉讼代理人无权代为承认、放弃、变更诉讼请求,进行和解,提起反诉或者上诉。

【1Z308022 案例要点】

1. 甲为开发商,乙承担施工总承包,丙是分包,丙又将部分劳务作业违法分包给包工头蔡某。因为甲拖欠工程款,最终导致丙拖欠蔡某的劳务费。蔡某起诉丙,同时将甲公司也起诉到法院,可以吗?

2. 补充知识点:

(1) 实际施工人以转包人、违法分包人为被告起诉的,人民法院应当受理。实际施工人以发包人为被告主张权利的,人民法院可以追加转包人或者违法分包人为本案当事人。发包人只在欠付工程价款范围内对实际施工人承担责任。

(2) 针对存在转包等情况,因建设工程质量发生争议的,发包人可以以总承包人、分包人和实际施工人为共同被告提起诉讼。

3. 因此,蔡某可以起诉甲公司,但甲公司只在欠付工程款范围内对蔡某承担责任。

三、证据的种类

民事证据有8种,分别是当事人的陈述、书证、物证、视听资料、电子数据、证人证言、鉴定意见、勘验笔录。

1. 书证和物证:

(1) 是指以所载文字、符号、图案等方式所表达的思想内容来证明案件事实的书面材料或者其他物品。

(2) 物证:则是指能够证明案件事实的一切物品及其痕迹,凡是以其存在的外形、重量、规格、损坏程度等物体的内部或外部特征来证明待证事实的,均属于物证范畴。例如工程实践中,对建筑材料、设备以及工程质量进行鉴定的过程中所涉及的各种证据,往往表现为物证的形式。

(3) 遵循"优先提供原件或原物"的原则。提交原件、原物确有困难的,可以提交复制品、照片、副本、节录本。但是,无法与原件、原物核对的复印件、复制品,不能单独作为认定案件事实的依据。

2. 视听资料:包括录像带、录音带、传真资料、胶卷、电话录音、雷达扫描资料以及储存于软盘、硬盘或光盘中的电脑数据等。

(1) 存在有疑点的视听资料,不能单独作为认定案件事实的依据。

(2) 对于未经对方当事人同意私自录制其谈话取得的资料,只要不是以侵害他人合法权益(如侵害隐私)或者违反法律禁止性规定的方法(如窃听)取得的,仍可以作为认定案件事实的依据。

3. 证人证言和当事人陈述:

(1) 证人确有困难不能出庭的,经人民法院许可,可以提交书面证言。

(2) 不能正确表达意志的人,不能作证。

(3) 与一方当事人或者其代理人有利害关系的证人出具的证言,以及无正当理由未出庭作证的证人证言,不能单独作为认定案件事实的依据。

(4) 当事人对自己的主张,只有本人陈述而不能提出其他相关证据的,其主张不予支持。但对方当事人认可的除外。

4. 鉴定结论和勘验笔录:

(1) 当事人申请鉴定,应当注意在举证期限内提出。当事人申请鉴定经人民法院同意后,由双方当事人协商确定有鉴定资格的鉴定机构、鉴定人员,协商不成的,由人民法院指定。

(2) 申请重新鉴定,提出证据证明存在下列情形之一的,人民法院应予准许:鉴定程序或者鉴定人员不具备相关的鉴定资格的;鉴定程序严重违法的;鉴定结论明显依据不足的;经过质证认定不能作为证据使用的其他情形。

(3) 对于有缺陷的鉴定结论,可以通过补充鉴定、重新质证或者补充质证等方法解决的,不予重新鉴定。

(4) 一方当事人自行委托有关部门作出的鉴定结论,另一方当事人有证据足以反驳并申请重新鉴定的,人民法院应予准许。

(5) 进行勘验的,当事人或当事人的成年家属应当到场,拒不到场的,不影响勘验的进行。勘验笔录应由勘验人、当事人和被邀请参加的人签名或者盖章。

5. 电子数据:与案件事实有关的电子邮件等以电子形式存在的数据。

(1) 电子证据的形成需要借助于电子技术或者电子设备。电子证据作为证据使用时,往往以其派生物形式存在,如经打印机输出的电子数据的计算机截屏图纸质打印件,经声像设备输出的影像、声音。

(2) 电子数据具有技术含量高、脆弱(易被伪造和篡改)、复合性、间接性等特点,常见的电子证据有电子邮件(E-mail)、电子聊天记录(E-chat)、电子数据交换(EDI)、电子资金划拨(EFT)、电子公告牌记录(BBS)和电子签章(E-signature)。

四、证据保全

是指在证据可能灭失或以后难以取得的情况下,法院根据申请人的申请或依职权,对证据加以规定和保护的制度。

(1) 向人民法院申请保全证据的,不得迟于举证期限届满前7日。当事人申请保全证据的,人民法院可以要求其提供相应的担保。

(2) 仲裁中申请证据保全的,由仲裁委员会将申请提交证据所在地的基层人民法院。

(3) 可以根据具体情况,采用查封、扣押、拍照、录音、录像、复制、鉴定、勘验、制作笔录等方法。人民法院进行证据保全,可以要求当事人或者诉讼代理人到场。

五、证据的应用

1. 举证时限:是指法律规定或法院、仲裁机构指定的当事人能够有效举证的期限。如果当事人没有在法律规定或法院、仲裁机构指定的期限内提交证据,将视为当事人放弃举证权利。

(1) 人民法院在送达案件受理通知书和应诉通知书的同时向当事人送达举证通知书。

(2) 适用一审普通程序审理民事案件时,人民法院指定当事人提供证据证明其主张的基础事实的期限,不得少于 30 日。

(3) 可以少于 30 天的情况:

人民法院在征得双方的同意后,指定的举证期限可以少于 30 天;

适用简易程序审理的案件,指定的举证期限可以少于 30 天。

举证期届满后,针对某一特定事实或特定证据或基于某特定原因,人民法院可以根据具体情况,酌情指定当事人提供证据或反证的期限,不受"不得少于 30 天"的限制。

2. 证据交换:

(1) 我国民事诉讼中的证据交换,是指在人民法院的主持下,当事人之间相互明示其持有证据的过程。

(2) 有利于当事人之间明确争议焦点,集中辩论;有利于法院尽快了解案件争议焦点,集中审理;有利于当事人尽快了解对方的事实依据,促进当事人进行和解和调解。

(3) 应当在审判人员的主持下进行。

3. 质证:是指当事人在法庭的主持下,围绕证据的真实性、合法性、关联性,针对证据证明力有无以及证明力大小,进行质疑、说明与辩驳的过程。证据应当在法庭上出示,由当事人质证。未经质证的证据,不能作为认定案件事实的依据。

(1) 对书证、物证、视听资料进行质证时,当事人有权要求出示证据的原件或者原物,但有下列情形之一的除外:出示原件或原物确有困难,并经法院许可出示复印件或复制品的;原件或原物已不存在,但有证据证明复印件、复制品与原件原物一致的。【注意,都是两个条件。】

(2) 证人的质证。证人确有困难不能出庭作证的,经法院许可,可以提交书面证言或通过双向视听传输手段作证。

证人不得旁听法庭审理;询问证人时,其他证人不得在场;审判人员和当事人可以对证人进行询问;法院认为有必要的,可以让证人进行对质。

4. 认证:即证据的审核认定,是指人民法院对经过质证或当事人在证据交换中认可的各种证据材料作出审查判断,确认其能否作为认定案件事实的根据。具体内容是对证据有无证明力和证明力大小进行审查确认。

5. 不能作为或不能单独作为认定案件事实依据的证据:

(1) 在诉讼中,当事人为达成调解协议或和解目的作出妥协所涉及的对案件事实的认可,不得在其后的诉讼中作为对其不利的证据。

(2) 以侵害他人合法权益或违反法律禁止性规定的方法取得的证据,不能作为认定案件事实的依据。

(3) 不能单独作为依据的：未成年人所作的与其年龄和智力状况不相当的证言；与一方当事人或其代理人有利害关系的证人出具的证言；存有疑点的试听资料；无法与原件、原物核对的复印件、复制品；无正当理由未出庭作证的证人证言。

(4) 当事人对自己的主张，只有本人陈述而不能提出其他相关证据的，其主张不予支持。但对方当事人认可的除外。

6. 可以作为认定案件事实的依据【记住特殊的几条,其他详见 1Z308023】：

(1) 诉讼过程中，当事人在起诉状、答辩状、陈述及其委托代理人的代理词中承认的对己方不利的事实和认可的证据，法院应当予以确认，但当事人反悔并有相反证据的除外。

(2) 有证据证明一方当事人持有证据，无正当理由拒不提供，如果对方当事人主张该证据的内容不利于证据持有人的，可以推定该主张成立。

7. 数个证据对同一事实的证明力：

(1) 国家机关、社会团体依职权制作的公文书证，其证明力一般大于其他书证；

(2) 物证、档案、鉴定结论、勘验笔录或者经过公证、登记的书证，其证明力一般大于其他书证、视听资料和证人证言；

(3) 证人提供的对与其亲属或者其他密切关系的当事人有利的证言，其证明力一般小于其他证人证言。

☞ 典型考题

【例1】下列关于诉讼管辖的表述正确的是(　　)。
　　A. 我国每一级法院均受理一审民事案件
　　B. 建设工程施工合同纠纷适用特殊地域管辖
　　C. 受移送人民法院认为移送的案件不属于本院管辖的,可继续移送有管辖权的人民法院
　　D. 房屋买卖纠纷实行"原告就被告"原则

【例2】民事诉讼的证据不包括(　　)。
　　A. 书证　　　B. 物证　　　C. 视听资料　　　D. 科学实验

【例3】当事人委托傅泽律师事务所的张律师做自己的诉讼代理人,授权委托书中委托权限一栏仅注明"全权代理"。则张律师有权代为(　　)。
　　A. 陈述事实、参加辩论　　　B. 承认、放弃、变更诉讼请求
　　C. 进行和解　　　　　　　　D. 提起反诉或上诉

☞ 参考答案

1. A【要点：B中,施工合同适用专属管辖】；
2. D； 3. A。

考点精要

六、诉讼时效

1. 诉讼时效,指权利人在法定期间内,不行使权利即丧失请求人民法院保护的权利。超过诉讼时效期间,在法律上发生的效力是权利人的胜诉权消灭,即丧失请求法院保护的权利。

(1) 实体权力不消灭。过了诉讼时效期间,义务人履行义务后又以超过诉讼时效为由反悔的,不予支持。

(2) 超过诉讼时效期间权利人起诉,如果符合民事诉讼法规定的起诉条件,法院仍然应当受理。但是,如果法院经受理后查明无中止、中断、延长事由的,判决驳回诉讼请求。

(3) 但是,当事人未提出诉讼时效抗辩,人民法院不应对诉讼时效问题进行阐明及主动适用诉讼时效进行裁判。

2. 不适用诉讼时效的情形:

(1) 支付存款本金及利息请求权;

(2) 兑付国债、金融债券以及向不特定对象发行的企业债券本息请求权;

(3) 基于投资关系产生的缴付出资请求权。

3. 诉讼时效的种类:

(1) 普通诉讼时效。普通诉讼时效期间通常为2年。

(2) 短期诉讼时效。下列诉讼时效期间1年:身体受到伤害要求赔偿的;延付或拒付租金;出售质量不合格的商品未声明;寄存财物被丢失或损毁。

(3) 特殊诉讼时效。由特别法规定的诉讼时效。例如,国际货物买卖合同和技术进出口合同争议的时效为4年;就海上货物运输向承运人要求赔偿的请求权,时效期间为1年。

(4) 权利的最长保护期限。诉讼时效期间从知道或应当知道权利被侵害时起计算。但是,从权利被侵害之日起超过20年的,人民法院不予保护。

4. 诉讼时效期间的计算:从知道或者应当知道权利被侵害时起计算。

(1) 对于人身伤害而发生的损害赔偿请求权,伤害明显的,从受伤害之日起算;伤害当时未曾发现,后经检查确诊并能证明是由侵害引起的,从伤势确诊之日起算。

(2) 当事人约定同一债务分期履行的,诉讼时效期间从最后一期履行期限届满之日起计算。

【如:2006年3月1日前还30%,2006年6月1日前再还40%,2006年9月1日前再还30%。从2006年9月1日起算。】

(3) 未约定履行期限的,可以确定履行期限的,从履行期限届满之日起计算;不能确定的,从债权人要求债务人履行债务的宽限日届满之日起计算,但债务人在债权人第一次向其主张权利之时明确表示不履行义务的,从债务人明确表示不履行义务之日起计算。

【如:10月20日之前还。(履行期限)

如果10月20日还不了钱,10月30日之前还也可以。(宽限日)

如果10月22日小王第一次向小张要求其还款,小张明确表示不还钱。(从债务人明确表示不履行义务之日起计算)】

(4) 合同被撤销,返还财产、赔偿损失请求权的诉讼时效期间,从合同被撤销之日起计算。

(5) 返还不当得利请求权：从当事人一方知道或者应当知道不当得利事实及对方当事人之日起计算。

(6) 无因管理：从无因管理行为结束，并且管理人知道或者应当知道本人之日起计算。

5. 诉讼时效的中止（中止：继续计算）：在诉讼时效期间的最后六个月内，因不可抗力或者其他障碍不能行使请求权的，诉讼时效中止。从中止时效的原因消除之日起，诉讼时效期间继续计算。中止，应当同时满足两个条件：

(1) 权利人由于不可抗力或者其他障碍，不能行使请求权；

(2) 导致权利人不能行使请求权的事由发生在诉讼时效期间的最后6个月内。

6. 诉讼时效的中断（中断：重新计算）：诉讼时效因提起诉讼、当事人一方提出要求或者同意履行义务而中断。从中断时起，诉讼时效期间重新计算。导致诉讼时效中断的几种特殊情形【记住几个特殊的，其他内容详见教材1Z308024】：

(1) 当事人一方为金融机构，依照法律规定或者当事人约定从对方当事人账户中扣收欠款本息的；

(2) 当事人一方下落不明，对方当事人在国家级或者在下落不明的当事人一方住所地的省级有影响的媒体上刊登具有主张权利内容的公告的。

典型考题

【例1】以下关于时效中止的正确表述是（   ）。
    A. 因法定事由的出现，权利人不能行使请求权的，诉讼时效中止
    B. 因原告起诉，诉讼时效中止
    C. 因被告应诉，诉讼时效中止
    D. 因证人要求，诉讼时效中止

【例2】根据施工合同，甲建设单位应于2009年9月30日支付乙建筑公司工程款。2010年6月1日，乙单位向甲单位提出支付请求，则该项款额的诉讼时效（   ）。
    A. 中断   B. 中止   C. 终止   D. 届满

【例3】某建设工程合同约定，建设单位应于工程验收合格交付后两个月内支付工程款。2005年9月1日，该工程经验收合格交付使用，但建设单位迟迟不予支付工程款。若施工单位通过诉讼解决此纠纷，则下列情形中，会导致诉讼时效中止的是（   ）。
    A. 2006年8月，施工单位所在地突发洪灾，一个月后恢复生产
    B. 2007年6月，施工单位所在地发生强烈的地震，一个月后恢复生产
    C. 2007年7月，施工单位法定代表人生病住院，一个月后痊愈出院
    D. 2007年9月，施工单位向人民法院提起诉讼，但随后撤诉

【例4】甲施工企业承包乙公司综合楼一幢，根据施工合同，乙应于2004年4月10日前支付剩余工程款50万元，乙届时未予以支付。甲在索要剩余余款过程中，依次经过以下环节，综合考虑各环节，其中可使诉讼时效中断的情形有（   ）。
    A. 2004年9月，甲致函乙要求其给付工程款
    B. 2005年1月，乙公司负责人在酒席上向甲施工企业负责人表示，要求宽限一年，

2005年12月份一定付款

C. 2005年12月，乙公司新任负责人称该债务系前任领导所欠，自己概不负责

D. 2006年5月，乙公司承认该债务存在，但其已超过诉讼时效期间而拒绝执行

E. 2006年3月，甲向人民法院起诉

☞ **参考答案**

1. A；2. A；3. B；4. ABE。

☞ **考点精要**

七、审判程序

一审程序、二审程序和审判监督程序。

1. 一审程序：包括普通程序和简易程序。适用普通程序的案件，应当在立案之日起6个月内审结。

2. 起诉需符合的条件：

(1) 原告是与本案有直接关系的公民、法人和其他组织；

(2) 有明确的被告；

(3) 有具体的诉讼请求、事实和理由；

(4) 属于人民法院受理民事诉讼的范围和受诉人民法院管辖。

3. 起诉方式分为书面形式和口头形式两种，以书面为原则，但当事人书写起诉状有困难的，也可以口头起诉。

4. 受理：人民法院收到起诉状，经审查，认为符合起诉条件的，应当在7日内立案并通知当事人。

(1) 认为不符合起诉条件的，应当在7日内裁定不予受理，原告对裁定不服的，可以提起上诉。

(2) 诉讼文书送达的7种方式：

直接送达；委托送达；传真、电子邮件送达；

留置送达（受送达人拒绝签收的，留放在受送达人住所）；

邮寄送达（签收人应当当场核对邮件内容）；

转交送达（军人、被监禁人员、被劳动教养人员，由单位转交）；

公告送达（原告补充材料后，仍不能确定被告住址的）；

(3) 法院应当在立案之日起5日内，将起诉状副本发送被告，被告在收到之日起15日内提出答辩状。被告不提出答辩状的，不影响人民法院审理。

(4) 普通程序应当采用合议庭形式。合议庭组成人员确定后，应当在3日内告知当事人。

5. 开庭审理：

(1) 法庭调查程序：当事人陈述；告知证人的权利义务，证人作证，宣读未到庭的证人证言；出示书证、物证和视听资料；宣读鉴定结论；宣读勘验笔录。

(2) 法庭辩论。

(3) 法庭笔录,由审判人员和书记员签名。由当事人、其他诉讼参加人签名或者盖章。

(4) 宣判:原告经传票传唤,无正当理由拒不到庭的,或者未经许可中途退庭的,可以按撤诉处理;被告反诉的,可以缺席判决。被告经传票传唤,无正当理由拒不到庭的,或者未经许可中途退庭的,可以缺席判决。

6. 二审程序。对一审判决不服,提起上诉的时间为15天,对裁定不服,为10天。

(1) 当事人提起上诉,应当递交上诉状。

(2) 上述状应当通过原审法院提出,并按照对方当事人的人数提出副本。

(3) 第二审人民法院作出的判决是终审的判决,具有强制执行力。对于发回原审法院重审的案件,原审法院仍将按照一审程序进行审理。因此,当事人对重审案件的判决、裁定,仍然可以上诉。

二审程序的裁判:

(1) 原判决认定事实清楚,适用法律正确的,判决驳回上诉,维持原判决;

(2) 原判决适用法律错误的,依法改判;

(3) 原判决认定事实错误,或者原判决认定事实不清,证据不足,裁定撤销原判决,发回原审人民法院重审,或者查清事实后改判;

(4) 原判决违反法定程序,可能影响案件正确判决的,裁定撤销原判决,发回原审人民法院重审。

7. 审判监督程序:即再审程序,是指已经发生法律效力的判决裁定由人民法院对案件再行审理的程序。

(1) 人民法院提起再审。必须是已经发生法律效力的判决裁定确有错误。最高人民法院对地方各级人民法院已生效的判决裁定,上级人民法院对下级人民法院已生效的判决裁定,发现确有错误,有权提审或指令下级人民法院再审。

(2) 当事人申请再审的程序。当事人申请不一定引起审判监督程序,只有在同时符合下列条件时,由人民法院依法决定,才可以启动再审程序:

有新的证据,足以推翻原判决、裁定的;原判决、裁定认定的基本事实缺乏证据证明的;原判决、裁定认定事实的主要证据是伪造的;原判决、裁定认定事实的主要证据未经质证的;对审理案件需要的主要证据,当事人因客观原因不能自行收集,书面申请人民法院调查收集,人民法院未调查收集的;原判决、裁定适用法律确有错误的;审判组织的组成不合法或者依法应当回避的审判人员没有回避的;无诉讼行为能力人未经法定代理人代为诉讼或者应当参加诉讼的当事人,因不能归责于本人或者其诉讼代理人的事由,未参加诉讼的;违反法律规定,剥夺当事人辩论权利的;未经传票传唤,缺席判决的;原判决、裁定遗漏或者超出诉讼请求的;据以作出原判决、裁定的法律文书被撤销或者变更的;审判人员审理该案件时有贪污受贿,徇私舞弊,枉法裁判行为的。

当事人申请再审,应当在判决、裁定发生法律效力后6个月内提出;6个月后发现新证据的,据以作出原判决、裁定的主要证据是伪造的,据以作出原判决、裁定的法律文书被撤销或者变更,以及发现审判人员在审理该案件时有贪污受贿、徇私舞弊、枉法裁判行为的,自知道或者应当知道之日起6个月内提出。

(3) 人民检察院抗诉(提请人民法院对案件重新审理)。地方各级人民检察院对同级人民法院已经发生法律效力的判决裁定,发现有符合上文中当事人可以申请再审的情形之一的,或发现调解书损害国家利益、社会公共利益的,应提请上级人民检察院向同级人民法院提出抗诉。

8. 执行:申请执行的期间为2年。

(1) 执行案件的管辖:生效民事判决、裁定书,以及刑事判决、裁定书中的财产部分,由第一审人民法院管辖,或由与一审人民法院同级的被执行的财产所在地人民法院执行。法院受理执行申请后,当事人对管辖权有异议的,应当自收到执行通知书之日起10日内提出。

(2) 直接移交执行:具有给付或者履行内容的生效民事判决、裁定(包括先予执行的抚恤金、医疗费用等);具有财产执行内容的刑事判决书、裁定书;审判人员认为涉及国家、集体或公民重大利益的案件。

(3) 人民法院自收到申请执行书之日起超过6个月未执行的,申请执行人可以向上一级人民法院申请执行。

(4) 被执行人或被执行财产在外地的,可以委托当地人民法院代为执行。受委托的法院收到委托函后,必须在15日内开始执行,不得拒绝。

(5) 当事人、厉害关系人认为执行行为违反法律规定的,可以向负责执行的人民法院提出书面异议。

(6) 执行措施主要包括:查询、冻结、划拨被执行人的存款;扣留、提取被执行人的收入;查封、扣押、拍卖、变卖被执行人的财产;搜查被执行人隐匿的财产等;对被执行人及其住所或财产隐匿地进行搜查;强制被执行人和有关单位、公民交付法律文书指定的财产或票证;强制被执行人迁出房屋或退出土地;强制被执行人履行法律文书指定的行为;办理有关财产权证照转移手续;强制被执行人支付迟延履行期间债务利息及迟延履行金;债权人可以随时请求人民法院执行。

9. 执行中止(暂时停止执行程序)和执行终结(结束执行程序)。

(1) 执行中止:申请人表示可以延期执行的;案外人对执行标的提出确有理由异议的;作为一方当事人的公民死亡,需要等待继承人继承权利或者承担义务的;作为一方当事人的法人或其他组织终止,尚未确定权利义务承受人的;被执行人确无财产可供执行的。中止的情形消失后,恢复执行。

(2) 执行终结:申请人撤销申请的;据以执行的法律文书被撤销的;作为被执行人的公民死亡,无遗产可供执行的,又无义务承担人的;追索赡养费、抚养费、抚育费案件的权利人死亡的;作为被执行人的公民因生活困难无力偿还借款,无收入来源,又丧失劳动能力的。

☞ **典型考题**

【例1】对民事诉讼的基本特征表述正确的是(　　)。
　　A. 当事人约定诉讼方式解决纠纷的,人民法院才有管辖权
　　B. 除简易程序外均采用合议庭制
　　C. 所有民事案件审理及判决结果均应当向社会公开
　　D. 一个案件必须由两级人民法院审理才告终结

【例2】当事人、利害关系人认为人民法院的执行程序违反法律规定的,可以向(　　)人民法院提出书面异议。
　　A. 原审　　　　　　　　　　　　B. 负责执行的
　　C. 原告所在地　　　　　　　　　D. 被告所在地

【例3】某人民法院终审判决,建设单位应于2006年6月1日前付清施工单位工程款。建设单位未履行判决。依照有关法律规定,施工单位申请执行的期限不得迟于(　　)。
　　A. 2006年9月1日　　　　　　　B. 2006年12月1日
　　C. 2007年3月1日　　　　　　　D. 2008年6月1日

【例4】被告经传票传唤,无正当理由拒不到庭的,或者未经许可中途退庭的,(　　)。
　　A. 按原告撤诉处理　　　　　　　B. 通知其立即到庭
　　C. 驳回上诉　　　　　　　　　　D. 可以缺席判决

【例5】在第二审程序的判定中,如果原判决适用法律错误,(　　)。
　　A. 判决驳回上诉,维持原判决　　B. 依法改判
　　C. 发回原审人民法院重审　　　　D. 查清事实后改判

【例6】执行措施中主要包括(　　)被执行人的存款。
　　A. 查询　　　B. 冻结　　　C. 划拨　　　D. 扣留
　　E. 提取

☞ **参考答案**

1. B; 2. B; 3. D; 4. D; 5. B; 6. ABC。

1Z308030 仲裁制度

☞ **考点精要**

一、仲裁三项基本制度

1. 协议仲裁:仲裁协议是仲裁委员会受理仲裁案件的基础,是仲裁庭审理和裁决仲裁案件的依据;

2. 或裁或审:有效的仲裁协议将排除法院的司法管辖权;

3. 一裁终局:裁决作出后,当事人就同一纠纷再申请仲裁或者向人民法院起诉的,不予受理。

二、仲裁协议

1. 应当采用书面形式,口头方式达成的仲裁意思表示无效。
(1) 包括合同书、信件、数据电文(电报、电传、传真、电子数据交换和电子邮件);
(2) 可靠的电子签名与手写签名或者盖章具有同等效力。

2. 内容:请求仲裁的意思表示;仲裁事项;选定的仲裁委员会。这三项内容必须同时具备,

仲裁协议才能有效。

（1）仲裁协议约定由某地的仲裁机构仲裁,且该地只有一个仲裁机构的,该仲裁机构视为约定的仲裁机构;

（2）该地有两个及以上仲裁机构的,当事人可以协议选择,协议不成的,仲裁协议无效。

【1Z308031 案例1 要点】

1. 某合同中约定了仲裁条款:"仲裁应该根据中国国际经济贸易仲裁委员会调解和仲裁规则进行。仲裁应在北京进行。"被申请人收到仲裁通知后,提出:合同中对仲裁机构约定不明确。

2. 仲裁协议仅约定纠纷适用的仲裁规则的,视为未约定仲裁机构,但当事人达成补充协议或按照约定的仲裁规则能够确定仲裁机构的除外。

3. 本案中能够根据仲裁规则确定仲裁机构,因此,中国国际经济贸易仲裁委员会对本案具有管辖权。

三、仲裁协议的效力

1. 发生纠纷后,当事人只能向仲裁协议中约定的仲裁机构申请仲裁,而不能就该纠纷向法院提起诉讼。

2. 有效的仲裁协议将排除法院的司法管辖权。但仲裁协议无效的除外。

3. 仲裁协议是仲裁委员会受理仲裁案件的基础,是仲裁庭审理和裁决案件的依据。

4. 仲裁协议的独立性:仲裁协议独立存在,合同的变更、解除、终止或者无效,不影响仲裁协议的效力。

5. 当事人对仲裁协议效力有异议的,应当在仲裁庭首次开庭前提出。当事人既可以请求仲裁委员会作出决定,也可以请求人民法院裁定。一方请求仲裁委员会作出决定,另一方请求人民法院作出裁定的,由人民法院裁定。

【1Z308031 案例2 要点】

要点:仲裁协议独立存在,合同解除不影响仲裁条款的效力。

☞ **考点精要**

四、仲裁的申请和受理

1. 申请仲裁的条件:有仲裁协议;有具体的仲裁请求和事实、理由;属于仲裁委员会的受理范围。

2. 仲裁委员会收到仲裁申请书之日起5日内,认为符合受理条件的应当受理,并通知当事人;认为不符合受理条件的,应当书面通知当事人不予受理,并说明理由。

3. 收到申请后,将仲裁规则、仲裁员名册送达申请人,将仲裁申请书副本、仲裁规则、仲裁员名册送达被申请人。

4. 财产保全和证据保全:由仲裁委员会将申请转交被申请人住所地,或财产所在地,或证据所在地的有管辖权的人民法院作出裁定。

五、仲裁的开庭和裁决

1. 仲裁庭的组成：合议仲裁庭和独任仲裁庭两种。
（1）仲裁庭可以由3名仲裁员或者一名仲裁员组成。
（2）由3名仲裁员组成的，设首席仲裁员。一方指定一个，共同选第三个或者共同委托仲裁委员会主任指定，第三个为首席仲裁员。

2. 仲裁员有下列情形之一的，必须回避：
（1）是本案当事人或当事人、代理人的近亲属；
（2）与本案有利害关系的；
（3）与本案当事人、代理人有其他关系，可能影响公正仲裁的；
（4）私自会见当事人、代理人，或者接收当事人、代理人请客送礼的。

3. 开庭和审理：
（1）仲裁应当开庭进行，当事人可以协议不开庭。开庭审理不公开进行，当事人协议公开的，可以公开进行，但涉及国家秘密的除外。
（2）当事人应当对自己的主张提供证据。仲裁庭认为有必要收集的证据，可以自行收集。证据应当在开庭时出示，当事人可以质证。在仲裁过程中有权辩论。
（3）申请人无正当理由拒不到庭或者未经许可中途退庭的，视为撤回仲裁申请；被申请人无正当理由拒不到庭或者未经许可中途退庭的，可以缺席审判。

4. 仲裁裁决：按多数仲裁员的意见作出仲裁裁决；在仲裁庭无法形成多数意见时，按首席仲裁员的意见作出裁决。
（1）仲裁裁决从裁决书作出之日起发生法律效力。
（2）当事人不得就已经裁决的事项再申请仲裁，也不得就此提起诉讼。

六、仲裁裁决的执行

1. 仲裁裁决作出后，当事人应当履行裁决。一方当事人不履行的，另一方当事人可以依照民事诉讼法的有关规定，向人民法院申请执行。
（1）被执行人在中国境内的，国内仲裁裁决由被执行人住所地或被执行财产所在地的中级人民法院执行。
（2）申请执行的期间为2年。中止、中断适用诉讼时效的相关规定。从仲裁裁决书规定的履行期限的最后1日起计算。仲裁裁决书规定分期履行的，依规定的每次履行期间的最后1日起计算。

2. 不予执行的情形：
（1）合同中没有仲裁条款或者事后没有达成仲裁协议的；
（2）裁决的事项不属于仲裁协议的范围或者仲裁委员会无权仲裁的；
（3）仲裁庭的组成或者仲裁的程序违反法定程序的；
（4）认定事实的主要依据不足的；
（5）适用法律确有错误的；

(6) 仲裁员在仲裁该案时有索贿受贿、徇私舞弊、枉法裁决行为的。

3. 仲裁裁决被依法裁定<u>不予执行</u>的,当事人就纠纷可以<u>重新</u>达成仲裁协议,并依据该仲裁协议<u>申请仲裁</u>,也可以向法院<u>起诉</u>。

七、涉外仲裁的特别规定

1. 涉外仲裁委员会可以由<u>中国国际商会</u>组织成立。
2. 涉外仲裁机构是:<u>中国国际经济贸易仲裁委员会</u>、<u>中国海事仲裁委员会</u>。中国<u>境内</u>的<u>涉外</u>案件主要由<u>中国国际经济贸易仲裁委员会</u>受理。现在也受理国内仲裁案件。
3. <u>涉外仲裁案件的证据、财产保全</u>:由有管辖权的<u>中级法院</u>裁定并执行。
4. <u>执行</u>:如果被执行人或者其财产<u>不在中国境内</u>的,应当由当事人直接向有<u>管辖权</u>的外国<u>法院</u>申请承认和执行。

☞ **典型考题**

【例1】 以下关于仲裁庭组成的表述,正确的是( )。
    A. 仲裁庭可以由三名仲裁员或一名仲裁员组成,由三名仲裁员组成的设首席仲裁员
    B. 由若干名仲裁员组成仲裁庭的,不设首席仲裁员
    C. 仲裁庭由二名仲裁员组成,当事人双方各选定一名
    D. 仲裁庭由当事人各方选定一名仲裁员组成

【例2】 中国仲裁协会是( )。
    A. 国家行政机关的组成部分　　B. 国家司法机关的组成部分
    C. 国家事业单位的组成部分　　D. 依法成立的社团法人

【例3】 建设工程合同纠纷由( )的仲裁委员会仲裁。
    A. 工程所在地　　　　　　　　B. 仲裁申请人所在地
    C. 纠纷发生地　　　　　　　　D. 双方协商选定

【例4】 合同当事人之间出现合同纠纷,要求仲裁机构仲裁,仲裁机构受理仲裁的前提是当事人提交( )。
    A. 合同公证书　　B. 仲裁协议书　　C. 履约保函　　D. 合同担保书

【例5】 某工程项目施工中发包人和承包人发生合同纠纷,当事人申请仲裁解决纠纷的前提条件是( )。
    A. 施工合同中当事人有选择仲裁的意思表示、仲裁事项和选定的仲裁委员会
    B. 通过有关调解仍未解决合同纠纷
    C. 施工合同当事人在纠纷发生后达成有效的仲裁协议
    D. 和解无效
    E. 人民法院没有管辖权

【例6】 商事仲裁裁决生效后,应当向( )申请执行。
    A. 作出裁决的仲裁委员会　　　　B. 申请人依据地的中级人民法院
    C. 被执行人住所地的中级人民法院　D. 仲裁委员会所在地的中级人民法院

E. 被执行财产所在地的中级人民法院

参考答案

1. A； 2. D； 3. D； 4. B； 5. AC； 6. CE。

1Z308050 行政复议和行政诉讼制度

考点精要

一、行政强制

包括行政强制措施、行政强制执行。

1. 行政强制措施：限制公民人身自由；查封场所、设施或财物；扣押财物；冻结存款、汇款；其他。

2. 行政强制执行：加处罚款或滞纳金、划拨存款、汇款；拍卖或者依法处理查封、扣押的场所、设施或财物；排除妨碍、恢复原状；代履行；其他。

3. 行政强制措施的实施主体：行政机关在法定职权范围内实施。行政强制措施权不得委托。

（1）查封、扣押的期限不得超过30日；复杂的可申请延长，但延长期限不得超过30天。

（2）自冻结存款、汇款之日起30日内，行政机关应当作出处理决定。复杂的可申请延长，但不得超过30天。

4. 行政强制执行的实施主体：具有强制执行权的行政机关在法定职权范围内实施。

（1）强制执行决定前，应当事先催告当事人履行义务。催告期间，对有证据证明有转移或隐匿财物迹象的，可以作出立即强制执行决定。

（2）行政机关依法作出要求当事人履行排除妨碍、恢复原状等义务的，当事人逾期不履行的，后果将危害交通安全、环境污染的，行政机关可以代履行，或者委托没有利害关系的第三人代履行。

（3）当事人在法定期限内不申请行政复议或提起行政诉讼，又不履行行政决定的，没有行政强制执行权的行政机关可以自期限届满之日起3个月内，申请法院强制执行。

二、行政复议

1. 是指行政机关根据上级行政机关对下级行政机关的监督权，在当事人的申请和参加下，按照行政复议程序对具体行政行为进行合法性和适当性审查，并作出裁决解决行政侵权争议的活动。当事人认为具体行政行为侵犯其合法权益的，可以自知道该具体行政行为之日起60日内提出行政复议申请。

（1）收到申请后，应当在5日内进行审查，决定是否受理，并书面告知申请人。

（2）在行政复议期间，行政机关不停止执行该具体行政行为。

2. 可以申请行政复议的事项：行政处罚；行政强制措施；行政许可；认为行政机关侵犯其合

法的经营自主权的;认为行政机关违法集资、征收财物、摊派费用或者违法要求履行其他义务的;认为行政机关的其他行政行为侵犯其合法权益的。

【注意:没有"行政强制执行"这一项。】

3. 不得申请行政复议的事项:
(1) 行政机关的行政处分或者其他人事处理决定。
(2) 行政机关对民事纠纷作出的调解或者其他处理。
4. 行政复议申请:向该部门的本级人民政府或上一级主管部门申请;可以书面,也可以口头。

三、行政诉讼

是指人民法院应当事人的请求,通过审查行政行为合法性的方式,解决特定范围内行政争议的活动。特征:行政诉讼的被告与原告是恒定的,即被告只能是行政机关,原告则是作为行政行为相对人的公民、法人或其他组织,而不可能互换诉讼身份。

1. 可以受理的行政行为
(1) 对行政拘留、暂扣或者吊销许可证和执照、责令停产停业、没收违法所得、没收非法财物、罚款、警告等行政处罚不服的;
(2) 对限制人身自由,或对财产的查封、扣押、冻结等行政强制措施和行政强制执行不服的;
(3) 申请行政许可,行政机关拒绝或者在法定期限内不予答复,或者对行政机关作出的有关行政许可的其他决定不服的;
(4) 对行政机关作出的关于确认土地、矿藏、水流、森林、山岭、草原、荒地、滩涂、海域等自然资源的所有权或者使用权的决定不服的;
(5) 对征收、征用决定及其补偿决定不服的;
(6) 申请行政机关履行保护人身权、财产权等合法权益的法定职责,行政机关拒绝履行或者不予答复的;
(7) 认为行政机关侵犯其经营自主权或者农村土地承包经营权、农村土地经营权的;
(8) 认为行政机关滥用行政权力排除或者限制竞争的;
(9) 认为行政机关违法集资、摊派费用或者违法要求履行其他义务的;
(10) 认为行政机关没有依法支付抚恤金、最低生活保障待遇或者社会保险待遇的;
(11) 认为行政机关不依法履行、未按照约定履行或者违法变更、解除政府特许经营协议、土地房屋征收补偿协议等协议的;
(12) 认为行政机关侵犯其他人身权、财产权等合法权益的。

2. 不予受理的行政案件:
(1) 国防、外交等国家行为;
(2) 行政法规、规章或者行政机关制定、发布的具有普遍约束力的决定、命令;
(3) 行政机关对行政机关工作人员的奖惩、任免处罚等;
(4) 法律规定由行政机关最终裁决的具体行政行为。

3. 行政诉讼主要适用一般地域管辖。

4. 起诉:提起行政诉讼应当符合下列条件:原告是认为行政行为侵犯其合法权益的公民、法人或者其他组织;有明确的被告;有具体的诉讼请求和事实根据;属于人民法院受案范围和受诉人民法院管辖。

(1) 行政争议未经行政复议,由当事人直接向法院提起行政诉讼的,应当自知道或应当知道作出行政行为之日起6个月内提出。

(2) 经过行政复议但对决定不服而提起上诉的,应当在收到行政复议决定书之日起15日内起诉。

(3) 7日内立案或裁定不予受理。原告对裁定不服的,可以提起上诉。

(4) 公民、法人或其他组织认为行政行为所依据的国务院部门和地方人民政府及其部门制定的规范性文件不合法,在对行政行为提起诉讼时,可以一并请求对该规范性文件进行审查。规范性文件不含规章。

(5) 行政诉讼期间,除法律规定的情形外,不停止具体行政行为的执行。

5. 审理:经人民法院两次合法传唤,原告无正当理由拒不到庭的,视为申请撤诉;被告无正当理由拒不到庭的,可以缺席审判。

6. 判决:

(1) 当事人不服人民法院第一审判决的,有权在判决书送达之日起15日内提起上诉;不服人民法院第一审裁定的,有权在裁定书送达之日起10日内提起上诉。逾期不提起上诉的,人民法院的第一审判决或者裁定发生法律效力。

(2) 第二审判决、裁定,是终审判决、裁定。当事人对已经发生法律效力的行政判决、裁定,认为确有错误的,可以向上一级人民法院申请再审,但判决、裁定不停止执行。

7. 执行:拒绝执行的,行政机关可以向第一审人民法院申请强制执行,或者依法强制执行。

【1Z308055 案例要点】

1. 对行政处罚不服,救济途径有两个:行政复议、行政诉讼。

2. 如果直接向法院提起行政诉讼,应当在知道作出具体行政行为之日起3个月内起诉。

3. 建筑公司质疑《城市燃气管理办法》的内容合法性,并就此提起行政诉讼。《城市燃气管理办法》属于具有普遍约束力的决定、命令。因此,不属于人民法院受理行政诉讼的范围。

四、行政机关有违法行为,但国家不承担赔偿责任的情形有

1. 行政机关工作人员与行使职权无关的个人行为;

2. 因公民、法人和其他组织的行为致使损害发生的。

☞ 典型考题

【例1】建设行政管理部门对建设工程合同争议进行调解,施工单位不服,施工单位可以采取的行为是( )。

　　A. 申请行政复议或提起行政诉讼　　B. 申请仲裁或提起民事诉讼

C. 申请行政复议后提起行政诉讼　　D. 申请仲裁后提起民事诉讼

【例2】某施工单位在参加投标中有违法行为,建设行政主管部门的处罚决定于5月20日作出,施工单位5月25日收到。如果施工单位申请行政复议,申请的最后期限为(　　)。

A. 6月4日　　B. 6月9日　　C. 7月19日　　D. 7月24日

【例3】根据《行政复议法》规定,下列选项中不可申请行政复议的有(　　)。

A. 建设行政主管部门吊销建筑公司的资质证书

B. 人民法院对保全财产予以查封

C. 监察机关给予机关工作人员降级处分

D. 建设行政主管部门对建设工程合同争议进行的调解

E. 行政拘留

【例4】某建筑公司对某市辖区建筑工程质量监督站以该区建委名义作出的通报批评结果不服而提起行政复议,则该复议应该向(　　)提出。

A. 市质量监督站　　　　　　　B. 区建委

C. 市建委　　　　　　　　　　D. 该区人民政府

E. 该市人民政府

【例5】可以提起行政复议的事项包括(　　)。

A. 行政处罚　　B. 行政强制措施　　C. 行政征收　　D. 行政处分

E. 行政机关对民事纠纷提出的调解

☞ 参考答案

1. B；2. D；3. CD；4. CD；5. ABC。

2016年一级建造师
"建设工程法规及相关知识"科目模拟试题(一)
(附参考答案)

一、单项选择题(共70题,每题1分。每题的备选项中,只有1个最符合题意)

1. 下列与工程建设有关的规范性文件中,由国务院制定的是(   )。
   A.《工程建设项目施工招标投标办法》   B.《安全生产许可证条例》
   C.《安全生产法》   D.《建筑业企业资质管理规定》

2. 《建筑业企业资质管理规定》属于(   )。
   A. 行政法规   B. 一般法律   C. 司法解释   D. 部门规章

3. 有关招标投标的法律文件中,法律效力最高的是(   )。
   A.《招标投标法》   B.《建筑业企业资质管理规定》
   C.《北京市招标投标条例》   D.《工程建设项目施工招标投标办法》

4. 项目经理部行为的法律后果由(   )承担。
   A. 企业法人   B. 项目经理   C. 监理工程师   D. 主要项目负责人

5. 下列关于法人资格取得的叙述,不正确的是(   )。
   A. 有独立经费的机关从成立之日起,具有法人资格
   B. 依法需要办理法人登记的,经核准登记,取得法人资格
   C. 具有法人条件的社会团体,一律经核准登记之日起,具有法人资格
   D. 具有法人条件的事业单位,依法不需要办理法人登记的,从成立之日起,具有法人资格

6. 在没有乙建筑公司委托的情况下,甲某却以乙建筑公司代理人的身份与丁水泥供应商订购了一批水泥。下列说法中,正确的说法是(   )。
   A. 甲某的行为属表见代理,该合同有效
   B. 甲某的行为属无权代理,该合同无效
   C. 水泥供应商有正当理由相信甲某有代理权,该合同才成立
   D. 水泥供应商有正当理由相信甲某有代理权,如果乙建筑公司不支付水泥货款,甲某就要承担违约责任

7. 下列关于表见代理的说法,错误的是(   )。
   A. 表见代理的行为人没有代理权
   B. 表见代理是无效代理
   C. 表见代理在本质上属于无权代理
   D. 表见代理是使善意相对人有理由相信行为人有代理权

8. 当事人之间订立有关设立、变更、转让和消灭不动产物权的合同,除法律另有规定或者合同另有约定外,自(   )时生效。

A. 合同成立　　B. 合同被公证　　C. 该物权登记　　D. 不动产交付

9. 施工企业在施工中未采取相应防范措施,造成第三人人身伤害,其应当承担(　　)责任(　　)。

　　A. 合同　　B. 侵权　　C. 不当得利　　D. 无因管理

10. 发明专利权的期限为自申请日起(　　)年。

　　A. 10　　B. 15　　C. 20　　D. 25

11. 建设单位委托设计单位进行设计工作,双方没有约定著作权的归属,图纸由甲设计师完成,则图纸的著作权归(　　)。

　　A. 建设单位和设计单位共同所有　　B. 设计单位和甲设计师共同所有
　　C. 建设单位和甲设计师共同所有　　D. 建设单位单独所有

12. 施工企业以自有的房产做抵押,向银行贷款100万元,后来施工企业无力偿还贷款,经诉讼后其抵押房产被拍卖,拍得的价款为150万元,贷款的利息及违约金为20万元,实现抵押权的费用为10万元,则拍卖后应返还施工企业的款项为(　　)万元。

　　A. 10　　B. 20　　C. 30　　D. 50

13. 根据2011年7月1日起实施的修改后的《中华人民共和国建筑法》的有关规定,为保证施工企业的职工在发生工伤时及时得到医治,建筑施工企业应当(　　)。

　　A. 在投标时为职工办理意外伤害保险

　　B. 在中标后为职工办理意外伤害保险

　　C. 为从事有职业危害的职工办理意外伤害保险

　　D. 为职工参加工伤保险缴纳工伤保险费

14. 《行政处罚法》规定,行政处罚的种类不包括(　　)。

　　A. 罚金　　　　　　　　　　B. 责令停产停业
　　C. 行政拘留　　　　　　　　D. 没收违法所得,没收非法财物

15. 甲建筑公司承揽的是开工报告已获批准的工程项目。合同约定于2009年3月1日开工,但是由于征地问题没有解决而未能按期开工。如果开工日期超过(　　),则应当重新办理开工报告的批准手续。

　　A. 2009年3月15日　　　　B. 2009年6月1日
　　C. 2009年9月1日　　　　　D. 2010年3月1日

16. 下列关于申请延期开工的表述中,错误的是(　　)。

　　A. 建设单位应当自领取施工许可证之日起3个月内开工

　　B. 因故不能按期开工的,应当向发证机关申请延期

　　C. 延期以3次为限,每次不超过3个月

　　D. 既不开工又不申请延期或者超过延期时限的,施工许可证自行废止

17. 以房屋建筑工程施工总承包企业为例,按照《建筑业企业资质等级标准》《施工总承包企业特级资质标准》的规定,下列说法中正确的是(　　)。

　　A. 特级企业注册资本金600万元以上,企业净资产700万元以上

　　B. 特级企业注册资本金2 000万元以上,企业净资产2 500万元以上

　　C. 特级企业注册资本金5 000万元以上,企业净资产6 000万元以上

D. 特级企业注册资本金3亿元以上，企业净资产3.6亿元以上

18. 中外合资经营建筑业企业、中外合作经营建筑业企业中方合营者的出资总额不得低于注册资本的（　　）。
    A. 10％　　　　　B. 15％　　　　　C. 25％　　　　　D. 40％

19. 下列关于外资建筑企业资质审批与管理的表述中，正确的是（　　）。
    A. 外资建筑企业的资质等级标准参照其母公司实力核定
    B. 外资建筑企业与其他企业联合承包工程，应按外资建筑企业资质等级确定业务许可范围
    C. 外资建筑企业申请晋升资质等级或者申请增项的，应按规定统一到国务院建设行政主管部门办理
    D. 中外合资建筑企业，中方投资者为中央管理企业的，其资质由国务院建设行政主管部门审批

20. 建造师甲某的注册有效期将于2010年6月1日届满，甲某如需继续执业，最迟应当于（　　）之前申请延续注册。
    A. 2010年1月1日　　　　　B. 2010年3月1日
    C. 2010年5月1日　　　　　D. 2010年6月1日

21. 甲于2007年3月20日取得一级建造师注册执业证书，由于工作单位变动，于2008年6月20日按规定办理了注册变更手续。根据有关规定，甲的注册有效期应当截止到（　　）。
    A. 2010年3月20日　　　　　B. 2011年3月20日
    C. 2011年6月20日　　　　　D. 2012年6月20日

22. 根据《工程建设项目施工招标投标办法》，下列关于投标保证金的说法，正确的是（　　）。
    A. 中标人拒绝签订施工合同时，招标人有权没收其投标保证金
    B. 投标保证金不得采用银行保函方式
    C. 招标人发出中标通知书，投标保证金的有效期自动终止
    D. 投标保证金最高不得超过50万元

23. 根据招标投标相关法律规定，在投标有效期结束前，由于出现特殊情况，招标人要求投标人延长投标有效期时，（　　）。
    A. 投标人不得拒绝延长，并不得收回其投标保证金
    B. 投标人可以拒绝延长，并有权收回其投标保证金
    C. 投标人不得拒绝延长，但可以收回其投标保证金
    D. 投标人可以拒绝延长，但无权收回其投标保证金

24. 招标人在离投标截止时间只有10天的时候，对招标文件做出了书面澄清，此时应（　　）。
    A. 以招标文件为准，投标截止时间不变
    B. 以招标文件为准，投标截止时间顺延5天
    C. 以澄清为准，投标截止时间不变
    D. 以澄清为准，投标截止时间顺延5天

25. 某必须招标的项目，共有三家单位投标，其中一家未按招标文件要求提交投标保证金，则关于对投标的处理和是否重新招标，下列说法中，正确的是（　　）。

A. 评标委员会可以否决全部投标;如果所有投标被否决的,招标人应当重新招标
B. 评标委员会可以否决全部投标;如果所有投标被否决的,招标人可以直接发包
C. 评标委员会必须否决全部投标;如果所有投标被否决的,招标人应当重新招标
D. 评标委员会必须否决全部投标;如果所有投标被否决的,招标人可以直接发包

26. 某建设项目,采用经评审的最低投标价法评标,经评审的投标价格最低的投标人报价1 020万元,评标价格1 010万元。评标结束后,该投标人向招标人表示,可以再降低报价,报1 000万元,与此对应的评标价为990万元,则双方签订的合同价应当为( )万元。
    A. 1 020   B. 1 010   C. 1 000   D. 990

27. 下列关于分包工程发生质量、安全、进度等问题给建设单位造成损失的责任承担说法,正确的是( )。
    A. 建设单位只能向给其造成损失的分包单位主张权利
    B. 建设单位与分包单位无合同关系,无权向分包单位主张权利
    C. 总承包单位承担的责任超过其应承担份额的,有权向分包单位追偿
    D. 分包单位只对总承包单位负责

28. 下列事项属于建筑市场施工单位资质不良行为认定标准的是( )。
    A. 未按要求提供注册建造师信用档案信息
    B. 将承包的工程转包或违法分包
    C. 以他人名义投标或以其他方式弄虚作假,骗取中标
    D. 未取得资质证书承揽工程,或超越本单位资质等级承揽工程

29. 施工单位向电梯生产公司订购两部A型电梯,并要求5日内交货。电梯生产公司回函表示如果延长1周可如约供货。根据《合同法》,电梯生产公司的回函属于( )。
    A. 要约邀请   B. 承诺   C. 新要约   D. 部分承诺

30. 水泥厂在承诺有效期内,对施工单位订购水泥的要约做出了完全同意的答复,则该水泥买卖合同成立的时间为( )。
    A. 施工单位发出订购水泥的要约时   B. 施工单位订购水泥的要约到达水泥厂时
    C. 水泥厂发出答复文件时   D. 水泥厂的答复文件到达施工单位时

31. 下列事项属于建设工程施工合同发包人主要义务的是( )。
    A. 及时检查隐蔽工程   B. 不得转包和违法分包工程
    C. 自行完成建设工程主体结构施工   D. 建设工程质量不符合约定的无偿修理

32. 施工单位与建设单位签订施工合同,约定施工单位垫资20%,但没有约定垫资利息。后施工单位向人民法院提起诉讼,请求建设单位支付垫资利息。对施工单位的请求,人民法院正确的做法是( )。
    A. 尽管未约定利息,施工单位要求按中国人民银行发布的同期同类贷款利率支付垫资利息,应予支持
    B. 由于未约定利息,施工单位要求支付垫资利息,不予支持
    C. 由于垫资行为违法,施工单位要求返还垫资,不予支持
    D. 尽管未约定利息,施工单位要求按低于中国人民银行发布的同期同类贷款利率支付垫资利息,应予支持

33. 某施工单位从租赁公司租赁了一批工程模板。施工完毕,施工单位以自己的名义将该模板卖给其他公司。后租赁公司同意将该批模板卖给施工单位。此时施工单位出卖模板的合同为( )合同。

　　A. 有效　　　　B. 效力待定　　　C. 可变更、可撤销　　D. 无效

34. 甲与乙签订房屋买卖合同,将自有的一幢房屋卖给乙,并约定任何一方违约须向对方支付购房款25%的违约金。但在交房前,甲又与丙签订合同,将该房屋卖给丙,并与丙办理了过户登记手续。则下列说法中错误的是( )。

　　A. 若乙要求甲支付约定的违约金,甲可以请求法院或仲裁机构予以适当减少
　　B. 甲必须收回房屋并向乙方交付
　　C. 丙取得该房屋的所有权
　　D. 乙不能要求甲实际交付该房屋,但可以要求甲承担违约责任

35. 某贸易公司与某建材供应商签订合同,约定供应商于合同签订后7日内将3 000 t钢筋运至某工地,向施工单位履行交货义务。合同签署后,供应商未按合同约定交货,则( )。

　　A. 施工单位与贸易公司应共同向供应商追究违约责任
　　B. 供应商应向施工单位承担违约责任
　　C. 供应商应向贸易公司承担违约责任
　　D. 施工单位与贸易公司均可向供应商追究违约责任

36. 王某应聘到某施工单位,双方于4月15日签订为期3年的劳动合同,其中约定试用期3个月,次日合同开始履行。7月18日,王某拟解除劳动合同,则( )。

　　A. 必须取得用人单位同意
　　B. 口头通知用人单位即可
　　C. 应提前30日以书面形式通知用人单位
　　D. 应报请劳动行政主管部门同意后以书面形式通知用人单位

37. 劳务派遣单位应当与被派遣劳动者订立( )以上的固定期限劳动合同,按月支付劳动报酬。

　　A. 6个月　　　B. 12个月　　　C. 18个月　　　D. 2年

38. 下列关于工程质量检测机构的说法,错误的是( )。

　　A. 可以转包检测业务
　　B. 具有独立的法人资格
　　C. 是中介机构
　　D. 分为专项检测机构资质和见证取样检测机构资质

39. 在城市市区范围内,建筑施工过程中使用机械设备,可能产生噪声的,施工单位必须在该工程开工( )日以前向工程所在地县级以上地方人民政府环境保护部门申报。

　　A. 10　　　　B. 7　　　　C. 15　　　　D. 3

40. 某大型项目由于未进行配套环境保护措施的技术论证,其环境影响评价文件未获批准,关于该项目的立项和开工,下列说法中,正确的是( )。

　　A. 可以先批准立项,但建设单位不得开工
　　B. 不得批准立项,建设单位不得开工

C. 不得批准立项,但建设单位可以先开工

D. 可以先批准立项,建设单位可以先开工

41. 在全国重点文物保护单位的保护范围内进行爆破、钻探、挖掘作业的,必须经(　　)批准。
    A. 县级人民政府　　　　　　　　B. 省级人民政府
    C. 国务院　　　　　　　　　　　D. 省级文物行政部门

42. 根据《安全生产许可证条例》规定,企业在安全生产许可证有效期内,严格遵守有关安全生产的法律法规,未发生(　　)事故的,安全生产许可证有效期届满时,经原发证管理机关同意,不再审查,安全生产许可证有效期延期3年。
    A. 安全　　　B. 重大死亡　　　C. 死亡　　　D. 重伤

43. 某建设项目实行施工总承包,则该建设工程的安全生产事故应急救援预案应由(　　)编制。
    A. 监理单位统一组织　　　　　　B. 总承包单位统一组织
    C. 总承包单位和分包单位各自　　D. 建设单位统一组织

44. 根据《建设工程安全生产管理条例》的规定,建设工程意外伤害保险的期限(　　)。
    A. 自保险合同生效之日起至保险合同解除止
    B. 自施工合同订立之日起至施工合同履行完毕止
    C. 自实际施工之日起至竣工结算完毕止
    D. 自工程开工之日起至竣工验收合格止

45. 工程监理单位在实施监理过程中,发现存在安全事故隐患,情况严重的,应当要求施工单位(　　)。
    A. 整改,并及时报告有关主管部门
    B. 整改,并及时报告建设单位
    C. 暂时停止施工,并及时报告建设单位
    D. 暂时停止施工,并及时报告有关主管部门

46. 按照《建设工程安全生产管理条例》的规定,(　　)不属于建设单位安全责任范围。
    A. 向建设行政主管部门提供安全施工措施资料
    B. 向施工单位提供准确的地下管线资料
    C. 为施工现场从事特种作业的施工人员提供安全保障
    D. 对拆除工程进行备案

47. 根据《建设工程安全生产管理条例》的规定,属于施工单位安全责任的是(　　)。
    A. 提供相邻构筑物的有关资料　　B. 编制安全技术措施及专项施工方案
    C. 办理施工许可证时报送安全施工措施　D. 提供安全施工措施费用

48. 施工人员对涉及结构安全的试块、试件以及有关材料,应当在(　　)的监督下现场取样并送检。
    A. 设计单位　　　　　　　　　　B. 工程质量监督机构
    C. 监理单位　　　　　　　　　　D. 施工企业质量管理部门

49. 根据《建设工程质量管理条例》的规定,设计单位应当参与建设工程(　　)分析,并提出相应的技术处理方案。

A. 工期延误　　　　B. 投资失控　　　　C. 质量事故　　　　D. 施工组织

50. 施工单位所承建的某办公楼,没有经过验收建设单位就提前使用。3年后,办公楼主体结构出现质量问题,下列说法正确的是(　　)。
    A. 主体结构的最低保修期限应是50年,施工单位需要承担保修责任
    B. 主体结构的最低保修期限是设计的合理使用年限,施工单位应当承担保修责任
    C. 施工单位是否承担保修责任,取决于建设单位是否已经足额支付工程款
    D. 由于建设单位提前使用,施工单位不需要承担保修责任

51. 下列关于建设单位质量责任和义务的说法,错误的是(　　)。
    A. 不得明示或暗示设计单位或施工单位违反工程建设强制性标准,降低工程质量
    B. 在领取施工许可证或开工报告后,按照国家有关规定办理工程质量监督手续
    C. 应当依法报审施工图设计文件
    D. 不得将建设工程肢解发包

52. 下列关于和解的说法,错误的是(　　)。
    A. 和解可以发生在民事诉讼的任何阶段
    B. 当事人在申请仲裁或提起民事诉讼后仍然可以和解
    C. 和解协议具有强制执行的效力
    D. 当事人和解后可以请求法院调解,制作调解书

53. 下列关于民事诉讼证人出庭作证的说法,正确的是(　　)。
    A. 证人只提交书面证词无须出庭作证
    B. 证人有义务出庭作证
    C. 证人在庭审时应当旁听
    D. 数个证人证明同一事实时,可以同时接受询问

54. 在第二审程序的判定中,如果原判决适用法律错误,应(　　)。
    A. 判决驳回上诉,维持原判决　　　　B. 依法改判
    C. 发回原审人民法院重审　　　　　　D. 查清事实后改判

55. 在一起钢材购销合同纠纷的诉讼过程中,作为买方的施工企业将钢材供应商在其网站上发布的价目表下载打印并在法庭上作为证据出示,则该证据种类属于(　　)。
    A. 物证　　　　B. 勘验笔录　　　　C. 书证　　　　D. 视听资料

56. 按照合同的约定,2007年1月1日发包方应该向承包方支付工程款,但没有支付。2007年7月1日至8月1日期间,当地发生了特大洪水,导致承包方不能行使请求权。2007年12月3日,承包方向法院提起诉讼,请求发包方支付拖欠的工程款,2007年12月31日法院作出判决。则下面的说法正确的是(　　)。
    A. 2007年7月1日至8月1日期间诉讼时效中止
    B. 2007年12月3日起诉讼时效中止
    C. 2007年12月3日诉讼时效中断
    D. 2007年7月1日至8月1日期间诉讼时效中断

57. 建设单位以工程质量不合格为由,拒绝支付工程款,施工单位诉至人民法院。向人民法院提交的下列资料中,不属于证据的是(　　)。

A. 工程质量检测机构出具的鉴定报告　　B. 建设单位职工的书面证明材料
C. 建设单位与施工单位签订的施工合同　D. 建设单位提交的答辩状

58. 人民法院可以根据情况对不同的证据采用不同的保全方法,下列行为不属于证据保全方法的是(　　)。

A. 没收　　　B. 扣押　　　C. 查封　　　D. 勘验

59. 建设单位与施工单位的合同中约定:"合同在履行过程中发生的争议,由双方当事人协商解决,协商不成的,可以向有关仲裁委员会申请仲裁。"后双方发生纠纷,建设单位要求向甲仲裁委员会申请仲裁,施工单位要求向乙仲裁委员会申请仲裁,双方争执不下。下列关于纠纷解决方式选择的说法,正确的是(　　)。

A. 只能向不动产所在地的仲裁委员会申请仲裁

B. 只能向有管辖权的人民法院起诉

C. 应由甲仲裁委员会进行仲裁

D. 建设单位与施工单位选择的仲裁委员会谁先收到仲裁申请,就由谁进行仲裁

60. 甲方与乙方签订一项工程承揽合同并约定仲裁机构,后在合同履行期间产生纠纷,双方按照约定进行了仲裁,乙方不服仲裁裁决,根据《仲裁法》规定,乙方可以向(　　)的中级人民法院提出撤销仲裁裁决的申请。

A. 仲裁委员会所在地　　　B. 合同签订地
C. 乙方所在地　　　　　　D. 建设工程所在地

61. 下列关于仲裁开庭的说法,正确的是(　　)。

A. 仲裁应当开庭进行,当事人也可以协议不开庭

B. 仲裁应当不开庭进行,当事人也可以协议开庭

C. 仲裁不公开进行,当事人协议公开的必须公开

D. 仲裁公开进行,当事人可以协议不公开

62. 公民、法人或者其他组织认为具体行政行为侵犯其合法权益的,可以自(　　)内提出行政复议申请。

A. 该具体行政行为发生之日起 60 日　　B. 该具体行政行为发生之日起 90 日
C. 知道该具体行政行为之日起 60 日　　D. 知道该具体行政行为之日起 90 日

63. 某商场未履行任何手续,擅自将承重结构进行变动。对此有关部门应责令商场改正,并可(　　)。

A. 处以罚款　　B. 要求排除妨碍　　C. 责令消除危险　　D. 没收财产

64. 施工企业的施工现场消防安全责任人应是(　　)。

A. 施工企业负责人　　　B. 专职安全员
C. 专职消防安全员　　　D. 项目负责人

65. 根据《民法通则》,关于代理的说法,正确的是(　　)。

A. 代理人在授权范围内实施代理行为的法律后果由被代理人承担

B. 代理人可以超越代理权实施代理行为

C. 被代理人对代理人的一切行为承担民事责任

D. 代理是代理人以自己的名义实施民事法律行为

66. 下列法律责任中,属于刑事处罚的是( )。
   A. 处分   B. 暂扣执照   C. 恢复原状   D. 罚金

67. 下列关于建筑工程施工许可管理的说法,错误的是( )。
   A. 申请施工许可证是取得建设用地规划许可证的前提条件
   B. 保证工程质量和安全的施工措施须在申请施工许可证前编制完成
   C. 只有法律和行政法规才有权设定施工许可证的申领条件
   D. 消防设计审核不合格的,不予颁发施工许可证

68. 建设项目施工过程中发现地下古墓,立即报告当地文物行政部门,文物行政部门接到报告后,一般应在不超过( )小时赶赴工地现场。
   A. 12   B. 36   C. 48   D. 24

69. 根据《建设工程质量管理条例》,下列分包情形中,不属于违法分包的是( )。
   A. 施工总承包合同中未有约定,承包单位又未经建设单位认可,就将其全部劳务作业交由劳务单位完成
   B. 总承包单位将工程分包给不具备相应资质条件的单位
   C. 施工总承包单位将工程主体结构的施工分包给其他单位
   D. 分包单位将其承包的专业工程进行专业分包

70. 施工人员对设计结构安全的试块、试件以及有关材料,应当在( )监督下现场取样,并送具有相应资质等级的质量检测单位进行检测。
   A. 施工企业质量管理部门   B. 设计单位或监理单位
   C. 工程质量监督机构   D. 建设单位或监理单位

二、多项选择题(共30题,每题2分,每题的备选项中,有两个或两个以上符合题意,至少有一个错项。错选,本题不得分;少选,所选的每个选项得0.5分)

71. 下列关于物权的说法,正确的有( )。
   A. 所有权和抵押权可以同时存在于同一不动产之上
   B. 用益物权和抵押权可以同时存在于同一不动产之上
   C. 国家所有土地的所有权和使用权都不能转移
   D. 建设单位可以与政府部门签订土地出让合同拥有该地的所有权
   E. 两个抵押权可以同时存在于同一不动产之上

72. 下列对动产物权的设立和转让的说法,正确的是( )。
   A. 动产物权以占有和交付为公示手段
   B. 动产物权的设立和转让,必须登记才发生法律效力
   C. 机动车等物权的设立、变更、转让和消灭,未经登记,不得对抗第三人
   D. 动产物权的设立和转让,自交付时发生效力,但法律另有规定的除外
   E. 船舶、航空器等物权的设立、变更、转让和消灭,未经登记,不得对抗善意第三人

73. 当事人之间订立有关设立不动产物权的合同,除法律另有规定或合同另有约定的,该合同效力情形表现为( )。
   A. 合同自成立时生效   B. 合同自办理物权登记时生效

C. 未办理物权登记合同无效 D. 未办理物权登记不影响合同效力
E. 合同生效当然发生物权效力

74. 在某建设项目施工中形成的下列债权中,属于合同之债的有( )。
    A. 施工单位与材料供应商订立合同
    B. 施工现场的砖块坠落砸伤现场外的行人
    C. 施工单位将本应汇给甲单位的材料款汇入了乙单位账号
    D. 材料供应商向施工单位交付材料
    E. 施工单位向材料供应商支付材料款

75. 知识产权的法律特征包括( )。
    A. 专有性   B. 期限性   C. 地域性   D. 相对性
    E. 财产权和人身权的双重属性

76. 《民法通则》规定,承担民事责任的方式主要有( )。
    A. 停止侵害   B. 排除妨碍   C. 消除危险   D. 支付违约金
    E. 没收财产

77. 企业申请建筑业企业资质,应当提交的资料包括( )。
    A. 申请表及相应文档   B. 营业执照正副本原件
    C. 营业执照正副本复印件   D. 企业章程原件
    E. 企业章程复印件

78. 建筑业企业申请资质或申请资质增项,在申请之日起的前一年内出现下列情形,资质许可机关对其申请不予批准的有( )。
    A. 与建设单位或企业之间相互串通投标的
    B. 未取得施工许可证擅自施工的
    C. 将承包的工程转包或违法分包的
    D. 发生过安全事故的
    E. 恶意拖欠分包企业工程款或农民工工资的

79. 有5位先生通过了建造师执业资格考试,目前打算申请注册。下列情形中不予注册的有( )。
    A. 李先生3年前担任工长时,由于偷工减料导致了安全生产事故而受到刑事处罚
    B. 赵先生就职于工商行政主管部门,希望能利用业余时间从事施工管理工作
    C. 王先生由于业务水平高,同时受聘于两家施工企业,申请在这两个单位分别注册
    D. 周先生拖欠农民工工资
    E. 张先生由于在今年的施工过程中擅自修改图纸而受到了处分

80. 某项目招标中,招标文件要求投标人提交投标保证金。招标过程中,招标人有权没收投标保证金的情形有( )。
    A. 投标人在投标有效期内撤回投标文件
    B. 投标人在开标前撤回投标文件
    C. 中标人拒绝提交履约保证金
    D. 投标人拒绝招标人延长投标有效期要求

E. 中标人拒绝签订合同

81. 甲、乙两个施工单位组成联合体投标,双方约定:如因施工质量问题导致建设单位索赔,各自承担索赔额的50%。施工过程中建设单位确因质量原因索赔12万元,则下列关于此索赔和赔偿责任承担的说法中,正确的是（　　）。
    A. 如甲无过错,则其有权拒绝先行赔付
    B. 建设单位可直接要求甲承担12万元
    C. 建设单位可直接要求乙承担12万元
    D. 建设单位应当要求质量缺陷的过错方承担主要责任
    E. 先行赔付的一方,有权就超出50%的部分向另一方追偿

82. 下列各项,属于投标人之间串通投标的行为有（　　）。
    A. 投标者之间相互约定,一致抬高或者压低投标价
    B. 投标者借用其他企业的资质证书参加投标
    C. 投标者之间相互约定,在招标项目中轮流以低价位中标
    D. 招标人明示或者暗示投标人压低或者抬高投标报价
    E. 投标者之间进行内部竞价,内定中标人,然后参加投标

83. 根据《建设工程质量管理条例》,下列分包情形中,属于违法分包的有（　　）。
    A. 施工总承包单位将建设工程的土方工程分包给其他单位
    B. 总承包单位将建设工程分包给不具备相应资质条件的单位
    C. 未经建设单位许可,承包单位将其承包的部分建设工程交由其他单位完成
    D. 施工总承包单位将建设工程主体结构的施工分包给其他单位
    E. 施工总承包单位将建设工程肢解后以分包的名义全部交由其他单位完成

84. 甲建设单位发包某大型工程项目,乙是总承包单位,丙是具有相应专业承包资质的施工单位,丁是具有劳务分包资质的施工单位。下列关于该项目发包、分包的说法中,正确的有（　　）。
    A. 乙可以将专业工程分包给丙 B. 丙可以将劳务作业分包给丁
    C. 乙可以将劳务作业分包给丁 D. 甲可以将专业工程发包给丙
    E. 甲可以将劳务作业分包给丁

85. 建筑市场施工单位承揽业务不良行为认定标准包括（　　）。
    A. 以他人名义投标或以其他方式弄虚作假,骗取中标的
    B. 将承包的工程转包或违法分包的
    C. 不按照与投标人订立的合同履行义务,情节严重的
    D. 未向作业人员提供安全防护用具和安全防护服装的
    E. 利用向发包单位及其工作人员行贿、提供回扣或者给予其他好处等不正当手段承揽业务的

86. 施工企业承揽业务不良行为的认定标准包括（　　）。
    A. 以他人名义投标或其他方式弄虚作假,骗取中标的
    B. 将承包的工程转包或违法分包的
    C. 以向评标委员会成员行贿的手段谋取中标的

D. 以欺骗手段取得资质证书的

E. 工程竣工验收后,不向建设单位出具质量保修书的

87. 依据不同的合同划分标准,建设工程施工合同属于( )。

  A. 要式合同 B. 实践合同 C. 单务合同 D. 有偿合同

  E. 完成工作成果的合同

88. 甲建筑公司收到了某水泥厂寄发的价目表但无其他内容。甲按标明价格提出订购1 000 t某型号水泥,并附上主要合同条款,却被告知因原材料价格上涨故原来的价格不再适用,要采用提价后的新价格,则下列说法正确的有( )。

  A. 水泥厂的价目表属于要约邀请 B. 甲建筑公司的订购表示属于要约

  C. 水泥厂的价目表属于要约 D. 水泥厂新报价属于承诺

  E. 水泥厂新报价属于新要约

89. 施工单位与建设单位签订施工合同,双方没有约定付款时间,后因利息计算产生争议,则下列有关工程价款应支付日期的表述正确的有( )。

  A. 建设工程没有交付的,为提交验收报告之日

  B. 建设工程已实际交付的,为交付之日

  C. 建设工程没有交付的,为提交竣工结算文件之日

  D. 建设工程未交付,工程价款也未结算的,为人民法院判决之日

  E. 建设工程未交付,工程价款也未结算的,为当事人起诉之日

90. 根据招标投标相关法律和司法解释,下列施工合同中,属于无效合同的有( )。

  A. 未经发包人同意,承包人将部分非主体工程分包给具有相应资质的施工单位的合同

  B. 建设单位直接与专业施工单位签订的合同

  C. 承包人将其承包的工程全部分包给其他有资质的承包人的合同

  D. 投标人串通投标中标后与招标人签订的合同

  E. 招标文件中明确要求投标人垫资并据此与中标人签订的合同

91. 下列选项中,属于无效合同的有( )。

  A. 供应商欺诈施工单位签订的采购合同

  B. 村委会负责人为获得回扣与施工单位高价签订的村内道路施工合同

  C. 施工单位将工程转包给他人签订的转包合同

  D. 分包商擅自将发包人供应的钢筋变卖签订的买卖合同

  E. 施工单位与房地产开发商签订的垫资施工合同

92. 根据我国法律规定,下列合同转让行为无效的有( )。

  A. 甲将中标的某项目全部转让给乙施工单位

  B. 甲将自己对乙单位的一笔债务部分转让给丙公司,随后通知乙单位

  C. 甲将中标的某项目的劳务作业全部分包给具有相应资质的丁企业

  D. 甲不顾合同所约定不得转让债权的条款,将自己对乙单位的一笔债权转让给丙公司

  E. 甲将自己对乙单位的一笔债权转让给丙公司,随后通知乙单位

93. 关于违约金条款的适用,下列说法正确的有( )。

  A. 约定的违约金低于造成的损失的,当事人可以请求人民法院或者仲裁机构予以增加

B. 违约方支付迟延履行违约金后,另一方仍有权要求继续履行

C. 当事人既约定违约金,又约定定金的,一方违约时,对方可以选择适用违约金条款或定金条款

D. 当事人既约定违约金,又约定定金的,一方违约时,对方可以同时适用违约金条款及定金条款

E. 约定的违约金高于造成的损失的,当事人可以请求人民法院或者仲裁机构按实际损失金额调减

94.《劳动合同法》规定,被派遣者被劳务派遣单位派遣后,用工单位应当履行的义务包括( )。

A. 执行国家劳动标准,提供相应的劳动条件和劳动保护

B. 告知被派遣劳动者的工作要求和劳动报酬

C. 支付加班费、绩效奖金,提供与工作岗位相关的福利待遇

D. 对在岗被派遣劳动者进行工作岗位所必需的培训

E. 用工单位可以将优秀的被派遣劳动者再派遣到其他用人单位

95. 在市区施工产生环境噪声污染的下列情形中,可以在夜间进行施工作业而不需要有关主管部门批准的是( )。

A. 混凝土连续浇筑

B. 特殊需要必须连续作业

C. 自来水管道爆裂抢修

D. 由于施工单位计划向国庆献礼而抢进度的施工

E. 路面塌陷抢修

96. 根据《建设工程安全生产管理条例》,施工项目经理的安全职责有( )。

A. 应当制订安全生产规章制度　　B. 落实安全生产责任制
C. 确保安全生产费用的有效使用　　D. 保证安全生产条件所需资金的投入
E. 及时、如实报告生产安全事故

97. 某机械设备租赁公司拟在一施工现场安装施工起重机械,根据《建设工程安全生产管理条例》,该公司应( )。

A. 编制安装方案　　B. 自行验收
C. 出具自检合格证明　　D. 具有起重设备安装工程专业承包资质
E. 派出本单位专业技术人员现场监督

98. 根据《工程建设国家标准管理办法》,下列标准中,属于强制性标准的有( )。

A. 工程建设勘察、规划、设计、施工等行业定额标准

B. 工程建设通用的有关安全、卫生和环境保护的标准

C. 工程建设重要的行业专用的信息技术标准

D. 工程建设重要的行业专用的试验、检验和评定方法等标准

E. 工程建设重要的行业专用的术语、符号和制图方法等标准

99. 在施工过程中,施工人员发现设计图纸不符合技术标准,施工单位技术负责人采取的正确做法是( )。

A. 继续按照工程设计图纸施工
B. 按照技术标准修改工程设计
C. 追究设计单位违法责任
D. 及时提出意见和建议
E. 通过建设单位要求设计单位予以变更

100. 下列关于施工单位对建设工程质量最低保修期限说法,正确的有( )。

A. 有防水要求的卫生间为 2 年
B. 给水排水管道为 5 年
C. 电气设备安装工程为 2 年
D. 供热与供冷系统,为 2 个采暖期、供冷期
E. 装修工程为 2 年

参考答案

一、单项选择题

1. B; 2. D; 3. A; 4. A; 5. C; 6. C; 7. B; 8. A; 9. B; 10. C;

11. B; 12. B;

13. D 【解析:按照修改后的建筑法,意外伤害保险已经是非强制险】;

14. A; 15. C; 16. C; 17. D; 18. C;

19. D 【解析:C选项错在"统一",基本原则是分级管理】;

20. C;

21. A 【解析:是变更注册,延续原注册有效期】;

22. A;

23. B 【解析:因为没有违反诚实信用原则,不构成缔约过失责任,所以可以收回】;

24. D;

25. A 【解析:评标中是"可以"否决】;

26. A 【解析:按投标价格签订合同;降价协议不允许有,会导致阴阳合同问题】;

27. C; 28. D; 29. C; 30. D; 31. A;

32. B 【解析:垫资不违法。只有"强制垫资"违法】;

33. A; 34. B; 35. C; 36. C; 37. D; 38. A; 39. C; 40. B;

41. B 【解析:省级政府"批准",批准前征求上一级部门的"同意"】;

42. C; 43. B; 44. D; 45. C; 46. C; 47. B; 48. C; 49. C; 50. B; 51. B;

52. C 【解析:和解协议没有强制执行力】;

53. B; 54. B; 55. C; 56. C; 57. D; 58. A; 59. B; 60. A; 61. A;

62. C; 63. A; 64. D; 65. A; 66. D; 67. A; 68. D;

69. A 【解析:劳务分包不需要经过建设单位认可】;

70. D。

二、多项选择题

71. ABE;

72. ADE 【解析:动产是自交付时发生效力,B错误。C少了"善意",错误】;

73. AD 【解析:合同效力和物权发生效力是两个概念。合同自合同成立时生效;没有办理物权登记的,不影响合同效力】;

74. ADE; 75. ABCE; 76. ABCD;

77. ACE 78. ABCE; 79. ABC; 80. ACE;

81. BCE 【解析:连带责任的基本概念】;
82. ACE;
83. BCD 【解析:E是违法的,但不是违法分包,属于"禁止转包"】;
84. ABCD; 85. ABCE; 86. ABC; 87. ADE; 88. ABE; 89. BCE; 90. ACD;
91. BC; 92. ABD; 93. ABC; 94. ABCD; 95. ACE; 96. BCE; 97. ACDE;
98. BCDE; 99. DE; 100. CDE。

2016年一级建造师"建设工程法规及相关知识"科目模拟试题(二)(附参考答案)

一、单项选择题(共70题,每题1分。每题的备选项中,只有1个最符合题意)

1. 下列代理行为中,不属于委托代理的是(　　)。
   A. 招标代理　　B. 采购代理　　C. 诉讼代理　　D. 指定代理

2. 下列物权中,不属于用益物权的是(　　)。
   A. 土地所有权　　B. 土地承包经营权　　C. 建设用地使用权　　D. 地役权

3. 某建设单位为方便施工现场运输,借用项目相邻单位道路通行,双方约定建设单位每月支付20 000元费用。据此,建设单位享有的权利是(　　)。
   A. 建设用地使用权　　　　　　B. 地役权
   C. 相邻权　　　　　　　　　　D. 宅基地使用权

4. 国有建设用地使用者依法对土地享有的权利不包括(　　)。
   A. 占有权　　B. 使用权　　C. 收益权　　D. 所有权

5. 按照合同约定或者法律规定,在当事人之间产生特定权利和义务关系的是(　　)。
   A. 债　　B. 所有权　　C. 知识产权　　D. 担保物权

6. 根据《商标法》,注册商标有效期限为10年,自(　　)之日起计算。
   A. 注册商标申请人寄出申请书　　B. 商标局收到申请书
   C. 公告发布　　　　　　　　　　D. 核准注册

7. 保证合同是(　　)订立的合同。
   A. 债权人与债务人　　　　　　　B. 债务人和保证人
   C. 债权人与保证人　　　　　　　D. 债权人与债务人和保证人

8. 根据《建筑法》,建筑工程分包企业应当接受(　　)的质量管理。
   A. 咨询单位　　　　　　　　　　B. 总承包单位
   C. 监理单位　　　　　　　　　　D. 建设单位

9. 甲公司向乙公司购买50吨水泥,后甲通知乙需要更改购买数量,但一直未明确具体数量。交货期届至,乙将50吨水泥交付给甲,甲拒绝接受,理由是已告知要变更合同。关于双方合同关系的说法,正确的是(　　)。
   A. 乙承担损失　　　　　　　　　B. 甲可根据实际情况部分接收
   C. 双方合同已变更,乙送货构成违约　　D. 甲拒绝接收,应承担违约责任

10. 在文物保护单位的建设控制地带内进行建设工程,工程设计方案应当根据(　　)的级别,经相应的文物行政部门同意后,报城乡建设规划部门批准。

A. 文物保护单位 B. 建设单位
C. 施工单位 D. 设计单位

11. 涉及建筑主体和承重结构变动的装修工程,应当在施工前委托原设计单位或者( )提出设计方案。

   A. 其他设计单位 B. 具有相应资质等级的设计单位
   C. 监理单位 D. 装修施工单位

12. 依法批准开工报告的建设工程,建设单位应当自开工报告批准之日起( )日内,将保证安全施工的措施报送建设工程所在地的县级以上人民政府建设行政主管部门或者其他有关部门备案。

   A. 20 B. 30 C. 60 D. 15

13. 根据《建设工程质量管理条例》,下列不属于施工企业进行施工的依据为( )。

   A. 施工合同中约定采用的推荐性标准 B. 建筑法律
   C. 施工图设计文件 D. 工程监理合同

14. 关于施工企业强令施工人员冒险作业的说法,正确的是( )。

   A. 施工人员有权拒绝该指令
   B. 施工企业有权对不服从指令的施工人员进行处罚
   C. 施工企业可以解除不服从管理的施工人员的劳动合同
   D. 施工人员必须无条件服从施工企业发出的命令,确保施工生产进度的顺利开展

15. 根据《水污染防治法》,与建设项目主体工程同时设计、同时施工、同时投入使用的水污染防治设施,应当经过( )验收。验收不合格的,该建设项目不得投入生产或者使用。

   A. 建设行政主管部门 B. 省级人民政府
   C. 县级以上人民政府 D. 环境保护主管部门

16. 发包人和承包人在合同中约定垫资但没有约定垫资利息,后双方因垫资返还发生纠纷诉至法院。关于该垫资的说法,正确的是( )。

   A. 法律规定禁止垫资,双方约定的垫资条款无效
   B. 发包人应返还承包人垫资,但可以不支付利息
   C. 双方约定的垫资条款有效,发包人应返还承包人垫资并支付利息
   D. 垫资违反相关规定,应予以没收

17. 对于达到一定规模的危险性较大的分部分项工程的专项施工方案,应由( )组织专家论证、审查。

   A. 安全监督管理机构 B. 建设单位
   C. 监理单位 D. 施工企业

18. 建设单位办理工程竣工验收备案应提交的材料不包括( )。

   A. 规划、招投标、公安消防、环保部门的完整备案文件
   B. 工程竣工验收报告
   C. 施工企业签署的工程质量保修书
   D. 住宅工程的《住宅质量保证书》、《住宅使用说明书》

19. 某总承包单位将工程主体结构施工分包给具有相应资质的分包单位。该工程施工过程中,

分包单位发生了安全生产事故。关于双方责任的说法,错误的是( )。
A. 分包单位只承担民事赔偿责任
B. 总承包单位应对本工程施工现场的安全生产负总责
C. 总承包与分包单位就该安全事故承担连带责任
D. 如果发生的安全事故情节特别严重,构成犯罪的,应当追究总承包单位主要责任人责任

20. 实行施工总承包的工程项目,应由( )统一组织编制建设工程安全事故应急救援预案。
A. 建设单位 B. 施工总承包单位
C. 监理单位 D. 各分包单位

21. 下列情形中,用人单位可以解除劳动合同的是( )。
A. 职工患病,在规定的医疗期内 B. 女职工在孕期内
C. 女职工在哺乳期内 D. 在试用期间被证明不符合录用条件

22. 建筑施工企业的特种作业人员不包括( )。
A. 架子工 B. 钢筋工
C. 起重信号工 D. 起重机械司机

23. 下列合同条款中,属于劳动合同必备条款的是( )。
A. 劳动报酬 B. 试用期
C. 保守商业秘密 D. 福利待遇

24. 甲施工企业与乙施工企业合并,则原来甲的员工与甲签订的劳动合同( )。
A. 效力待定 B. 自动解除
C. 失效 D. 继续有效

25. 关于建设工程见证取样的说法,正确的是( )。
A. 施工人员对工程涉及结构安全的试块、试件和材料,应当在建设单位或工程监理单位监督下现场取样
B. 设计结构安全的试块、试件和材料见证取样和送检比例不得低于有关技术标准中规定应取样的50%
C. 墙体保温材料必须实施见证取样和送检
D. 见证人员应由施工企业中具备施工试验知识的专业技术人员担当

26. 按照各法院的辖区和民事案件的隶属关系,划分同级法院受理第一审民事案件的分工和权限,称为( )。
A. 级别管辖 B. 指定管辖 C. 地域管辖 D. 移送管辖

27. 建筑节能分部工程验收会议由( )主持。
A. 建筑节能工程分包人 B. 总监理工程师
C. 总承包人 D. 建设单位法定代表人

28. 建设工程施工合同应以( )为合同履行地。
A. 发包方住所地 B. 合同签证地
C. 施工行为地 D. 承包方住所地

29. 要式合同是指( )的合同。
A. 法律上已经确定了一定的名称和规则

B. 当事人双方互相承担义务
C. 根据法律规定必须采用特定形式
D. 当事人双方意思表示一致即告成立

30. 下列事项不属于发包人义务的是（　　）。
    A. 提供必要施工条件
    B. 及时组织工程竣工验收
    C. 向有关部门移交建设项目档案
    D. 就审查合格的施工图设计文件向施工企业进行详细说明

31. 某施工企业向某玻璃厂发出购买玻璃的要约。要求玻璃厂5月20日之前确认，玻璃厂于5月25日答复同意。玻璃厂同意的行为应视为（　　）。
    A. 要约邀请　　B. 承诺　　C. 承诺意向　　D. 新要约

32. 施工企业在施工中未采取相应防范措施，造成第三人人身伤害的。其应当承担（　　）责任。
    A. 合同　　B. 不当得利　　C. 无因管理　　D. 侵权

33. 建设单位申请施工许可证时，向发证机关提供的施工图纸及技术资料应当满足（　　）。
    A. 施工需要并通过监理单位审查
    B. 施工需要并按规定通过了审查
    C. 编制招标文件的要求
    D. 工程竣工验收备案的要求

34. 若施工过程中发现设计文件和图纸差错，施工企业的正确做法是（　　）。
    A. 有权进行修改
    B. 可以按照规范施工
    C. 有权拒绝施工
    D. 应当及时提出意见和建议

35. 工程建设国家标准、行业标准均可分为（　　）和推荐性标准。
    A. 一般性标准
    B. 特殊性标准
    C. 建议性标准
    D. 强制性标准

36. 根据《建设工程质量管理条例》，组织有关单位参加建设工程竣工验收的义务主体是（　　）。
    A. 施工企业
    B. 建设单位
    C. 建设行政主管部门
    D. 建设工程质量监督机构

37. 承包商向水泥厂购买袋装水泥并按合同约定支付全部货款。因运输公司原因导致水泥交货延误2天，承包商收货后要求水泥厂支付违约金，水泥厂予以拒绝。承包商认为水泥厂违约，因而未对堆放水泥采取任何保护措施，次日大雨，水泥受潮全部硬化。此损失应由（　　）承担。
    A. 三方共同　　B. 水泥厂　　C. 承包商　　D. 运输公司

38. 关于联合体共同承包的说法，正确的是（　　）。
    A. 联合体各方对承包合同履行各自承担相应的责任
    B. 不同资质类别和等级的单位组成联合体，按照资质等级高的单位的业务许可范围承揽工程
    C. 联合体各方对承包合同履行承担连带责任
    D. 不同资质类别和等级的单位组成联合体，按照资质等级低的单位的业务许可范围承揽

工程

39. 根据《城市建设档案管理规定》,建设单位应当在工程竣工验收后( )内,向城建档案馆送交一套符合规定的建设工程档案。
    A. 6个月　　B. 3个月　　C. 9个月　　D. 1年

40. 纠纷发生后,下列不属于仲裁案件受理条件的是( )。
    A. 有仲裁协议　　　　　　　　　B. 有具体的仲裁请求、事实和理由
    C. 属于仲裁委员会受理范围　　　D. 当事人双方口头同意仲裁

41. 总承包单位甲公司经建设单位同意,将幕墙工程分包给乙公司施工。后该分包工程出现了施工质量问题,建设单位要求乙赔偿。下列责任赔偿的说法中,能够成立的是( )。
    A. 乙与建设单位无直接合同关系,建设单位应要求甲赔偿
    B. 若甲已全部赔偿建设单位损失,则建设单位无权再向乙要求赔偿
    C. 该质量问题是乙造成的,与甲无关
    D. 对该质量问题乙与甲负有同等责任,乙仅承担赔偿的50%

42. 施工企业与劳动者签订了一份期限为2年半的劳动合同,施工企业和劳动者的试用期依法最长不得超过( )个月。
    A. 1　　B. 2　　C. 3　　D. 6

43. 投标有效期应从( )之日起计算。
    A. 招标文件规定的提交投标文件截止　　B. 提交投标文件
    C. 提交投标保证金　　　　　　　　　　D. 确定中标结果

44. 行政责任的承担方式包括行政处罚和( )。
    A. 行政复议　　B. 行政处分　　C. 行政赔偿　　D. 行政许可

45. 甲将闲置不用的工程设备出售给乙,双方约定3天后交付设备,次日,甲又将该设备卖给丙,并向丙交付了该设备。经查,丙不知甲与乙之间有合同关系。关于甲、乙、丙之间的合同效力的说法,正确的是( )。
    A. 甲与乙、丙之间的合同均有效
    B. 甲与乙之间的合同无效,甲与丙之间的合同有效
    C. 甲与乙、丙之间的合同均无效
    D. 甲与乙之间的合同先生效后失效,甲与丙之间的合同有效

46. 关于建设单位质量责任和义务的说法,错误的是( )。
    A. 不得明示或暗示设计单位或者施工企业违反工程建设强制性标准,降低建设工程质量
    B. 应当依法报审施工图设计文件
    C. 不得将建设工程肢解发包
    D. 在领取施工许可证或开工报告后,按照国家有关规定的办理工程质量监督手续

47. 在正常使用条件下,工程的地基基础、主体结构的最低保修期限为( )。
    A. 设计文件规定的该工程的合理使用年限
    B. 不需要进行大修即可继续使用的年限
    C. 安全使用不少于50年
    D. 工程竣工验收合格之日起5年

48. 关于工程质量检测的说法,正确的是( )。
   A. 由施工企业委托具有相应资质的检测机构进行检测
   B. 检测机构有义务监制材料、构配件和设备
   C. 质量检测报告经建设单位或工程监理单位确认后,由建设单位负责归档
   D. 检测机构应建立档案管理制度,并单独建立检测不合格项目台账

49. 根据《建设工程安全生产管理条例》,安装、拆卸施工起重机械作业前,安装单位应当编制( )。
   A. 技术规范   B. 拆装方案
   C. 设备运至现场的运输方案   D. 进度控制横道图

50. 对于将工程发包给不具有相应资质条件的施工企业,或者违反规定将建筑工程肢解发包的建设单位,应责令改正,并处以( )。
   A. 吊销资质证书   B. 罚款
   C. 停业整顿   D. 降低资质等级

51. 根据《民法通则》,施工单位的项目经理是施工单位的( )。
   A. 委托代理人   B. 法定代理人
   C. 指定代理人   D. 职务代理人

52. 根据《建筑工程施工许可管理办法》,下列事项不属于建设单位申请领取施工许可证的前提条件是( )。
   A. 已经取得安全生产许可证   B. 办理了工程质量监督手续
   C. 有满足施工需要的施工图纸 D. 已经取得规划许可证

53. 下列纠纷中,适用《仲裁法》仲裁的是( )。
   A. 继承纠纷   B. 对罚款不服发生的纠纷
   C. 总分包之间的合同纠纷 D. 劳动合同纠纷

54. 根据《物权法》,下列各项财产作为抵押物时,抵押权自登记时设立的是( )。
   A. 交通运输工具   B. 正在建造的船舶、航空器
   C. 生产设备、原材料 D. 正在建造的建筑物

55. 关于行政诉讼法律规定的说法,正确的是( )。
   A. 未经行政复议程序,不能提起行政诉讼
   B. 法院审理行政诉讼案件不适用调解
   C. 行政诉讼坚持谁主张谁举证原则
   D. 在行政诉讼过程中,被告有权自行向原告和证人收集证据

56. 某施工项目材料采购合同中,双方约定的违约金为4万元、定金为6万元。采购方依约支付了6万元定金,供货方违约后,采购方有权主张的最高给付金额为( )万元。
   A. 16   B. 10   C. 12   D. 4

57. 水泥厂在承诺有效期内,对施工单位订购水泥的要约做出了完全同意的答复,则该水泥买卖合同成立的时间为( )。
   A. 水泥厂的答复文件到达施工单位时   B. 施工单位发出订购水泥的要约时
   C. 水泥厂发出答复文件时   D. 施工单位订购水泥的要约到达水泥厂时

58. 某建筑施工单位有50名从业人员,根据《安全生产法》,该单位应当(　　)。
   A. 配备兼职安全生产管理人员
   B. 配备专职安全生产管理人员
   C. 因为规模较小,不需要配备安全生产管理人员
   D. 设置安全生产管理机构或配备专职安全生产管理人员

59. 某施工单位为避免破坏施工现场区域内原有地下管线,欲查明相关情况,应由(　　)负责向其提供施工现场区域内地下管线资料。
   A. 城建档案管理部门   B. 相关管线产权部门
   C. 市政管理部门   D. 建设单位

60. 某建设项目实行施工总承包,则该建设工程的安全生产事故应急救援案应由(　　)编制。
   A. 总承包单位和分包单位各自   B. 建设单位统一组织
   C. 总承包单位统一组织   D. 监理单位统一组织

61. 下列施工单位人员中不必经建设主管部门考核合格即可任职的是(　　)。
   A. 项目安全生产管理人员   B. 项目技术员
   C. 企业主要负责人   D. 项目经理

62. 下列与工程建设有关的规范性文件中,由国务院制定的是(　　)。
   A. 安全生产法   B. 建筑业企业资质管理规定
   C. 工程建设项目施工招标投标办法 D. 安全生产许可证条例

63. 某施工项目材料采购合同中,当事人对价款没有约定,未达成补充协议,也无法根据合同有关条款或交易习惯确定,则应按照(　　)的市场价格履行。
   A. 合同签订地   B. 履行义务一方所在地
   C. 材料所在地   D. 订立合同时履行地

64. 某工程项目建设过程中,发包人与机械厂签订了加工非标准的大型管道叉管的合同,并提供了制作叉管的钢板。根据《合同法》,该合同属于(　　)合同。
   A. 施工承包   B. 承揽   C. 信托   D. 委托

65. 2008年4月1日,甲公司将其厂房无偿转让给乙公司,导致甲公司的债权人丙公司无法实现债权,丙公司于2009年1月1日才得知该情况,则丙公司撤销权的截止日期为(　　)。
   A. 2011年1月1日   B. 2010年1月1日
   C. 2010年4月1日   D. 2009年4月1日

66. 承运人按运输合同约定将货物运输到指定地点后,托运人拒绝支付运输费用,承运人可以对相应的运输货物行使(　　)。
   A. 抵押权   B. 质押权   C. 抵消权   D. 留置权

67. 在城市市区范围内,建筑施工过程中使用机械设备,可能产生噪音污染的,施工单位必须在该工程开工(　　)日以前向工程所在地的县级以上地方人民政府环境保护部门申报。
   A. 7   B. 10   C. 15   D. 3

68. 甲乙两公司为减少应纳税款,以低于实际成交的价格签订合同。根据《合同法》,该合同为(　　)合同。
   A. 有效   B. 无效

C. 效力待定　　　　　　　　D. 可变更、可撤销

69. 仲裁裁决作出后,当事人应当履行裁决。一方当事人不履行的,另一方当事人可以根据《民事诉讼法》的有关规定,向(　　)申请执行。
   A. 人民法院　　　　　　　　B. 公安机关
   C. 政府主管部门　　　　　　D. 仲裁委员会

70. 某办公大楼在保修期间出现外墙裂缝,经查是由于设计缺陷造成。原施工单位进行了维修,之后应向(　　)主张维修费用。
   A. 设计单位　　　　　　　　B. 物业管理单位
   C. 大楼使用者　　　　　　　D. 建设单位

二、多项选择题(共 30 题,每题 2 分,每题的备选项中,有两个或两个以上符合题意,至少有一个错项。错选,本题不得分;少选,所选的每个选项得 0.5 分)

71. 根据《生产安全事故报告和调查处理条例》,事故分级要素包括(　　)。
   A. 人员伤亡数量　　　　　　B. 事故发生地点
   C. 直接经济损失数额　　　　D. 事故发生时间
   E. 社会影响程度

72. 下列关于仲裁与诉讼特点的表述,正确的有(　　)。
   A. 仲裁的程序相对灵活,诉讼的程序较严格
   B. 仲裁以不公开审理为原则,诉讼则以不公开审理为例外
   C. 仲裁实行一裁终局制,诉讼实行两审终审制
   D. 仲裁机构由双方协商确定,管辖人民法院则不能由双方约定
   E. 仲裁和诉讼是两种独立的争议解决方式

73. 根据《民事诉讼法》的规定,起诉必须符合的条件有(　　)。
   A. 有充分的证据　　　　　　B. 有明确的被告
   C. 属于人民法院受理民事诉讼的范围　　D. 原告是与本案有间接利害关系的公民
   E. 有书面的起诉书

74. 甲、乙双方的合同纠纷于 2006 年 7 月 2 日开庭仲裁,7 月 4 日,经仲裁庭调解双方达成了调解协议,7 月 5 日仲裁庭根据调解协议制定了调解书,7 月 6 日调解书交由双方签收,根据《仲裁法》有关规定,则下列说法正确的有(　　)。
   A. 该调解书与仲裁裁决书具有同等法律效力
   B. 该调解书自 2006 年 7 月 5 日产生法律效力
   C. 若当事人签收调解书后反悔,则仲裁庭重新开庭仲裁
   D. 申请人签收调解书后,申请人应撤回仲裁申请
   E. 该调解书自 2006 年 7 月 6 日产生法律效力

75. 可以提起行政复议的事项包括(　　)。
   A. 行政处罚　　　　　　　　B. 行政强制措施
   C. 行政征收　　　　　　　　D. 行政处分
   E. 行政机关对民事纠纷提出的调解

76. 对于承包单位将承包的工程转包或违法分包的,正确的行政处罚有( )。
   A. 责令改正,没收违法所得
   B. 对施工企业处工程合同价款0.5%以上、1%以下的罚款
   C. 责令停业整顿,降低资质等级
   D. 情节严重的,吊销资质证书
   E. 追究刑事责任

77. 某监理单位将不合格材料按照合格材料签字,造成建设单位直接经济损失5 000元。监理公司将可能承担( )。
   A. 刑事责任 B. 行政责任 C. 违约责任 D. 侵权责任
   E. 缔约过失责任

78. 关于租赁合同的说法,正确的有( )。
   A. 租赁必须转让所有权
   B. 租赁期限超过20年的部分无效
   C. 租赁期限6个月以上的,应当采用书面形式
   D. 缴付租赁物是租赁合同的成立要件
   E. 当事人未采用书面形式的,视为不定期租赁

79. 根据《建设工程质量管理条例》,关于总承包单位依法将建设工程分包给其他单位的法律责任的说法,正确的有( )。
   A. 分包单位应当按照分包合同约定对其分包工程的质量向总承包单位负责
   B. 总承包单位有权按照合同约定要求分包单位对分包工程质量承担全部责任
   C. 总承包单位与分包单位对分包工程的质量承担连带责任
   D. 分包单位对全部工程的质量向总承包单位负责
   E. 总承包单位与分包单位对全部工程质量承担连带责任

80. 关于在文物保护单位控制地带内进行建设的说法,错误的有( )。
   A. 全国重点文物保护单位周围的建设控制地带的划定,应报国务院批准
   B. 不得建设污染文物保护单位及其环境的设施
   C. 不得破坏文物保护单位的历史风貌
   D. 进行爆破作业,需经国务院文物行政部门批准
   E. 全国重点文物保护单位不得拆除

81. 房屋建筑工程质量保修书中的内容一般包括( )。
   A. 工程概况、房屋使用管理要求   B. 保修范围和内容
   C. 超过合理使用年限继续使用的条件   D. 保修期限和责任
   E. 保修单位名称、详细地址

82. 根据《民事诉讼法》,下列案件纠纷适用专属管辖的有( )。
   A. 货物运输   B. 人员伤害
   C. 房屋权属   D. 土地使用权出让
   E. 建设工程施工合同

83. 当事人在仲裁协议中约定了两个仲裁机构,关于该仲裁协议效力的说法,正确的有( )。

A. 该仲裁协议当然无效
B. 当事人不能就仲裁机构选择达成一致的,该仲裁协议无效
C. 一方当事人可任意选择其中一个仲裁机构仲裁
D. 一方当事人应按排列顺序确定仲裁机构
E. 当事人共同选定其中一个仲裁机构的,该仲裁协议有效

84. 根据《合同法》,下列文件中,不属于要约邀请的有( )。
    A. 投标文件   B. 中标通知书
    C. 符合要约规定的售楼广告   D. 拍卖公告
    E. 招标公告

85. 下列情形中,用人单位可以随时解除劳动合同的有( )。
    A. 在试用期间被证明不符合录用条件的
    B. 严重违反劳动纪律或者用人单位规章制度的
    C. 被依法追究民事责任的
    D. 不能胜任工作,经过培训或者调整工作岗位,仍不能胜任工作的
    E. 严重失职,营私舞弊,对用人单位利益造成重大损害的

86. 合同内容约定不明确,不能达成补充协议,按照交易习惯不能解决时,根据我国《合同法》的规定,正确的说法有( )。
    A. 质量要求不明确,可按照国家标准、行业标准履行
    B. 履行期限不明确,债务人可以随时履行,但应当给对方必要的准备时间
    C. 价款不明确的,可按照合同签订时履行地的市场价格履行
    D. 履行地点不明确,给付货币的,在给付货币一方所在地履行
    E. 履行费用负担不明确的,由债权人承担

87. 根据《民事诉讼法》,合同当事人可以在书面合同中协议选择( )人民法院管辖。
    A. 双方约定的其他地方   B. 原告住所地
    C. 被告住所地   D. 合同履行地
    E. 合同签订地

88. 关于民事纠纷解决方式的说法,正确的有( )。
    A. 调解只能在民事诉讼阶段进行
    B. 和解可以在民事纠纷的任何阶段进行
    C. 仲裁机构受理案件的管辖权来自于当事人双方的协议
    D. 仲裁实行一裁终局制
    E. 民事诉讼实行两审终审制

89. 建筑业企业申请资质升级、资质增项,在申请之日起的前一年内出现下列情形,资质许可机关对其申请不予批准的有( )。
    A. 与建设单位或者企业之间相互串通投标的
    B. 未取得施工许可证擅自施工的
    C. 将承包的工程转包或者违反分包的
    D. 发生过安全事故的

E. 恶意拖欠分包企业工程款或者农民工工资的

90. 根据《建筑法》,关于建筑工程分包的说法,正确的有( )。
   A. 建筑工程的分包单位必须在其资质等级许可的业务范围内承揽工程
   B. 资质等级较低的分包单位可以超越一个等级承包分包工程
   C. 建设单位指定的分包单位,总承包单位必须采用
   D. 严禁个人承揽分包工程业务
   E. 劳务作业分包可不经建设单位认可

91. 施工企业必须在变更后10日内到原安全生产许可证颁发管理机关办理生产安全许可证变更手续的情形有( )。
   A. 企业股东变更
   B. 企业名称变更
   C. 企业法人变更
   D. 企业设立分公司
   E. 企业注册地址变更

92. 根据代理权获得的方式不同,代理可分为( )。
   A. 指定代理
   B. 隐名代理
   C. 委托代理
   D. 居间代理
   E. 法定代理

93. 建设单位办理工程质量监督手续时应提供的文件和资料包括( )。
   A. 工程规划许可证
   B. 设计单位资质等级证书
   C. 工程勘察设计文件
   D. 中标通知书及施工承包合同
   E. 用地规划许可证

94. 根据《建设工程质量管理条例》,建设工程竣工验收应具备的工程技术档案和施工管理资料包括( )。
   A. 分部、分项工程全体施工人员名单
   B. 竣工验收报告
   C. 设计变更通知单
   D. 隐蔽验收记录及施工日志
   E. 竣工图

95. 根据《建设工程质量管理条例》,工程监理单位与被监理工程的( )有隶属关系或者其他利害关系,不得承担该工程的监理业务。
   A. 建筑材料供应商
   B. 勘察设计单位
   C. 施工企业
   D. 建设单位
   E. 设备供应商

96. 关于承包单位将承包的工程转包或违法分包的,正确的行政处罚有( )。
   A. 责令改正,没收违法所得
   B. 对施工企业处工程合同价款2%以上、4%以下的罚款
   C. 追究刑事责任
   D. 责令停业整顿,降低资质等级
   E. 情节严重的,吊销资质证书

97. 具体行政行为在行政复议期间不停止执行,但( )可以停止执行。
   A. 被申请人认为需要停止执行的
   B. 申请人申请停止执行的

C. 申请人提供担保的 D. 行政复议机关认为需要停止执行的
E. 被申请人被撤销的

98. 施工单位的下列行为符合工程安全不良行为认定标准的有（　　）。

    A. 在施工起重机械和整体提升脚手架、模板等自升式架设设施验收合格后未按照规定登记的

    B. 在尚未竣工的建筑物内设置员工集体宿舍的

    C. 未对因建设工程施工可能造成损害的毗邻建筑物、构筑物和地下管线等采取专项预防措施

    D. 使用未经验收或验收不合格的施工起重机械和整体提升脚手架、模板等自升式架设设施的

    E. 未按照节能设计进行施工的

99. 甲乙双方签订买卖合同，丙为乙的债务提供保证，但保证合同未约定保证方式及保证期间。关于该保证合同的说法，正确的有（　　）。

    A. 丙的保证方式为连带责任保证

    B. 保证期间与买卖合同的诉讼时效相同

    C. 保证期间为主债务履行期届满之日起2个月内

    D. 甲在保证期间内未要求丙承担保证责任，则丙免除保证责任

    E. 甲在保证期间内未经丙书面同意将主债权转让给丁，丙不再承担保证责任

100. 根据《建设工程质量管理条例》，关于施工单位质量责任和义务的说法，正确的有（　　）。

    A. 对施工质量负责

    B. 按照工程设计图纸和施工技术标准施工

    C. 对建筑材料、设备等进行检验检测

    D. 建立健全施工质量检验制度

    E. 审查批准高大模板工程的专项施工方案

参考答案

一、单项选择题

1. D； 2. A； 3. B； 4. D； 5. A； 6. D； 7. C； 8. B；

9. D 【解析：合同变更需当事人双方，协商一致且内容明确。合同变更内容约定不明，推定为未变更】；

10. A； 11. B； 12. D； 13. D； 14. A； 15. D；

16. B 【解析：垫资利息没有约定，不予支持】；

17. D； 18. A； 19. A； 20. B； 21. D； 22. B； 23. A；

24. D 【解析：用人单位发生合并或分立等情况，原劳动合同继续有效，劳动合同由继承其权利和义务的用人单位继续履行】；

25. A 【解析：涉及结构安全的试块、试件和材料见证取样和送检的比例不得低于有关技术标准中规定应取样数量的30%。必须实行见证取样和送检的其他试块、试件和材料中不包括墙体保温材料。见证人员应由建设单位或该工程的监理单位中具备施工试验知识的专业技术人员担任】；

26. C 【解析：地域管辖是指按照各法院的辖区和民事案件的隶属关系，划分同级法院受理第一审民事案件的分工和权限】；

27. B； 28. C； 29. C； 30. D； 31. D； 32. D； 33. B； 34. D； 35. D； 36. B；

37. C 【解析：一方违约后，被违约方应依照诚实信用原则，采取适当措施防止损失扩大；不采取减损措施致使损失扩大的，不得就扩大的损失要求赔偿】；

38. C 【解析：由同一专业的单位组成的联合体，按照资质等级较低的单位确定资质等级】；

39. B；

40. D 【解析：仲裁协议应当采用书面形式，口头方式达成的仲裁意思表示无效】；

41. B； 42. B； 43. A； 44. B； 45. A； 46. D； 47. A； 48. D； 49. B； 50. B； 51. A；

52. A 【解析：安全生产许可证是发给施工企业等五类单位，证明施工企业具备了安全生产保障体系和安全施工保证措施（共12项领证条件），可以承接工程项目；而施工许可证是发给建设单位，发给具体某个工程项目的，证明该项目具备了8项开工条件】；

53. C；

54. D 【解析：就特殊财产的抵押权效力，《物权法》分别采用了"登记生效"（不登记不设立）和"登记对抗"（不登记也设立，但不得对抗善意第三人）。D的抵押权自登记时设立；ABC

的抵押权自抵押合同生效时设立,但未经登记,不得对抗善意第三人】;

55. B 【解析:行政诉讼是由被告提供证据;而且被告不得自行向原告和证人收集证据】;
56. C; 57. A;
58. D 【解析:施工单位无论大小,安全生产管理人员都必须是专职的】;
59. D; 60. C; 61. B; 62. D; 63. D; 64. B; 65. B; 66. D; 67. C;
68. B; 69. A; 70. D。

二、多项选择题

71. AC; 72. ABC; 73. BC; 74. AE; 75. ABC; 76. ABCD; 77. BC;
78. BC; 79. ABC;
80. AD 【解析:A,文物保护单位控制地带的划定,经省级政府批准。D,文物保护单位控制地带内的爆破作业,经核定公布该文物保护单位的人民政府批准,但有例外:全国文物保护单位控制地带内的爆破作业,不由国务院批准,而是由省级政府批准】;
81. BD; 82. CD;
83. BE 【解析:仲裁协议对仲裁委员会没有约定或者约定不明确的,当事人可以补充协议;达不成补充协议的,仲裁协议无效】;
84. ABC; 85. ABE;
86. ABC 【解析:D,应该是在接受货币一方所在地。E应该是由债务人承担】;
87. BCDE; 88. BCDE;
89. ABCE 【解析:D中对安全事故的级别有要求,较大安全事故或2起一般安全事故】;
90. AE; 91. BCE; 92. ACE; 93. ABD; 94. BCDE; 95. ACE;
96. ADE 【解析:B应该是0.5%以上1%以下。不包括刑事责任,C错】;
97. AD 【解析:B选项干扰性较大,不完整,应该是"申请人申请停止执行,行政复议机关认为其要求合理,决定停止执行的"】;
98. ABCD; 99. AD; 100. ABCD。

2015年一级建造师"建设工程法规及相关知识"科目考试真题（附参考答案）

一、单项选择题(共70题，每题1分，每题的备选项中，只有1个符合题意)

1. 根据《绿色施工导则》，处于基坑降水阶段的工地，宜优先采用（　　）作为混凝土搅拌用水、养护用水、冲洗用水和部分生活用水。
   A. 地下水　　　　B. 市政自来水　　　　C. 雨水　　　　D. 中水

2. 根据《建设工程安全生产管理条例》，注册执业人员未执行工程建设强制性标准的，可责令其停止执业（　　）。
   A. 1个月以上3个月以下　　　　B. 3个月以上1年以下
   C. 3个月以上2年以下　　　　　D. 6个月以上1年以下

3. 某施工企业承揽拆除旧体育馆工程，作业过程中，体育馆屋顶突然坍塌，压死2人，重伤11人，根据《生产安全事故报告和调查处理条例》，该事故属于（　　）。
   A. 特别重大事故　　　　B. 重大事故
   C. 一般事故　　　　　　D. 较大事故

4. 根据《建筑施工企业负责人及项目负责人施工现场带班暂行办法》，项目负责人每月带班生产时间不得少于本月施工时间的（　　）。
   A. 80%　　　　B. 70%　　　　C. 60%　　　　D. 50%

5. 根据《建设工程安全生产管理条例》，出租单位在签订机械设备租赁合同时，应当出具（　　）。
   A. 购货发票　　　　　　B. 检测合格证明
   C. 产品使用说明书　　　D. 相应的图片

6. 关于在文物保护单位保护范围和建设控制地带内从事建设活动的说法，正确的是（　　）。
   A. 文物保护单位的保护范围内及其周边的一定区域不得进行爆破作业
   B. 在全国重点文物保护单位的保护范围内进行爆破作业，必须经国务院批准
   C. 因特殊情况需要在文物保护单位的保护范围内进行爆破作业的，应经核定公布该文物保护单位的人民政府批准
   D. 在省、自治区、直辖市重点文物保护单位的保护范围内进行爆破作业的，必须经国务院文物行政部门批准

7. 某高速公路项目进行招标，开标后允许（　　）。
   A. 评标委员会要求投标人以书面形式澄清含义不明确的内容
   B. 投标人再增加优惠条件

C. 投标人撤销投标文件

D. 招标人更改招标文件中说明的评标定标办法

8. 根据《水污染防治法》，企业事业单位发生事故或者其他突发性事件，造成或者可能造成水污染事故的，应当立即启动本单位的应急预案，采取应急措施，并向（ ）的县级以上地方人民政府或者环境保护主管部门报告。

   A. 单位所在地   B. 污染影响地
   C. 单位等级地   D. 事故发生地

9. 根据《合同法》，债权人将合同中的权利转让给第三人的，（ ）。

   A. 需经债务人同意，且需办理公证手续
   B. 无需经债务人同意，也不必通知债务人
   C. 无需债务人同意，但需办理公证手续
   D. 无需债务人同意，但需通知债务人

10. 下列知识产权法保护对象中，属于专利法保护对象的是（ ）。

    A. 施工企业研发的新技术   B. 施工企业研发的计价软件
    C. 施工企业编制的投标文件   D. 监理企业编制的监理大纲

11. 某建设工程施工合同约定工程开工、竣工日期分别为2013年3月1日和2014年10月1日，2014年10月20日工程实际竣工。由于发包人未按约定支付工程款，承包人欲行使工程价款优先受偿权，其最迟必须在（ ）前行使。

    A. 2013年9月1日   B. 2015年4月1日
    C. 2015年4月20日   D. 2015年10月20日

12. 根据《安全生产事故报告和调查处理条例》，建筑工地事故发生后，事故现场有关人员应当立即向（ ）报告。

    A. 业主单位负责人
    B. 事故发生地县级以上人民政府安全生产监督管理部门
    C. 事故发生地省级以上人民政府安全生产监督管理部门
    D. 本单位负责人

13. 甲公司将施工机械借给乙公司使用，乙公司在甲公司不知情的情况下将该施工机械卖给知悉上述情况的丙公司，关于乙、丙公司之间施工机械买卖合同效力的说法，正确的是（ ）。

    A. 有效   B. 可变更或撤销
    C. 无效   D. 效力待定

14. 关于租赁合同的说法，正确的是（ ）。

    A. 租赁期限超过20年的，超过部分无效
    B. 租赁期限超过6个月的，可以采用书面形式
    C. 租赁合同应当采用书面形式，当事人未采用的，视为租赁合同未生效
    D. 租赁物在租赁期间发生所有权变动的，租赁合同解除

15. 关于物权保护的说法，正确的是（ ）。

    A. 物权受到侵害的，权利人不能通过和解方式解决

B. 侵害物权造成权利人损害的,权利人既可以请求损害赔偿,也可请求承担其他民事责任
C. 侵害物权的,承担民事责任后,不再承担行政责任
D. 物权的归属、内容发生争议的,利害关系人应当请求返还原物

16. 依法必须招标的建设项目,招标人应当自确定中标人之日起( )日内,向有关行政监督部门提交招标投标情况的书面报告。
    A. 15 B. 20 C. 30 D. 60

17. 某建设单位于2014年2月1日领取施工许可证,由于某种原因工程未能按期开工,该建设单位按照《建筑法》规定向发证机关申请延期,该工程最迟应当在( )开工。
    A. 2014年3月1日 B. 2014年5月1日
    C. 2014年8月1日 D. 2014年11月1日

18. 根据《建设工程质量管理条例》,建设工程竣工验收应由( )组织。
    A. 施工单位 B. 监理单位
    C. 设计单位 D. 建设单位

19. 根据《建设工程安全生产管理条例》,国家对严重危及施工安全的工艺、设备、材料实行淘汰制度,具体目录由( )制定并公布。
    A. 国务院建设行政主管部门
    B. 国务院建设行政主管部门会同国务院其他有关部门
    C. 省级以上人民政府建设行政主管部门
    D. 国务院发展与改革委员会会同国务院其他有关部门

20. 根据《房屋建筑工程和市政机场设施工程实行见证取样和送检的规定》,下列试块、试件和材料必须实施见证取样和送检的是( )。
    A. 用于承重结构的混凝土试块
    B. 用于墙体混凝土使用的掺加剂
    C. 用于砌筑结构的钢筋及连接接头试件
    D. 用于防水工程的水泥制品

21. 根据《建设工程质量管理条例》,建设工程承包单位应当向建设单位出具质量保修书的时间是( )。
    A. 竣工验收时 B. 竣工验收合格后
    C. 提交竣工验收报告时 D. 交付使用时

22. 关于禁止无资质或超资质承揽工程的说法,正确的是( )
    A. 施工总承包单位可以将房屋建筑工程的钢结构工程分包给其他单位
    B. 总承包单位可以将建设工程分包给包工头
    C. 联合体承包中,可以以高资质等级的承包方为联合体承包方的业务许可范围
    D. 劳务分包单位可以将其承包的劳务再分包

23. 某工程施工招标项目估算价为5 000万元,其投标保证金不得超过( )万元。
    A. 80 B. 100 C. 150 D. 200

24. 在买卖合同中,出卖人出卖交由承运人运输的在途标的物,除当事人另有约定以外,毁损、灭失的风险自( )时起由买受人承担。

A. 合同成立　　　　　　　　　　B. 标的物交付
　　C. 合同生效　　　　　　　　　　D. 支付货款

25. 关于劳务派遣的说法,正确的是(　　)。
　　A. 所有被派遣的劳动者应当实行相同的劳动报酬
　　B. 劳务派遣单位应当取得相应的行政许可
　　C. 劳务派遣用工是建筑行业的主要用工模式
　　D. 用工单位的主要工作都可以由被派遣的劳动者承担

26. 人民法院审理行政案件,不适用(　　)。
　　A. 调解　　　　　　　　　　　　B. 开庭审理
　　C. 公开审理　　　　　　　　　　D. 两审终审制

27. 根据《行政诉讼法》,因不动产提起的行政诉讼,由(　　)人民法院管辖。
　　A. 原告住所地
　　B. 被告住所地
　　C. 由原告选择被告住所地或不动产所在地
　　D. 不动产所在地

28. 关于建设工程代理行为的说法,正确的是(　　)。
　　A. 建设工程承包活动属于法定代理
　　B. 建筑材料设备的采购不得委托代理
　　C. 建设工程诉讼只能委托律师代理
　　D. 建设工程招标活动可以委托代理

29. 在代理关系中,第三人知道行为人超越代理权,还与行为人实施民事行为,给他人造成损害的,由(　　)。
　　A. 第三人与行为人承担连带责任　　B. 行为人自行承担
　　C. 第三人自行承担　　　　　　　　D. 被代理人与第三人承担连带责任

30. 甲公司连续与乙公司签订了三份钢筋买卖合同,并按照合同的约定分别向乙公司的三个子公司发送了货物,但乙公司及其三个子公司一直未支付货款。关于本案支付货款主体的说法,正确的是(　　)。
　　A. 甲公司只能要求乙公司的三个子公司付款,无权要求乙公司付款
　　B. 甲公司只能要求乙公司付款,无权要求乙公司的三个子公司付款
　　C. 甲公司有权要求乙公司及其三个子公司对所欠货款承担连带责任
　　D. 甲公司有权要求乙公司付款,并要求其三个子公司承担补充付款责任

31. 特种设备使用单位应当按照安全技术规范要求,在检验合格有效期届满前(　　)向特种设备检测机构提出定期检验要求。
　　A. 5天　　　　B. 15天　　　　C. 20天　　　　D. 一个月

32. 某开发商在一大型商场项目的开发建设中,违反国家规定,擅自降低工程质量标准,因而造成重大安全事故。该事故的直接责任人员应当承担的刑事责任是(　　)。
　　A. 重大责任事故罪　　　　　　　B. 工程重大安全事故罪
　　C. 重大劳动安全事故罪　　　　　D. 危害公共安全罪

33. 某施工企业职工在工程施工中受伤,职工认为应属于工伤,用人单位不认为是工伤的,则应由( )承担举证责任。
    A. 职工本人   B. 工商治疗机构
    C. 用人单位   D. 社会保险行政部门

34. 关于建设用地使用权流转、续期和消灭的说法,正确的是( )。
    A. 建设用地使用权流转时附着于该土地上的建筑物、构筑物及附属设施应一并处分
    B. 建设用地使用权流转时使用期限的约定不得超过50年
    C. 建设用地使用权期间届满的,自动续期
    D. 建设用地使用权消灭的,建设用地使用权人应当及时办理注销登记

35. 对于超过一定规模的危险性较大的分部分项工程专项方案,应由( )组织召开专家论证会。
    A. 安全监督管理机构   B. 施工单位
    C. 建设单位   D. 监理单位

36. 根据《行政许可法》,下列法律法规中,不得设定任何行政许可的是( )。
    A. 法律   B. 行政法规
    C. 地方性法规   D. 部门规章

37. 下列法律中,属于宪法相关法的是( )。
    A.《中华人民共和国行政法》
    B.《中华人民共和国民法通则》
    C.《中华人民共和国全国人民代表大会组织法》
    D.《中华人民共和国政府采购法》

38. 当事人对人民法院委托鉴定部门所作的鉴定结论有异议申请重新鉴定时,其所提出的证据证明( ),人民法院应予准许重新鉴定。
    A. 当事人对鉴定人员不满意的   B. 鉴定程序有轻微瑕疵的
    C. 鉴定结论有缺陷的   D. 鉴定结论明显依据不足的

39. 下列某建筑公司的工作人员中,有权要求公司签订无固定期限劳动合同的是( )。
    A. 在公司连续工作满8年的张某
    B. 到公司工作2年,并被董事会任命为总经理的王某
    C. 在公司累计工作了10年,但期间曾离开过公司的王某
    D. 在公司已经连续订立两次固定期限劳动合同,但因公负伤不能从事原工作的李某

40. 某建筑公司与某开发公司签订了一份建设工程施工合同,合同约定由建筑公司预先垫付20%的工程款,但没有约定利息的计算方法。后两公司就工程款支付发生争议,建筑公司诉至人民法院,要求开发公司支付工程款并偿还垫付工程款的利息,人民法院应( )。
    A. 对该诉讼请求全部予以支持
    B. 对工程款诉讼请求予以支持,对利息诉讼请求不予支持
    C. A. 对该诉讼请求全部不予支持
    D. 对工程款诉讼请求不予支持,对利息诉讼请求予以支持

41. 施工过程中,建设单位违反规定提出降低工程质量要求时,施工企业应当( )。

A. 予以拒绝 B. 征得设计单位同意
C. 征得监理单位同意 D. 与相关各方协商一致

42. 根据《全国建筑市场各方主体不良行为记录认定标准》，属于承揽业务不良行为的是（　　）。
    A. 允许其他单位或个人以本单位名义承揽工程的
    B. 不履行保修义务或者拖延履行保修义务的
    C. 将承包的工程转包或者违法分包的
    D. 未按照节能设计进行施工的

43. 下列安全生产职责中，不属于建筑施工企业安全生产管理机构职责的是（　　）。
    A. 编制并适时更新安全生产管理制度并监督实施
    B. 编制项目生产安全事故应急救援预案并组织演练
    C. 参加生产安全施工的调查和处理工作
    D. 协调配备项目专职安全生产管理人员

44. 根据《仲裁法》，合议仲裁庭作出仲裁裁决应当（　　）。
    A. 按照首席仲裁员的意见作出
    B. 按照多数仲裁员的意见作出
    C. 按照仲裁委员会主任的意见作出
    D. 按照首席仲裁员和仲裁委员会主任的共同意见作出

45. 关于工程建设项目是否必须招标的说法，正确的是（　　）。
    A. 使用国有企业事业单位自有资金的工程建设项目必须进行招标
    B. 施工单项合同估算价为人民币100万，但项目总投资额为人民币2 000万元的工程建设项目必须进行招标
    C. 利用扶贫资金实行以工代赈、需要使用农民工的建设工程项目可以不进行招标
    D. 需要采用专利或者专有技术的建设工程项目可以不进行招标

46. 包工头张某借用某施工企业的资质与甲公司签订一建设工程施工合同。施工结束后，工程竣工验收质量合格，张某要求按照合同约定支付工程款遭到对方拒绝，遂诉至法院。关于该案处理的说法，正确的是（　　）。
    A. 合同无效，不应支付工程款
    B. 合同无效，应参照合同约定支付工程款
    C. 合同有效，应按照合同约定支付工程款
    D. 合同有效，应参照合同约定支付工程款

47. 甲施工企业与乙水泥厂签订水泥供应合同，在约定的履行日期届满时，水泥厂未能按时供应水泥。由于甲施工企业没有采取适当措施寻找货源，致使损失扩大。对于扩大的损失应该由（　　）。
    A. 乙水泥厂承担 B. 双方连带责任
    C. 双方按比例承担 D. 甲施工企业承担

48. 甲施工企业与乙水泥厂签订了水泥采购合同，并由丙公司作为该合同的保证人，担保该施工企业按照合同约定支付货款，但是担保合同中并未约定担保方式。水泥厂供货后，甲施

工企业迟迟不付款。那么,丙公司承担保证责任的方式应为( )。
   A. 一般保证   B. 效力待定保证
   C. 连带责任保证   D. 无效保证

49. 下列安全生产条件中,属于建筑施工企业取得安全生产许可证应当具备的条件是( )。
   A. 有职业危害应急救援预案,并配备必要的应急救援器材和设备
   B. 管理人员和作业人员每年至少进行2次安全生产教育培训并考核合格
   C. 特种作业人员经有关业务主管部门考核合格,取得特种作业操作资格证书
   D. 设置安全生产管理机构,按照国家有关规定配备兼职安全生产管理人员

50. 根据《劳动合同法》,劳动者不能胜任工作,经过培训或者调整工作岗位,仍不能胜任工作,用人单位决定解除劳动合同的,需要提前( )以书面形式通知劳动者本人。
   A. 10日   B. 15日   C. 20日   D. 30日

51. 仲裁协议应当具备的内容是( )。
   A. 仲裁事项、仲裁员、选定的仲裁委员会
   B. 请求仲裁的意思表示、选定的仲裁委员会、仲裁事项
   C. 仲裁事项、仲裁规则、选定的仲裁委员会
   D. 仲裁事项、仲裁地点、仲裁规则

52. 关于施工发现文物报告和保护的说法,正确的是( )。
   A. 在进行建设工程中发现的文物属于国家所有,在农业生产中发现的文物属于集体所有
   B. 确因建设工期紧迫或者有自然破坏危险,对古文化遗址、古墓葬急需进行抢救发掘的,由县级人民政府文物行政部门组织发掘,并同时补办审批手续
   C. 在集体组织所有的土地下发现埋藏的文物,集体组织可以自行挖掘
   D. 特别重要的建设工程范围内的考古调查、勘探、发掘,由国务院文物行政主管部门组织实施

53. 以下说法正确的是( )。
   A. 禁止夜间进行建筑施工作业
   B. 因特殊需要必须连续作业的,必须有县级以上地方人民政府建设行政主管部门的证明
   C. 因特殊需要必须连续作业的,必须事先告知附近居民并获得其同意
   D. 禁止夜间进行产生环境噪声污染的建筑施工作业,但因特殊需要必须连续作业的除外

54. 下列法规中,属于部门规章的是( )。
   A.《建设工程质量管理条例》   B.《北京市建筑市场管理条例》
   C.《重庆市建设工程造价管理规定》 D.《招标公告发布暂行办法》

55. 关于注册商标有效期的说法,正确的是( )。
   A. 10年,自申请之日起计算   B. 10年,自核准注册之日起计算
   C. 20年,自申请之日起计算   D. 20年,自核准注册之日起计算

56. 根据《国务院关于加强和改进消防工作的意见》,施工企业消防安全第一责任人是其( )
   A. 专职安全员   B. 法定代表人
   C. 专职消防安全员   D. 施工项目负责人

57. 根据《建设工程质量管理条例》,施工单位在隐蔽工程实施隐蔽前,应通知参加的单位和机

构有（　　）。

 A. 监理单位和检测机构　　　　　　B. 建设单位和检测机构

 C. 建设单位和建设工程质量监督机构　　D. 监理单位和建设工程质量鉴定机构

58. 乙施工企业和丙施工企业联合共同承包甲公司的建筑工程项目，由于联合体管理不善，造成该建筑项目损失。关于共同承包责任的说法，正确的是（　　）。

 A. 甲公司有权请求乙施工企业与丙施工企业承担连带责任

 B. 乙施工企业和丙施工企业对甲公司各承担一半责任

 C. 甲公司应该向过错较大的一方请求赔偿

 D. 对于超过自己应赔偿的那部分份额，乙施工企业和丙施工企业都不能进行追偿

59. 甲公司向乙公司购买了一批钢材，双方约定采用合同书的方式订立合同，由于施工进度紧张，在甲公司的催促之下，双方在未签字盖章之前，乙公司将钢材送到了甲公司，甲公司接受并投入工程使用。甲、乙公司之间的买卖合同（　　）。

 A. 无效　　　B. 成立　　　C. 可变更　　　D. 可撤销

60. 建设工程施工合同纠纷的合同履行地是指（　　）。

 A. 施工行为地　　　　　　　B. 施工合同签订地

 C. 施工单位所在地　　　　　D. 施工项目业主住所地

61. 根据《固体废物污染环境防治法》，下列处置危险废物的方式中，不符合国务院环境保护行政主管部门规定，应当缴纳危险废物排污费的方式是（　　）。

 A. 填埋　　　B. 热解　　　C. 堆肥　　　D. 焚烧

62. 根据《民法通则》及相关司法解释，当事人对债权请求权提出的诉讼时效抗辩，法院予以支持的是（　　）

 A. 兑付国债本息请求权　　　　　B. 支付存款本金及利息请求权

 C. 基于合同的违约金请求权　　　D. 基于投资关系产生的缴付出资请求权

63. 甲与乙订立了一份施工项目的材料采购合同，货款为40万元，乙向甲支付定金4万元，如任何一方不履行合同应支付违约金6万元。甲因将施工材料另卖他人而无法向乙完成交付，在乙提出的如下诉讼请求中，既能最大限度保护自己的利益，又能获得法院支持的诉讼请求是（　　）。

 A. 请求甲支付违约金6万元

 B. 请求甲双倍返还定金8万元

 C. 请求甲支付违约金6万元，同时请求返还支付的定金4万元

 D. 请求甲双倍返还定金8万元，同时请求甲支付违约金6万元

64. 承揽合同中，关于承揽人义务的说法，正确的是（　　）。

 A. 承揽人发现定作人提供的材料不符合约定的，可以自行更换

 B. 共同承揽人对定作人承担按份责任

 C. 未经定作人许可，承揽人不得留存复制品或技术资料

 D. 承揽人在工作期间，不必接受定作人必要的监督检验

65. 关于建设工程监理的说法，正确的是（　　）。

 A. 我国的工程监理主要是对工程的施工结果进行监督

B. 监理单位与承包该工程的施工单位应为行政隶属关系
C. 建设单位有权决定是否委托工程监理单位进行监理
D. 建设单位须将工程委托给具有相应资质等级的监理单位

66. 下列合同中,债务人不履行债务,债权人有留置权的是(   )。
    A. 买卖合同   B. 运输合同   C. 借款合同   D. 租赁合同

67. 根据《建筑市场诚信行为信息管理办法》,良好行为记录信息的公布期限一般为(   )。
    A. 6个月   B. 1年   C. 2年   D. 3年

68. 关于建筑施工企业安全生产许可证的说法,正确的是(   )。
    A. 申请补办安全生产许可证应当在公众媒体上声明原许可证作废
    B. 未取得安全生产许可证从事施工活动不会产生民事责任
    C. 只有经过再次审查,安全生产许可证有效期才可能延期
    D. 施工企业是否具有安全生产许可证不影响施工许可证的核发

69. 根据《建设工程质量保证金管理暂行办法》,全部或部分使用政府投资的建设项目,按工程价款结算总额(   )左右的比例预留保证金。
    A. 3%   B. 5%   C. 10%   D. 15%

70. 甲总承包单位与乙分包单位依法签订了专业工程分包合同,在建设单位组织竣工验收时,发现该专业工程质量不合格。关于该专业工程质量责任的说法,正确的是(   )。
    A. 乙就分包工程对建设单位承担全部法律责任
    B. 甲就分包工程对建设单位承担全部法律责任
    C. 甲和乙就分包工程对建设单位承担连带责任
    D. 甲对建设单位承担主要责任,乙承担补充责任

二、多项选择题

71. 根据《招标投标法》和相关法律法规,下列评标委员会的做法中,正确的有(   )。
    A. 以所有投标都不符合招标文件的要求为由,否决所有投标
    B. 拒绝招标人在评标时提出新的评标要求
    C. 按照招标人的要求倾向特定投标人
    D. 在评标报告中注明评标委员会成员对评标结果的不同意见
    E. 以投标报价超过标底上下浮动范围为由否决投标

72. 根据《建筑业企业资质管理规定》,在申请之日起前1年至资质许可决定作出前,出现下列情况的,资质许可机关不予批准其建筑业企业资质升级申请的有(   )。
    A. 与建设单位之间相互串通投标   B. 将承包的合同转包或违法分包
    C. 发生过一起一般质量安全事故   D. 非法转让建筑业企业资质证书
    E. 恶意拖欠分包企业工程款

73. 关于项目经理部及其行为法律后果的说法,正确的有(   )。
    A. 其行为的法律后果由项目经理承担
    B. 不具备法人资格
    C. 是施工企业为完成某项工程建设任务而设立的组织

D. 其行为的法律后果由项目经理部承担
E. 其行为的法律后果由企业法人承担

74. 根据《工伤保险条例》,可以认定为工伤或者视同工伤的有（   ）。
   A. 李某取得革命伤残军人证后到企业工作,旧伤复发
   B. 张某患病后,精神抑郁,酗酒过度需要进行治疗
   C. 杨某在开车下班途中,发生交通事故受伤,该事故责任认定书中认定杨某对此负次要责任
   D. 陈某在工作场所与上司产生摩擦,一怒之下,拿剪刀将自己的胸脯刺伤
   E. 牛某因失恋,上班时间爬到公司楼顶跳楼自杀

75. 关于计算机软件著作权的说法,正确的有（   ）。
   A. 自然人的软件著作权保护期为自然人终生
   B. 软件著作权属于软件开发者
   C. 两个以上法人合作开发的软件,其著作权的归属由合作各方书面合同约定
   D. 开发的软件是从事本职工作的自然结果的,单位必须对开发软件的自然人进行奖励
   E. 软件著作权也有合理使用的规定

76. 根据《历史文化名城名镇名村保护条例》,属于申报历史文化名城、名镇、名村条件的有（   ）。
   A. 保存文物特别丰富   B. 历史建筑集中成片
   C. 保留着传统自然格局和地理风貌   D. 集中反映本地区建筑的文化特色、民族特色
   E. 历史上曾经作为政治、经济、文化、交通中心或者军事要地

77. 下列当事人提出的证据中,可以单独作为认定案件事实的有（   ）。
   A. 与一方当事人或者其代理人有利害关系的证人出具的证言
   B. 与书证原件核对无误的复印件
   C. 无法与原件、原物核对的复印件、复制品
   D. 有其他证据佐证并以合法手段取得的、无疑点的视听资料
   E. 无正当理由未出庭作证的证人证言

78. 根据事故的具体情况,事故调查组由（   ）派人组成,并应当邀请人民检察院派人参加。
   A. 公安机关   B. 有关人民政府
   C. 人民法院   D. 安全生产监督管理部门
   E. 负有安全生产监督管理职责的有关部门

79. 关于债权相对性的说法,正确的有（   ）。
   A. 债权客体的相对性   B. 债权期限的相对性
   C. 债权主体的相对性   D. 债权内容的相对性
   E. 债权责任的相对性

80. 根据《建设工程质量管理条例》,下列分包的情形中,属于违法分包的有（   ）。
   A. 总承包单位将部分工程分包给不具有相应资质的单位
   B. 未经建设单位认可,施工总承包单位将劳务作业分包给有相应资质的劳务分包企业
   C. 未经建设单位认可,承包单位将部分工程交由他人完成

D. 分包单位将其承包的工程再分包

E. 施工总承包单位将承包工程的主体结构分包给了具有先进技术的其他单位

81. 根据《注册建造师管理规定》,下列情形中,不予注册的有( )。

　　A. 钱某取得资格证书3年后申请注册

　　B. 赵某因工伤丧失了民事行为能力

　　C. 孙某与原单位解除劳动关系后申请变更注册

　　D. 周某申请在两个单位分包注册

　　E. 李某已满60岁但仍担任单位的咨询顾问

82. 下列建设工程保险中,属于自愿投保的险种有( )。

　　A. 机器损坏险　　　　　　　　B. 建筑工程一切险

　　C. 安装工程一切险　　　　　　D. 工伤保险

　　E. 勘察设计责任险

83. 在施工检测的见证取样中,取样人员应在试样或其包装上作出标识、封志,其中应标明( )。

　　A. 工程名称　　B. 取样部位　　C. 工程地点　　D. 样品名称

　　E. 取样日期

84. 根据《建设工程质量管理条例》,下列行为中属于建设单位应当被责令改正,处20万元以上50万元以下罚款的有( )。

　　A. 迫使承包方以低于成本的价格竞标的

　　B. 任意压缩合理工期的

　　C. 未按照国家规定办理工程质量监督手续的

　　D. 施工图设计文件未经审查或者审查不合格,擅自施工的

　　E. 欠付工程款数额较大的

85. 根据《全国建筑市场各方主体不良行为记录认定标准》,属于施工单位不良行为的有( )。

　　A. 未履行注册建造师职责造成环境事故的

　　B. 以欺骗手段取得资质证书承揽工程的

　　C. 未在规定期限内办理资质变更手续的

　　D. 不按照与招标人订立的合同履行义务,情节严重的

　　E. 对建筑安全事故隐患不采取措施予以消除的

86. 根据《建筑市场诚信行为信息管理办法》,建筑市场诚信行为公告可修正或变更的情形有( )。

　　A. 行政处罚决定在被行政复议期间的　　B. 行政处罚决定被依法停止执行的

　　C. 行政处罚决定经行政诉讼被撤销的　　D. 行政处罚决定经行政复议被撤销的

　　E. 行政处罚决定因行政执法监督被变更的

87. 下列工程建设国家标准中,属于强制性标准的有( )。

　　A. 勘察、规划、设计等通用的综合标准　　B. 施工、验收等重要的通用的质量标准

　　C. 重要的通用的实验和评定方法等标准　　D. 通用的有关安全、卫生和环境保护的标准

E. 重要的通用的信息管理标准

88. 关于建设单位、设计单位、施工单位在建筑活动中节能义务的说法,正确的有( )。
   A. 设计单位应当按照民用建筑节能强制性标准进行设计
   B. 建设单位不得明示或者暗示设计单位、施工单位违反民用建筑节能强制性标准进行设计、施工
   C. 建设单位组织竣工验收,对不符合民用建筑节能强制性标准的民用建筑,不得出具竣工验收合格报告
   D. 建设单位应当负责采购墙体材料、保温材料、门窗、采暖制冷系统和照明设备,并保证其符合施工图设计文件要求
   E. 施工单位可以对进入施工现场的墙体材料、保温材料、门窗、采暖制冷系统和照明设备进行查验;不符合施工图设计文件要求的,不得使用

89. 施工作业人员应当享有的安全生产权利有( )。
   A. 获得防护用品权
   B. 获得保险赔偿权
   C. 拒绝违章指挥权
   D. 安全生产决策权
   E. 紧急避险权

90. 根据《合同法》,关于融资租赁合同的说法,正确的是( )。
   A. 出租人把租赁物的所有权转让给第三人时,融资租赁合同对第三人不发生效力
   B. 融资租赁合同属于涉及三方当事人的合同
   C. 出卖人和出租人可以变更买卖合同中与承租人有关的内容,无须经过承租人的同意
   D. 承租人破产的,租赁物不属于破产财产
   E. 承租人占有租赁物期间,因租赁物造成第三人的人身伤害或者财产损害的,出租人不承担责任

91. 根据《建筑施工企业安全生产管理机构设置专职安全生产管理人员配备办法》,建筑施工企业安全生产管理机构专职安全生产管理人员应当履行的职责有( )。
   A. 检查危险性较大工程安全专项施工方案落实情况
   B. 参与危险性较大工程安全专项施工方案专家论证会
   C. 监督作业人员安全防护用品的配备及使用情况
   D. 对发现的安全生产违章违规行为或安全隐患,有权当场予以纠正或作出处理决定
   E. 对不符合安全生产条件的设施、设备、器材,有权当场作出查封的处理决定

92. 下列承担法律责任的方式中,属于民事责任承担方式的有( )。
   A. 停止侵害
   B. 没收非法财物
   C. 排除妨碍
   D. 修理、重作,更换
   E. 消除影响,恢复名誉

93. 根据《劳动法》,关于妇女、未成年人劳动保护的说法,正确的有( )。
   A. 企业应当为未成年工定期进行健康检查
   B. 企业不得聘用未满18周岁的未成年人
   C. 企业不得安排未成年人从事有毒有害的劳动
   D. 企业不得安排妇女从事高处、低温、冷水作业

E. 企业不得安排妇女从事国家规定的第4级体力劳动强度的劳动

94. 下列建设工程合同中,属于无效合同的有( )。
   A. 施工企业超越资质等级订立的合同
   B. 发包人胁迫施工企业订立的合同
   C. 没有资质的实际施工人借用有资质的建筑施工企业名义订立的合同
   D. 供应商欺诈施工单位订立的采购合同
   E. 施工企业与发包人订立的重大误解合同

95. 建设单位因急于投产,擅自使用了未经竣工验收的工程。使用过程中,建设单位发现该工程主体结构出现质量缺陷,遂以质量不符合约定为由将施工单位诉至人民法院。关于该合同纠纷的说法,正确的有( )。
   A. 由于建设单位擅自提前使用,施工单位不需要承担保修责任
   B. 施工单位是否承担保修责任,取决于建设单位是否已经足额支付工程款
   C. 承包人应当在建设工程的合理使用寿命内对地基基础和主体结构质量承担民事责任
   D. 主体结构的最低保修期限应是50年,施工单位需要承担保修责任
   E. 主体结构的最低保修期限是设计文件规定的合理使用年限,施工单位应当承担保修责任

96. 根据《合同法》,发包人应当承担赔偿损失责任的情形有( )。
   A. 未及时检查隐蔽工程造成的损失   B. 偷工减料造成的损失
   C. 验收违法行为造成的损失   D. 中途变更承包工作要求造成的损失
   E. 提供图纸或者技术要求不合理且怠于答复造成的损失

97. 根据《民事诉讼法》,下列人员中,属于民事诉讼当事人的有( )。
   A. 原告   B. 被告   C. 鉴定人   D. 第三人
   E. 审判员

98. 根据《建设工程质量管理条例》,必须实行监理的建设工程有( )。
   A. 国家重点建设工程   B. 大中型公用事业工程
   C. 成片开发建设的住宅小区工程   D. 限额以下的小型住宅工程
   E. 利用国际组织贷款的工程

99. 根据《建设工程安全生产管理条例》,施工单位应在施工现场( )设置明显的安全警示标志。
   A. 楼梯口   B. 配电箱   C. 塔吊   D. 基坑底部
   E. 施工现场出口处

100. 下列情形中,发包人可以请求人民法院解除建设工程施工合同的有( )。
   A. 承包人明确表示不履行合同主要义务的
   B. 承包人已经完成的建设工程质量不合格,并拒绝修复的
   C. 承包人在合同约定的期限内没有完工的
   D. 承包人将承包的建设工程非法转包的
   E. 承包人将承包的建设工程违法分包的

参 考 答 案

一、单项选择题

1. A；2. B；3. D；4. A；5. B；6. C；7. A；8. D；9. D；10. A；

11. C 【解析：本题考查的是工程价款的支付。建设工程经竣工验收合格的，已竣工验收合格之日为竣工日期，建设工程承包人行使优先权的期限为6个月，自建设工程竣工之日或者建设工程合同约定的竣工之日起计算】；

12. D；13. D；14. A；15. B；16. A；17. D；18. D；19. B；20. A；21. C；22. A；

23. A；【解析：此题超出了教材范围，关键考察考生有没有实践经验，以及培训班老师的水平。虽然《招标投标条例实施细则》里面规定是不超过2‰。但是《施工招标投标办法》里面要求，针对施工招标，仍然是两个条件：(1)不超过2‰；(2)最高不超过80万元。因为题目里明确是施工项目，所以限额是80万元】；

24. A；25. B；26. A；27. D；28. D；29. A；30. B；31. D；32. B；

33. C 【解析：超纲题目】；

34. A；35. B；36. D；37. C；

38. D 【解析：当事人对人民法院委托的鉴定部门作出的鉴定结论有异议申请重新鉴定，提出证据存在以下情形之一的，人民法院应当允许：(1) 鉴定机构或者鉴定人员不具备相关的鉴定资格的；(2) 鉴定程序严重违法的；(3) 鉴定结论明显依据不足的；(4) 经过质证认定不能作为证据使用的其他情形。对于有缺陷的鉴定结论，可以通过补充鉴定、重新质证或者补充质证等方法解决的，不予重新鉴定】；

39. D；

40. B 【解析：当事人对垫资利息没有约定的，承包人请求支付利息的，不予支持】；

41. A；42. C；43. B；44. B；

45. D 【解析：这个题目干扰性很强，C选项缺了半句话，即"不适宜招标的"，如此才可以不招标】；

46. B；47. D；48. C；49. C；50. D；51. B；52. D；

53. D 【解析：这个题目严格来说出的非常不好，题目选项都不完美，可以说都不正确。但是如果从出题的考点来看，出题者主要考虑的B选项中，应该是主管部门，而不单单是建设行政主管部门的证明。只有D还稍微符合题意，但说法也不确切】；

54. D；55. B；56. B；57. C；58. A；59. B；60. A；61. A；62. C；63. C；64. C；65. D；66. B；67. D；68. A；69. B；70. C；

二、多项选择题

71. ABD；

72. ABDE； 73. BCE；

74. AC 【解析：本题考查的是工伤保险的规定。有下列情形之一的,不得认定为工伤或者视同工伤:(1)故意犯罪的;(2)醉酒或者吸毒的;(3)自残或者自杀的】;

75. BCE； 76. ABDE； 77. BD； 78. ABDE； 79. CDE； 80. ACDE； 81. BD；

82. ABCE； 83. ABDE； 84. ABCD；

85. BCDE 【解析：A属于建造师不良行为记录的认定标准】；

86. CDE 【解析：行政处罚决定经行政复议、行政诉讼以及行政执法监督被变更或被撤销,应及时变更或删除该不良记录】；

87. ABCD；

88. ABC 【解析：D选项中,缺"如果合同约定由建设单位采购的"。E选项中,不是"可以",是"应当"】；

89. ABCE； 90. BDE；

91. ACDE 【解析：该题目考点在2016年版教材中已经不再适用,可以不看了】；

92. ACDE； 93. ACE； 94. AC； 95. CE； 96. ACDE； 97. ABD； 98. ABCE；

99. ABC 【解析：A是楼梯口,B属于临时用电设施,C属于起重机械,应该设置。D应该是基坑边沿；E应该是施工现场入口处】；

100. ABDE。

2014年一级建造师"建设工程法规及相关知识"科目考试真题（附参考答案）

一、单项选择题（共70题，每题1分。每题的备选项中，只有1个最符合题意）

1. 下列关于城市、镇规划许可证的说法，正确的是（　　）。
    A. 以划拨方式提供国有土地使用权的建设项目，建设单位在取得划拨土地之后，方可向城市、县人民政府城乡规划主管部门提出建设用地规划许可申请
    B. 以出让方式取得国有土地使用权的建设项目，建设单位在取得建设用地规划许可证之后，才能取得国有土地使用权
    C. 以划拨方式提供国有土地使用权的建设项目，建设单位在取得建设用地规划许可证后，方可向县级以上地方人民政府土地主管部门申请用地
    D. 以出让方式取得国有土地使用权的建设项目，在签订国有土地使用权出让合同后，建设单位应当向城市、县人民政府建设行政主管部分领取建设用地规划许可证

2. 下列关于建筑市场诚信行为信息公告变更的说法，正确的是（　　）。
    A. 对发布有误的信息，由发布该信息的省、自治区和直辖市建设行政主管部门提出修改意见，并报国务院建设行政主管部门批准
    B. 被公告的招标投标当事人认为公告记录与行政处理决定的相关内容不符合，可向公告部门提出书面复核申请
    C. 行政处理决定在被行政复议或者行政诉讼期间，公告部门依法不停止对违法行为的记录的公告，但行政处理决定被依法停止执行的除外
    D. 原行政处理决定被依法变更或撤销的，公告部门应当及时对公告记录予以变更或撤销，无需在公告平台上予以声明

3. 某施工单位为降低造价，在施工中偷工减料，故意使用不合格的建筑材料、构配件和设备，降低工程质量，导致建筑工程坍塌，致使多人重伤、死亡。该施工单位的行为已经构成（　　）。
    A. 重大劳动安全事故罪　　　　B. 强令违章冒险作业罪
    C. 重大责任事故罪　　　　　　D. 工程重大安全事故罪

4. 建设工程合理使用年限是指从（　　）之日起，工程的地基基础、主体结构能保证在正常情况下安全使用的年限。
    A. 施工许可证办理　　　　　　B. 预验收合格
    C. 工程竣工验收合格　　　　　D. 质保期结束

5. 下列关于法人的说法，正确的是（　　）。

A. 法人以其登记注册地为住所

B. 企业法人自取得营业执照时取得法人资格

C. 非企业法人是指行政法人和事业法人

D. 建设单位可以是没有法人资格的其他组织

6. 下列关于建设工程分包的说法,正确的是( )。

A. 总承包单位可以按照合同约定将建设工程部分非主体、非关键性工作分包给其他企业

B. 总承包单位可以将全部建设工程拆分成若干部分后全部分包给其他施工企业

C. 总承包单位可以将建设工程主体结构中技术较为复杂的部分分包给其他企业

D. 总承包单位经建设单位同意后,可以将建设工程的关键性工作分包给其他企业

7. 除双方当事人意思表示一致以外,尚须交付标的物才能成立的合同,成为( )。

A. 要式合同 B. 实践合同

C. 有偿合同 D. 双务合同

8. 根据《民事诉讼法》,当事人申请司法确认调解协议,由双方当事人依法共同向( )基层人民法院提出。

A. 当事人住所地 B. 调解协议履行地

C. 调解组织所在地 D. 调解协议签订地

9. 某总承包单位与分包单位在分包合同中约定,由分包单位自行负责分包工程的安全生产,工程施工中,分包工程发生了安全事故,则该事故( )。

A. 按约定由分包单位自行承担全部责任

B. 分包单位承担主要责任,总承包单位承担次要责任

C. 总承包单位承担全部责任

D. 总承包单位与分包单位承担连带责任

10. 劳动争议仲裁委员会由劳动行政部门代表、同级工会代表、用人单位方面的代表组成。劳动争议仲裁委员会主任由( )担任。

A. 同级工会代表 B. 劳动行政部门代表

C. 用人单位代表 D. 人民法院指定的人员

11. 下列安全生产条件中,属于取得建筑施工企业安全生产许可证条件的是( )。

A. 制定完备的安全生产规章制度和操作流程

B. 配备兼职安全生产管理人员

C. 各分部分项工程有应急预案

D. 管理人员每年至少进行2次安全生产教育培训

12. 下列关于专利申请的说法,正确的是( )。

A. 两个以上的申请人分别就同样的发明创造申请专利的,专利权授予最先申请的人

B. 职务发明创造申请专利的权利属于发明人或设计人,申请被批准后,单位为专利权人

C. 在中国没有经常居所的外国人,在中国可以自行申请专利和办理其他专利事务

D. 国务院专利行政部门收到专利申请文件之日为申请日,如果申请文件是邮寄的,以收到的邮戳日为申请日

13. 根据《安全生产许可证条例》,必须持特种作业操作证书上岗的人员是( )。

A. 项目经理 B. 兼职安全员
C. 建筑架子工 D. BIM系统操作员

14. 某工程项目工期为12个月,其中合同价款中安全防护、文明施工措施费用为100万元。在合同没有约定或约定不明的情况下,建设单位预付该部分费用最低应为( )万元。
   A. 10   B. 20   C. 30   D. 50

15. 下列仲裁协议约定的内容中,属于有效条款的是( )。
   A. 仲裁协议约定的两个仲裁机构,且当事人不能就仲裁机构选择达成一致
   B. 当事人约定争议可以向仲裁机构申请仲裁也可以向人民法院起诉
   C. 劳动合同约定发生劳动争议向仲裁委员会申请仲裁
   D. 双方因履行合同发生纠纷向仲裁委员会申请仲裁

16. 施工企业购买材料设备之后由保管人进行储存,存货人未按合同约定向保管人支付仓储费时,保管人有权扣留足以清偿其所欠仓储费的货物。保管人行驶的权利是( )。
   A. 抵押权   B. 质权   C. 留置权   D. 用益物权

17. 下列关于建设工程质重保修违法行为应承担的法律责任的说法,正确的是( )。
   A. 施工单位不履行保修义务或者拖延履行保修义务的,责令改正,处10万元以上30万元以下的罚款
   B. 缺陷责任期内,由承包人原因造成的缺陷,承包人负责维修并承担相应费用后,可免除对工程的一般损失赔偿责任
   C. 缺陷责任期内,由承包人原因造成的缺陷,承包人应负责维修,并承担鉴定及维修费用
   D. 建筑业企业申请资质升级、资质增项,在申请之日起半年内,未依法履行保修义务或拖延履行的并造成严重后果的,资质许可机关不予批准其申请

18. 下列关于办理施工许可证违法行为法律责任的说法,正确的是( )。
   A. 对于为规避办理施工许可证将工程项目分解后擅自施工的,由有管辖权的发证机关责令改正,对于不符合开工条件的,责令停止施工,并对建设单位和施工单位分别处以罚款
   B. 对于未取得施工许可证擅自施工的,由发证机关责令停止施工,并对建设单位和施工单位分别处理罚款
   C. 对于采用虚假证明文件骗取施工许可证的,施工许可证自行废止,并由发证机关对责任单位处以罚款
   D. 对于采用虚假证明文件骗取施工许可证的,由原发证机关收回施工许可证,责令改正,并对责任单位处以罚款

19. 下列关于地方性法规、自治条例、单行条例制定的说法,正确的是( )。
   A. 省、自治区、直辖市的人民代表大会制定的地方性法规由其常务委员会发布公告予以公布
   B. 省、自治区、直辖市的人民代表大会常务委员会制定的地方性法规由人大主席团批准后予以公告
   C. 较大市的人民代表大会及其常务委员会制定的地方性法规由其常务委员会直接公布
   D. 自治条例和单行条例报经批准后,分别由自治区、自治州、自治县的人大常委会予以

公布

20. 下列关于物权特征的说法,正确的是( )。
   A. 物权是一种支配权,需要义务人的行为配合
   B. 物权是一种财产权,直接体现为财产利益的权利
   C. 物权是一种相对权,用以对抗特定的相对人
   D. 物权是不具有排他性的权利,同一物上可以存在几个物权

21. 下列关于我们仲裁基本制度,正确的是( )。
   A. 当事人对仲裁不服的,可以提起公诉
   B. 当事人达成有效仲裁协议,一方向法院起诉的,人民法院不予受理
   C. 当事人没有仲裁协议而申请仲裁的,仲裁委员会应当受理
   D. 仲裁协议不能排除法院对案件的司法管辖权

22. 下列关于建筑市场诚信行为公布的说话,正确的是( )。
   A. 不良行为记录应当在当地发布,社会影响恶劣的,还应当在全国发布
   B. 诚信行为信息包括良好行为记录和不良行为记录,两种信息记录都应当公布
   C. 省、自治区和直辖市建设行政主管部门负责审查整改结果,对整改确有实效的,可取消不良行为记录信息的公布
   D. 不良行为记录在地方的公布期限应当长于全国公布期限

23. 根据《招标投标法》,开标的主持者是( )。
   A. 建设行政主管部门   B. 招标代理机构
   C. 招标人   D. 投标人推选的代表

24. 下列关于保险索赔的说法,正确的是( )。
   A. 保险事故发生后,投保人、被保险人或者受益人仅需向保险人提供与确认保险事故的原因和损失程度有关的证明和资料
   B. 保险人认为有关的证明和资料不完整的,可以多次通知投保人、被保险人或者受益人补充提供
   C. 对其赔偿或者给付保险金的数额不能确定的,保险人应在最终确定赔偿或者给付保险金的数额后一次性支付保险金
   D. 投保人重复保险的,除合同另有约定外,各保险人按照其保险金额与保险金额总和的比例承担赔偿保险金的责任

25. 根据《节约能源法》,房地产开发企业在销售房屋时,应当向购买人明示所售房屋的节能信息有( )。
   A. 能效标识   B. 节能措施
   C. 质重保修书   D. 建筑节能标准

26. 下列关于人身保险合同的说法,正确的是( )。
   A. 人身保险的投保人在保险事故发生时,对被保险人应当具有保险利益
   B. 保险人对人身保险的保险费,不得用诉讼方式要求投保人支付
   C. 人身保险合同的投保人不可以为受益人
   D. 人身保险合同的投保人应当一次性支付全部保险费

27. 下列关于仲裁开庭和审理的说法,正确的是( )。
    A. 仲裁开庭审理必须经当事人达成一致
    B. 仲裁审理案件应当公开进行
    C. 当事人可以协议仲裁不开庭审理
    D. 仲裁庭不能做出缺席裁决

28. 下列关于建筑活动中发生的债的说法,正确的是( )。
    A. 对于施工任务,建设单位是债权人,施工企业是债务人
    B. 对于建筑采购买卖合同中建筑材料的交付,材料供应商是债权人
    C. 在施工中产生噪音,扰乱居民,不会有债的发生
    D. 材料供应商为施工企业自愿保管财物不会产生债

29. 下列关于建设工程分包的说法,正确的是( )。
    A. 分包单位没有资质要求　　　　B. 分包单位不得再次分包
    C. 分包单位由总包单位自由确定　D. 分包的工作内容没有限制

30. 根据国家有关消防法规和建设工程安全生产法规,施工单位应当建立施工现场消防组织并且至少每( )组织一次演练。
    A. 一季度　　　　　　　　　　　B. 半年
    C. 一年　　　　　　　　　　　　D. 两年

31. 签署并公布由全国人大和全国人大常委会通过的法律的是( )。
    A. 人大主席团　　　　　　　　　B. 国务院总理
    C. 最高人民法院院长　　　　　　D. 国家主席

32. 可撤销的建设工程施工合同,有权撤销的机构是( )。
    A. 人民法院　　　　　　　　　　B. 建设行政主管部门
    C. 工商行政主管部门　　　　　　D. 监理单位

33. 下列关于一级建造师执业范围的说法,正确的是( )。
    A. 注册建造师不得同时担任两个以上建设工程项目负责人,所有项目均为小型工程施工项目的除外
    B. 注册建造师担任施工项目负责人,在其承建的建设工程项目竣工验收或移交项目手续办结前,经受聘企业同意的,可以再变更注册至另一家企业
    C. 注册建造师担任施工项目负责人期间,若发包方与注册建造师受聘企业已解除承包合同的,可以更换施工项目负责人
    D. 工程所在地省级建设主管部门和有关部门可以根据本地的实际情况设置跨地区承揽工程项目执业准入条件

34. 根据《行政复议法》,下列事项中,属于不可申请行政复议的情形是( )。
    A. 对建设行政主管部门责令施工企业停止施工的决定不服的
    B. 对建设行政主管部门撤销施工企业资质证书的决定不服的
    C. 对规划行政主管部门撤销建设工程规划许可证的决定不服的
    D. 对建设行政主管部门就建设工程合同争议进行的调解结果不服的

35. 下列国家标准中,属于强制性国家标准的是( )。

A. 工程建设重要的通用的信息技术标准

B. 工程建设行业专用的实验方法

C. 工程建设专业专用的术语、符号

D. 工程建设勘察行业专用的质量要求

36. 下列关于人民调解委员会的说法,正确的是( )。

A. 人民调解委员会是依法设立的调解民间纠纷的群众性自治组织

B. 人民调解委员会经调解达成的调解书与仲裁调解书具有相同的法律效力

C. 人民调解委员会经调解达成的调解协议具有法律约束力

D. 当事人对人民调解委员会经调解达成的调解协议有争议的,不得起诉

37. 根据《物权法》,不能设定权利质权的是( )。

A. 专利中的财产权　　　　　　B. 应收账款债权

C. 可以转让的股权　　　　　　D. 房屋所有权

38. 下列关于施工企业承揽工程的说法,正确的是( )。

A. 施工企业可以允许其他企业使用自己的资质证书和营业执照

B. 施工企业应当拒绝其他企业转让资质证书

C. 施工企业在施工现场所设项目管理机构的项目负责人可以不是本单位人员

D. 施工企业由于不具备相应资质等级只能以其他企业名义承揽工程

39. 下列关于仓储合同法律特征的说法,正确的是( )。

A. 因仓储物包装不符合约定造成仓库变质、损坏的,不免除保管人的损害赔偿责任

B. 仓储合同自仓储物交付时成立

C. 第三人对仓储物主张权利的,保管人不得自行向存贷人交付

D. 仓储合同自成立时生效

40. 对于非施工单位原因造成的质量问题,施工单位也应负责返修,造成的损失及返修费用最终由( )负责。

A. 监理单位　　　　　　　　　B. 责任方

C. 建设单位　　　　　　　　　D. 施工单位

41. 下列关于一级建造师注册说法,正确的是( )。

A. 取得资格证书的人员,经过注册才能以建造师名义执业

B. 取得一级建造师职业资格证书后即可申请注册

C. 初始注册者,可自资格证书签发之日起三年内提出申请,未按期申请的,不予注册

D. 注册者应向省、自治区、直辖市人民政府的人事主管部门提出

42. 某商品房开发工程因故停建,承包人及时起诉要求结算工程款并胜诉。法院在对该项目进行拍卖执行中,有许多债权人主张权利。各债权人的清偿顺序依法应为( )。

A. 承包人、抵押权人、普通债权人、全款购房人

B. 抵押债权人、普通债权人、全款购房人、承包人

C. 普通债权人、全款购房人、承包人、抵押权人

D. 全款购房人、承包人、抵押权人、普通债权人

43. 根据《劳动合同法》,用人单位与劳动者已建立劳动关系,未同时订立书面劳动合同的,应当

自用工之日起( )内订立书面劳动合同。
A. 1个月 B. 2个月 C. 3个月 D. 半年

44. 下列关于建设工程质量保修的说法,正确的是( )。
A. 全部或者部分使用政府投资的建设项目,按工程价款结算总额3%的比例预留保证金
B. 由他人原因造成的缺陷,发包人负责组织维修,并从保证金中扣除维修费用
C. 建设工程在超过合理使用年限后需要继续使用的,产权所有人应当委托鉴定,并根据鉴定结果采取加固、维修等措施,重新界定试用期
D. 发包人在接到承包人返还保证金申请后,应于7日内会同承包人按合同约定的内容进行核实

45. 根据《建设工程安全生产管理条例》,出租的机械设备应当有产品合格证、自检合格证明和( )。
A. 生产企业资质证明 B. 生产企业执业执照
C. 生产许可证 D. 第三方检测合格证明

46. 根据《文物保护法》,下列关于保护文物的说法,正确的是( )。
A. 拆除文物所需的费用应当列入建设工程预算
B. 建设工程选址应当是尽可能避开一切文物
C. 建设单位对于实施原址保护的文物应当到行政部门备案
D. 在文物保护单位的保护范围内不得进行建筑活动

47. 定作合同对于支付报酬的期限没有约定或者约定不明,又不能达成补充协议,按照合同有关条款或者交易习惯也不能确定的,定作人应当在( )支付报酬。
A. 合同生效后
B. 交付工作成果时
C. 完成工作成果50%时
D. 完成全部工作成果前

48. 下列关于投标保证金的说法,正确的是( )。
A. 投标保证金有效期应当与投标有效期一致
B. 投标保证金不得超过招标项目估算价的10%
C. 实行两阶段招标的,招标人要求投标人提交投标保证金的,应当在第一阶段提出
D. 投标截止后投标人撤销投标文件的,招标人应当退还投标保证金,但无需支付银行同期存款利息

49. 国家标准、行业标准的制定一般分为( )四个程序。
A. 准备、征求意见、修正、送审 B. 征求意见、修正、送审、报批
C. 准备、专家会审、征求意见、报批 D. 准备、征求意见、送审、报批

50. 根据《节约能源法》,节能产品的生产者、销售者,按照国家有关节能产品认证的规定,向经国务院认可监督管理部门认可的从事节能产品认证的机构提出节能产品认证申请,所依据的原则是( )。
A. 自愿原则 B. 强制原则 C. 限制原则 D. 申请原则

51. 工程建设单位组织验收合格后投入使用,2年后外墙出现裂缝,经查是由于设计缺陷造成

的,则下列说法正确的是( )。

A. 施工单位维修,建设单位直接承担费用

B. 建设单位维修并承担费用

C. 施工单位维修并承担费用

D. 施工单位维修,设计单位直接承担费用

52. 下列关于建设工程共同承包的说法,正确的是( )。

A. 中小型工程但技术复杂的,可以采取联合共同承包

B. 两个不同资质等级的单位实施联合共同承包的,应当按照资质等级高的单位的业务许可范围承揽工程

C. 联合体各方应当与建设单位分别签订合同,就承包工程中各自负责的部分承担责任

D. 共同承包的各方就承包合同的履行对建设单位承担连带责任

53. 承包人已经提交竣工验收报告,发包人拖延验收的,竣工日期( )。

A. 以合同约定的竣工日期为准   B. 相应顺延

C. 以承包人提交竣工报告之日为准   D. 以实际通过的竣工验收之日为准

54. 根据《大气污染防治法》,我国颁发大气污染物排放许可证的机构是( )。

A. 国务院环保部门

B. 各级地方政府环保部门

C. 酸雨控制区内的政府环保部门

D. 大气污染排放总量控制区内的人民政府

55. 根据《招标投标法实施条例》,国有资金占控股地位的依法必须进行招标的项目,下列关于如何确定中标人的说法,正确的是( )。

A. 招标人可以确定任何一名中标候选人为中标人

B. 招标人可以授权评标委员会直接确定中标人

C. 排名第一的中标候选人放弃中标,必须重新招标

D. 排名第一的中标候选人被查实不符合条件的,应当重新招标

56. 下列关于施工企业承接分包的说法,正确的是( )。

A. 专业承包企业可以将所承接的专业工程再次分包给其他专业承包企业

B. 专业承包企业可以将所承接的劳务作业依法分包给劳务分包企业

C. 劳务分包企业只能承接施工总承包企业分包的劳务作业

D. 劳务分包企业可以承接施工总承包企业或专业承包企业或其他劳务分包企业分包的劳务作业

57. 下列关于环境保护设施竣工验收的说法,正确的是( )。

A. 环境保护设施未经竣工验收,主体工程投入使用的,由环境保护行政主管部门责令停止使用

B. 需要进行试生产的建设项目,环境保护设施应当在投入试生产前申请竣工验收

C. 分期建设、分期投入生产或者使用的建设项目,其相应的环境保护设施应当同时验收

D. 建设项目投入试生产超过三个月,建设单位未申请环境保护设施竣工验收的,应当处10万元以下的罚款

58. 下列关于不可移动文物保护的说法,正确的是(　　)。
   A. 尚未核定公布为文物保护单位的由省级人民政府予以登记
   B. 文物保护单位的周围不得设立建设控制地带
   C. 历史文化名城的保护办法由国务院制定
   D. 在历史文化名城范围内可以进行采石活动

59. 下列关于评标的说法,正确的是(　　)。
   A. 招标委员会可以向招标人征询确定中标人的意向
   B. 招标项目设有标底的,可以投标报价是否接近标底作为中标条件
   C. 评标委员会成员拒绝在评标报告上签字的,视为不同意评标结果
   D. 投标文件中有含义不明确的内容、明显文字或计算错误的,评标委员会可以要求投标人作出必要澄清、说明

60. 根据《担保法》,除担保合同另有约定之外,主合同无效的,担保合同(　　)。
   A. 效力待定　　　B. 可变更　　　C. 无效　　　D. 可撤销

61. 下列关于施工现场大气污染防治的说法,正确的是(　　)。
   A. 重点是防治排放污染物
   B. 爆破作业选择风力小的天气进行,做好计划
   C. 结构施工阶段,作业区的目测扬尘高度小于1米
   D. 施工现场非作业区达到目测扬尘高度0.5米

62. 生产安全事故综合应急预案应当包括的内容是(　　)。
   A. 应急组织机构及其职责、预案体系及响应程序、危险性分析、应急培训及预案演练
   B. 应急组织机构及其职责、预案体系及响应程序、可能发生的事故特征、应急培训及预案演练
   C. 应急组织机构及其职责、预案体系及响应程序、事故预防及应急保障、应急培训及预案演练
   D. 应急组织机构及其职责、危险性分析、可能发生的事故特征、应急培训及预案演练

63. 下列关于民事诉讼正确的说法,正确的是(　　)。
   A. 在民事诉讼中,书证可以只提交复印件
   B. 凡是知道案件情况的单位和个人,都有义务出庭作证
   C. 未经过当事人同意私自录制的谈话资料不能作为证据使用
   D. 当事人对鉴定结论有异议,鉴定人可以书面答复而不必出庭作证

64. 延付或者拒付租金的诉讼时效期为(　　)年。
   A. 1　　　　　B. 2　　　　　C. 4　　　　　D. 20

65. 根据《建设工程安全生产管理条例》,工程监理单位在实施监理过程中,发现存在安全隐患且情况严重的,应当(　　)。
   A. 要求施工单位整改,并及时报告有关主管部门
   B. 要求施工单位整改,并及时报告建设单位
   C. 要求施工单位暂时停止施工,并及时报告有关主管部门
   D. 要求施工单位暂时停止施工,并及时报告建设单位

66. 甲公司业务员王某被开除后,为报复甲公司,用盖有甲公司公章的空白合同书与乙公司订立一份购销合同。乙公司并不知情,并按时将货送至甲公司所在地。甲公司拒绝收货而引起纠纷。关于该案代理与合同效力的说法,正确的是( )。
    A. 王某的行为为无权代理,合同无效
    B. 王某的行为为表见代理,合同无效
    C. 王某的行为为表见代理,合同有效
    D. 王某的行为为委托代理,合同有效

67. 根据《著作权法》,著作权是( )。
    A. 随作品的发表而自动产生
    B. 随作品的创作完成而自动产生
    C. 在作品上加注版权后自动产生
    D. 在作品以一定的物质形态固定后产生

68. 在正常使用条件下,基础设施工程、房屋建筑的地基基础工程和主体结构工程的最低保修期限为( )。
    A. 设计文件规定的该工程的合理使用年限
    B. 5年
    C. 2年
    D. 2个采暖期、供冷期

69. 甲、乙、丙、丁四个公司分别出资500万元、200万元、200万元、100万元建造一栋楼房,约定建成后按投资比例使用,但对楼房所有权和管理未做约定。下列关于该楼所有权和管理的说法,正确的是( )。
    A. 丁公司对其享有的份额有权转让
    B. 该楼发生的管理费用平均承担
    C. 该楼所有权为共同共有
    D. 甲公司投资占50%,有权决定该楼的重大修缮事宜

70. 下列关于项目经理的说法,正确的是( )。
    A. 项目经理的权利来自于企业法人的授权
    B. 施工项目可以设有项目经理
    C. 项目经理具有相对独立的法人资格
    D. 由项目经理签字的材料款项未及时支付,材料供应商应以项目经理为被告进行起诉

二、多项选择题(共30题,每题2分,每题的备选项中,有两个或两个以上符合题意,至少有一个错项。错选,本题不得分;少选,所选的每个选项得0.5分)

71. 某工程已具备竣工条件,承包人在提交竣工验收报告的同时,向发包人递交竣工结算报告及完整的结算资料。下列关于该工程竣工验收的质量责任等的说法,正确的有( )。
    A. 工程质量保证金应在保修期满后返还
    B. 发包人要求承包人完成合同以外零星项目,承包人未在规定时间内向发包人提出施工签证的,施工后可向发包人申请费用赔偿
    C. 建设工程竣工时发现的质量问题或者质量缺陷,无论是建设单位的责任还是施工单位的责任,施工单位都有义务进行修复或返修
    D. 当事人对工程造价发生合同纠纷时,应当向仲裁机构申请仲裁或向人民法院起诉
    E. 承包人应当在建设工程的合理使用寿命内对地基基础工程和主体结构质量承担民事

责任

72. 下列情形中,属于我国法律规定的行政诉讼受案范围的是( )。
   A. 对拘役不服的
   B. 行政机关工作人员对奖惩决定不服的
   C. 认为行政机关侵犯其财产权的
   D. 认为行政机关侵犯法律规定的经营自主权的
   E. 认为行政机关制定发布的具有普遍约束力的决定违法的

73. 根据《专利法》,下列属于专利法保护对象的有( )。
   A. 发明
   B. 计算机软件
   C. 实用新型
   D. 商品商标
   E. 外观设计

74. 下列关于申请领取施工许可证的说法,正确的有( )。
   A. 应当委托监理的工程已委托监理后才能申请领取施工许可证
   B. 领取施工许可证是确定建筑施工企业的前提条件
   C. 法律、行政法规和省、自治区、直辖市人民政府规章可以规定申请施工许可证的其他条件
   D. 在申请领取施工许可证之前需要落实建设资金
   E. 在城市、镇规划区的建筑工程,需要同时取得建设用地规划许可证和建设工程规划许可证后,才能申请办理施工许可证

75. 下列关于总承包单位与分包单位对建设工程承担质量责任的说法,正确的有( )。
   A. 分包单位按照分包合同的约定对其分包工程的质量向总承包单位及建设单位负责
   B. 分包单位对分包工程的质量负责,总承包单位未尽到相应监管义务的,承担相应的补充责任
   C. 建设工程实行总承包的,总承包单位应当对全部建设工程质量负责
   D. 当分包工程发生质量责任或者违约责任,建设单位可以向总承包单位或分包单位请求赔偿;总承包单位或分包单位赔偿后,有权就不属于自己责任的赔偿向另一方追偿
   E. 当分包工程发生质量责任或者违约责任,建设单位应当向总承包单位请求赔偿,总承包单位赔偿后,有权要求分包单位赔偿

76. 甲从自己承包的土地上出入不便,遂与乙书面约定在乙承包的土地上开辟一条道路供甲通行,但没有进行登记。下列关于该约定性质和效力的说法,正确的有( )。
   A. 该约定属于有关相邻关系的约定
   B. 该约定属于土地承包合同
   C. 该约定属于地役权合同
   D. 没有进行登记不影响该约定的合同效力
   E. 如果甲将其承包的土地转移给他人,受让人有权在乙承包的土地上通行

77. 根据《建筑法》,实施建设工程监理前,建设单位应当将委托的( ),书面通知被监理的建筑施工企业。
   A. 工程监理单位
   B. 工程监理人员的名单

C. 工程监理权限 D. 工程监理的内容
E. 工程监理入场时间

78. 下列关于建筑施工企业负责人带班检查的说法,正确的有( )。
    A. 超过一定规模的危险性较大的分部分项工程施工时,施工企业负责人应到工程现场进行带班值班
    B. 工程出现险情或发现重大隐患时,施工企业负责人应到施工现场带班检查
    C. 应认真做好检查记录,并分别在企业和工程项目所在地建设行政主管部门留档备案
    D. 建筑施工企业负责人要定期带班检查,每月检查时间不少于其工作日的20%
    E. 对于有分公司的企业集团,集团负责人因故不能到现场的,可口头通知工程所在地的分公司负责人带班检查

79. 下列关于施工现场环境噪声污染防治的说法,正确的有( )。
    A. 在城市市区噪声敏感建筑物集中区域内,禁止夜间进行产生环境噪声污染的建筑施工作业
    B. 科研单位的建筑物属于噪声敏感建筑物
    C. 建筑施工场界环境噪声排放限值与时间段无关
    D. 环保行政管理部门有权对排放环境噪声的施工单位进行现场检查
    E. "夜间"是指22:00至次日8:00之间的时段

80. 下列法律责任中,属于行政处罚的有( )。
    A. 降低资质等级 B. 罚金
    C. 记过 D. 没收财产
    E. 罚款

81. 甲家旁边有一建筑工地正在施工。某日,一货车经过甲家门前,由于颠簸掉落货物一件,被甲拾得据为己有。其后,甲发现有利可图,遂在门前洒落许多砖石。次日,果然又拾得两袋车上颠落的货包。下列关于甲行为性质的说法,正确的有( )。
    A. 侵权 B. 无因管理
    C. 合同行为 D. 不当得利
    E. 法律行为

82. 下列关于仲裁调解的说法,正确的有( )。
    A. 仲裁调解不成的,当事人应当及时起诉
    B. 仲裁调解必须在裁决作出前进行
    C. 仲裁调解书与裁决书的执行效力是相同的
    D. 仲裁调解书一经作出即发生法律效力
    E. 仲裁与调解相结合是中国仲裁制度的特点

83. 下列纠纷解决途径中,可以获得具有强制执行效力的法律文书是( )。
    A. 诉讼 B. 法院调解 C. 和解 D. 行政调解
    E. 仲裁

84. 下列劳动合同条款中,属于选择条款的有( )。
    A. 社会保险 B. 试用期

C. 保守商业秘密 D. 补充保险
E. 休息休假

85. 根据《工商保险条例》,建筑施工企业职工有下列情况可以认定为工伤的有(   )。
    A. 出差途中,由于工作原因遭遇车祸受伤
    B. 在施工现场斗殴受伤
    C. 在施工现场因工作原因受到事故伤害
    D. 施工期间醉酒坠落致残
    E. 在办公场所内因劳资纠纷自杀

86. 下列情形之中,视为投标人相互串通投标的有(   )。
    A. 不同投标人的投标文件相互混装
    B. 属于同一集团、协会、商会等组织成员的投标人按照该组织要求协同投标
    C. 招标人授意投标人撤换、修改投标文件
    D. 不同投标人委托同一单位办理投标
    E. 单位负责人为同一人或者存在控股、管理关系的不同单位参加同一招标项目不同阶段的投标。

87. 安全生产许可证颁发管理机关或者其上级行政机关可以撤销已经颁发的安全生产许可证的情形有(   )。
    A. 取得安全生产许可证的建筑施工企业发生较大安全事故的
    B. 安全生产许可证颁发管理机关工作人员滥用职权颁发安全生产许可证的
    C. 超越法定职权颁发安全生产许可证的
    D. 违反法定程序颁发安全生产许可证的
    E. 对不具备安全生产条件的建筑施工企业颁发安全生产许可证的

88. 根据《民法通则》法定代理或指定代理终止的情形有(   )。
    A. 代理期间届满或者代理事务完成
    B. 被代理人取得或者恢复行为能力
    C. 被代理人或者代理人死亡
    D. 代理人丧失民事行为能力
    E. 指定代理的人民法院或者指定单位取消指定

89. 根据《担保法》,除双方认为需要约定的其他事项外,下列条款中,属于保证合同应当包含的内容有(   )。
    A. 被保证的主债权种类 B. 保证人的资产状况
    C. 保证的期间 D. 保证的方式
    E. 保证担保的范围

90. 下列事项中,设计单位的安全责任包括(   )。
    A. 按照法律、法规和工程建设强制性标准进行设计
    B. 提出防范安全生产事故的指导意见和措施建议
    C. 对安全技术措施或专项施工方案进行审查
    D. 依法对施工安全事故隐患进行处理

E. 对设计成果承担责任

91. 下列关于工程质量检测机构职责的说法,正确的有(   )。
    A. 检测机构出具的检测报告应由检测机构法定代表人或授权的签字人签署
    B. 检测机构对涉及结构安全的所有检测结果应及时报告建设主管部门
    C. 检测机构对发现的违反强制性标准的情况应及时报告建设主管部门
    D. 检测机构应当对检测结果不合格的项目建立单独的项目台账
    E. 检测机构对发现的项目参与方的违规行为应及时报告建设单位

92. 下列关于外商投资建筑企业承揽工程的说法,正确的有(   )。
    A. 项目投资中外资少于50%,但因技术困难而不能由中国建筑业企业独立实施,经国务院建设行政主管部门批准可以由外资建筑业企业承包
    B. 全部由外国投资、外国赠款、外国投资及赠款建设的工程可以由外资建筑业企业承包
    C. 由中国投资、但因技术困难而不能由中国建筑业企业独立实施的建设项目,经省级人民政府建设行政主管部门批准,可以由外资建筑业企业独立承揽
    D. 承揽施工总承包工程的外商投资建筑业企业,建筑工程主体的施工必须由其自行完成
    E. 外商投资建筑业企业与其他建筑业企业联合承包,应当按照资质等级高的企业的业务许可范围为承包工程

93. 下列关于勘察、设计单位的质量责任和义务的说法,正确的有(   )。
    A. 依法对设计文件进行技术交底
    B. 依法保证使用的建筑材料等符合要求
    C. 依法审查施工图纸设计文件
    D. 依法办理工程质量监督手续
    E. 依法承揽工程的勘察、设计业务

94. 当事人另有约定的除外,承揽合同的承揽人应当以自己的(   )完成主要工作。
    A. 设备   B. 技术   C. 材料   D. 资金
    E. 劳力

95. 根据《合同法》,撤回要约的通知应当(   )。
    A. 在要约到达受要约人之后到达受要约人
    B. 在受要约人发出承诺之前到达受要约人
    C. 在要约人发出承诺同时到达受要约人
    D. 在要约到达受要约人之前到达受要约人
    E. 与要约同时到达受要约人

96. 生产经营单位应当制定本单位的应急预案演练计划,并根据本单位的生产安全事故预防重点,(   )。
    A. 每年至少组织一次综合应急预案演练或者专项应急预案演练
    B. 每半年至少组织一次现场处置方案演练
    C. 每半年至少组织一次综合应急预案演练或者专项应急预案演练
    D. 每年至少组织二次综合应急预案演练或者专项应急预案演练
    E. 每年至少组织一次现场处置方案演练

97. 下列关于工程建设缺陷责任期确定的说法,正确的有( )。
    A. 发包人导致竣工迟延的,在承包人提交竣工验收报告后进入缺陷责任期
    B. 缺陷责任期一般为6个月、12个月或24个月
    C. 发包人导致竣工迟延的,在承包人提交竣工验收报告后60天后,自动进入缺陷责任期
    D. 缺陷责任期一般从工程通过竣工验收之日起计
    E. 承包人导致竣工迟延的,缺陷责任期从实际通过竣工验收之日起计

98. 有效的仲裁协议必须同时具有下列内容( )。
    A. 选定的仲裁委员会   B. 仲裁事项
    C. 仲裁地点   D. 选定的仲裁员
    E. 请求仲裁的意思表示

99. 当事人对法院管辖权有异议,应当在( )提出。
    A. 第一次开庭时   B. 提交答辩状期时
    C. 被告收到起诉状副本之日起15日内   D. 法庭辩论终结前
    E. 第一审判决作出前

100. 根据《绿色施工导则》,水源利用中,应当优先采用( )。
    A. 地下水作为混凝土搅拌用水
    B. 市政自来水作为混凝土冲洗用水
    C. 中水搅拌
    D. 中水饮用
    E. 收集雨水养护

参 考 答 案

一、单项选择题

1. C【解析:在城市、镇规划区内以划拨方式提供国有土地使用权的建设项目,建设单位在取得建设用地规划许可证后,方可向县级以上地方人民政府土地主管部门申请用地,经县级以上人民政府审批后,由土地主管部门划拨土地】;

2. C【解析:B错在不是复核申请,是"更正"申请】;

3. D; 4. C;

5. D【解析:A应该是"主要办事机构所在地"】;

6. A; 7. B;

8. C【解析:经人民调解委员会调解达成调解协议后,双方当事人认为有必要的,可以按照《民事诉讼法》的规定,自调解协议生效之日起30日内共同向调解组织所在地基层人民法院申请司法确认调解协议】;

9. D; 10. B;

11. A【解析:C应该是危险性较大的分部分项工程】;

12. A【解析:B职务发明创造的权利属于该单位;C在中国没有经常居所或者营业所的外国人、外国企业或外国其他组织在中国申请专利和办理其他专利事务的,应当委托国务院专利行政部门指定的专利代理机构办理;D是以寄出邮戳日为申请日】;

13. C【解析:建筑架子工属于特种作业人员】;

14. C【解析:一年以内,不得低于50%;一年以上(含一年),不得低于30%】;

15. D; 16. C;

17. C【解析:A是10万以上20万以下;B不免除责任;D是一年内】;

18. A【解析:对于未取得施工许可证或者为规避办理施工许可证将工程项目分解后擅自施工的,由有管辖权的发证机关责令改正,对于不符合开工条件的,责令停止施工,并对建设单位和施工单位分别处以罚款。B是对建设单位罚款。C错在自行废止,应该是由原发证机关收回施工许可证,责令停止施工。D应该是责令停止施工,不是责令改正】;

19. D【解析:自治条例和单行条例报经批准后,分别由自治区、自治州、自治县的人民代表大会常务委员会发布公告予以公布。A、B刚好颠倒了。C是报批准后,才能公布】;

20. B【解析:物权是权利人直接支配的权利;物权是绝对权;物权具有排他性】;

21. B;

22. B【解析:A错,属于《全国建筑市场各方主体不良行为记录认定标准》范围的不良行为记录除在当地发布外,还将由建设部统一在全国发布。C是缩短,不是取消。D是相同】;

23. C【解析:开标由招标人主持】;

24. D 【解析:A不仅包括原因、损失程度,还有事故性质等其他方面的内容。BCD超出了教材范围;B应当是一次性通知补充;C应当是根据已有证明和资料可以确定的数额先予支付、最终确认后再支付相应的差额】;

25. B 【解析:此题超出教材范围。房地产开发企业在销售房屋时,应当向购买人明示所售房屋的节能措施、保温工程保修期等信息,在房屋买卖合同、质量保证书和使用说明书中载明,并对其真实性、准确性负责】;

26. B 【解析:A超出教材范围,应该是"订立合同时,投保人对被保险人不具有保险利益的,合同无效",而不是事故发生时。选项C投保人、被保险人可以为受益人。选项D投保人于合同成立后,可以向保险人一次支付全部保险费,也可以按照合同规定分期支付保险费】;

27. C 【解析:A错误,仲裁应当开庭进行,不需要达成一致。选项B仲裁以不公开审理为原则。选项C仲裁应当开庭进行。当事人协议不开庭的,仲裁庭可以根据仲裁申请书、答辩书以及其他材料作出裁决。选项D仲裁庭可以依法缺席审理并做出裁决】;

28. A 【解析:B中,对于材料的支付,是材料供应商的义务,因此材料供应商是债务人。C可能会产生侵权。D可能会产生无因管理】;

29. B; 30. B; 31. D; 32. A;

33. C 【解析:注册建造师不得同时担任两个及以上建设工程施工项目负责人。发生下列情形之一的除外:同一工程相邻分段发包或分期施工的;合同约定的工程验收合格的;因非承包方原因致使工程项目停工超过120天(含),经建设单位同意的。所以A错误。注册建造师担任施工项目负责人期间原则上不得更换。如发生下列情形之一的,应当办理书面交接手续后更换施工项目负责人:发包方与注册建造师受聘企业已解除承包合同的;发包方同意更换项目负责人的;因不可抗力等特殊情况必须更换项目负责人的。所以选项B错误,应该是办理手续后。D错误,工程所在地各级建设主管部门和有关部门不得增设或者变相设置跨地区承揽工程项目执业准入条件】;

34. D; 35. A;

36. A 【解析:此题编得非常不好,A和C选项其实都是正确的。出题人要么对"自治"理解不正确,要么对"法律约束力"理解有偏差。此题从考点意义上来说,倾向于考察考生是否理解人民调解委员会调解没有"强制执行力"。暂且可以认为是C选项没有把条件交代情况,如双方签字、以及一方可以向法院起诉等】;

37. D; 38. B;

39. D 【解析:仓储合同是诺成合同。仓储合同自成立时生效,不以仓储物是否交付为要件。因仓储物的性质、包装不符合约定或者超过有效储存期造成仓储物变质、损坏的,保管人不承担损害赔偿责任。第三人对仓储物主张权利起诉或扣押时,保管人应立即通知存货人或仓单持有人】;

40. B 【解析:对于非施工单位原因出现的质量问题或质量缺陷,其返修的费用和造成的损失最终是应由责任方承担的。施工单位由此发生的费用是向建设单位索赔,建设单位再向责任方追偿】;

41. A 【解析:C不是不予注册,是须提供继续教育合格证明】;

42. D; 43. A;

44. C 【解析:D是14天内】;

45. C;

46. A 【解析:此题ABC选项内容均超过考试教材范围。建设工程选址,应当尽可能避开不可移动文物;因特殊情况不能避开的,应尽可能实施原址保护。因此B错误。C选项不是备案,是批准。D选项不全面,有特殊情况。只有A正确,当不能避开不可移动文物时,"原址保护、拆移、拆除所需费用,由建设单位列入建设工程预算"】;

47. B; 48. A; 49. D;

50. A 【解析:超出教材范围的内容】;

51. A;

52. D 【解析:A错在原文是大型工程或结构复杂的工程,两个条件满足一个就可以,而A选项的技术复杂不同于"结构复杂",也不是大型工程】;

53. C;

54. D 【解析:超过教材范围的内容,D正确】;

55. B; 56. B;

57. A 【解析:B应该是在投入试生产之日起3个月内申请。C应当是分期验收。D应当是5万元以下罚款】;

58. C 【解析:此题的AC选项内容超过了教材范围。A是由县级政府登记。C是正确的】;

59. D 【解析:C中,如果拒绝签字又不书面说明其不同意见和理由的,视为同意评标结果】;

60. C; 61. B; 62. C; 63. B; 64. A; 65. D; 66. C;

67. B 【解析:此题也超出了教材范围,无论是否发表,均享有著作权。B正确】;

68. A;

69. A 【解析:此题超出了教材内容的范围。共有分为按份共有和共同共有,题目中依题意是按份共有。重大修缮的,应当经占份额2/3以上的按份共有人或者全体共有人同意。管理费没有约定的,按份共有按照其份额负担,共同共有所有人共同负担。因此只有A正确】。

70. A 【解析:B是"必须设有项目经理"】。

二、多项选择题

71. CE 【解析:A选项中,原文是"待工程交付使用1年质保期到期后清算(合同另有约定的,从其约定)"。不是保修期满后。这个选项编的不好,没有体现出应有的考点,保证金跟质量保修期其实没有关系,应该是缺陷责任期满。B选项应该是由承包人自负。D的选项编的也非常不好,原则上来说,其实没有错误,但是说法不确切。按照教材,是有顺序的:(1)双方协商确定;(2)按合同条款约定的办法提请调解;(3)向有关仲裁机构申请仲裁或向人民法院起诉】;

72. CD 【解析:法院不受理公民、法人或者其他组织对下列事项提起的诉讼:(1)国防、外交等国家行为;(2)行政法规、规章或者行政机关制定、发布的具有普遍约束力的决定、命令;(3)行政机关对行政机关工作人员的奖惩、任免等决定;(4)法律规定由行政机关最终裁决的具

体行政行为】;

73. ACE;

74. ADE 【解析:C的错误在于,批准条件的最后一条是"法律、行政法规规定的其他条件",所以不包括政府规章】;

75. CD 【解析:A选项编得不好,考点不是非常清晰。分包单位确实是向总包(合同)、建设单位(连带责任)都承担责任。但是,选项中加上了"按照分包合同的约定",就是考虑了因合同责任产生的主体问题了,因而按照分包合同约定,是向合同相对方承担责任,即总包单位。这也符合原文描述"分包商按照分包合同的约定向总包负责。总包按照分包合同的约定向建设单位负责。总包和分包就分包工程承担连带责任。"】;

76. CDE 【解析:该题目的考点是地役权合同。地役权合同自合同生效时成立,不是"登记"】;

77. ACD;

78. AB 【解析:C选项超出教材内容,应该是"建筑施工企业负责人带班检查时,应认真做好检查记录,并分别在企业和工程项目存档备查"。D应该是25%。E应该是书面通知】;

79. BD 【解析:A不完整,"在城市市区噪声敏感建筑物集中区域内,禁止夜间进行产生环境噪声污染的建筑施工作业,但抢修、抢险作业和因生产工艺上要求或者特殊需要必须连续作业的除外"】;

80. AE;

81. AD 【解析:不当得利容易判断,D正确。E选项超出了教材范围,是法律行为和事实行为的区别:(1)事实行为(不表意行为):这样理解,做某事之前没有经过事先的思考,但是做的事情能够产生法律效果,如捡到100万元,事先根本没有思考,但是捡到100万,就与失主构成了返还财产的法律关系。事实行为包括:侵权行为、违约行为、无因管理、不当得利、捡到遗失物等;(2)法律行为(表意行为):简单的说,就是行为人通过意思表示所进行的活动,是有意识的活动,在做某事之前事先进行思考。法律行为以其意思表示为必备要素,因此,甲两次行为均构成事实行为,E错】;

82. BCE 【解析:A应该是"及时作出裁决",不是起诉】;

83. ABE; 84. BCD; 85. AC; 86. ABD; 87. BCDE; 88. BCDE; 89. ACDE;
90. ABE;

91. ACD 【解析:B应该是不合格项目,而不是所有。E不属于检测机构的工作范围】;

92. BD 【解析:A应该是省、自治区、直辖市人民政府建设行政主管部门批准】;

93. AE; 94. ABE; 95. DE; 96. AB; 97. BDE; 98. ABE; 99. BC;

100. ACE 【解析:此考点超出教材内容范围,A选项编得也不好,容易产生异议。处于基坑降水阶段的工地,宜优先采用地下水作为混凝土搅拌用水、养护用水、冲洗用水和部分生活用水。施工现场喷洒路面、绿化浇灌不宜使用市政自来水(优先采用非传统水源)。优先采用中水搅拌、中水养护,有条件的地区和工程应收集雨水养护】。